Kuhn/Rothe Frauen im deutschen Faschismus Band 2

Geschichtsdidaktik

Studien
Materialien
Band 10

Reihe: Frauengeschichte

herausgegeben von
Annette Kuhn

Annette Kuhn/Valentine Rothe

Frauen im deutschen Faschismus

Band 2: Frauenarbeit und Frauenwiderstand im NS-Staat

Eine Quellensammlung mit fachwissenschaftlichen und fachdidaktischen Kommentaren

Schwann Düsseldorf

CIP-Kurztitelaufnahme der Deutschen Bibliothek

Kuhn, Annette:
Frauen im deutschen Faschismus : e. Quellensammlung mit fachwiss. u. fachdidakt. Kommentaren / Annette Kuhn ; Valentine Rothe. – Düsseldorf : Schwann
(Geschichtsdidaktik : Studien, Materialien ; ...) (Reihe: Frauengeschichte)
NE: Rothe, Valentine:
Bd. 2. Kuhn, Annette: Frauenarbeit und Frauenwiderstand im NS-Staat. – 3. Aufl. – 1987

Kuhn, Annette:
Frauenarbeit und Frauenwiderstand im NS-Staat / Annette Kuhn ; Valentine Rothe. – 3. Aufl. – Düsseldorf : Schwann, 1987.
(Frauen im deutschen Faschismus / Annette Kuhn ; Valentine Rothe ; Bd. 2) (Geschichtsdidaktik : Studien, Materialien ; Bd. 10) (Reihe: Frauengeschichte)
ISBN 3-590-18013-7
NE: Rothe, Valentine:; Geschichtsdidaktik / Studien, Materialien

3. Auflage 1987
Satz: Dörlemann-Satz, Lemförde
Druck: Rasch, Bramsche
ISBN 3-590-18014-5

Inhalt

Band 2
Frauenarbeit und Frauenwiderstand im NS-Staat

III. Frauenarbeit im nationalsozialistischen Staat

IV. Die außerhäusliche Arbeit der Frauen

V. Die Arbeit der Frauen im Haus

Band 1
Frauenpolitik im NS-Staat

III. Frauenarbeit im nationalsozialistischen Staat

Die zentrale Rolle, die der Arbeitsbegriff in der ns Ideologie insgesamt spielte, wird an den verschiedenen Versuchen des Regimes, die Frauenarbeit im nationalsozialistischen Staat neu zu bestimmen, deutlich. Denn wir haben es unmittelbar nach 1933 mit einer scheinbar neuen Ideologie der ns Frauenarbeit zu tun.
Die folgenden Textauszüge führen zunächst in die Ansätze des Faschismus zur Neudefinition der Frauenarbeit ein (Q 61 – Q 67). Denn der ns Staat erhob den Anspruch, im Gegensatz zu dem angeblich verderblichen sozialistischen Arbeitsverständnis, durch seine völkische Deutung der Arbeit die wahre Volksgemeinschaft herstellen zu können. Dieser Gedanke ist vor allem von den ns Frauen aufgegriffen worden. Denn gerade Frauen schienen ihrem Wesen nach dazu geschaffen, durch ihre dienende Arbeitsauffassung, über alles Trennende hinweg, eine wahre Volksgemeinschaft herstellen zu können. Mit dieser Ideologisierung der Arbeit wurden die Sehnsüchte der Frauen, insbesondere der „Nur-Hausfrauen", nach gesellschaftlicher Ankennung angesprochen. Ob diese Ideologie auch die Arbeiterin erreichte, ist zweifelhaft.
Bei diesem ideologischen Versuch des Faschismus, eine die Frauen in besonderer Weise einbeziehende Volksideologie aufzubauen, stellt sich vor allem die Frage, ob das System es auch unternahm, eine neue Wirtschaftslehre der weiblichen Arbeit zu propagieren. Denn es lag nahe, auch in Anlehnung an die frauenbezogenen Ansätze aus der Weimarer Republik, die nur marktorientierte, kapitalistische Ökonomie zu kritisieren und den vernachlässigten Bereich der Hauswirtschaft als besonderen Arbeitsbereich der Frau in seiner gesamtgesellschaftlichen Bedeutung neu zu würdigen. In diesem Sinne konzentrieren sich die weiteren Textauszüge auf die Frage nach einer spezifisch nationalsozialistischen Ökonomie des Haushaltes (Q 68 – Q 72). Diese „Ökonomie des Haushaltes", die ein Teil der Autarkiepolitik des Systems (vgl. Kap. 2.2) und des Versuches,

die weibliche Heimatfront unter Kontrolle zu halten, darstellt, erweist sich aber bei näherer Betrachtung nicht als ein Ansatzpunkt zur ernsthaften Kritik an der kapitalistischen Wirtschaftsweise.
Die Ansätze des deutschen Nationalsozialismus zur scheinbaren Neudefinition der Frauenarbeit in ihrer gesellschaftlichen Bedeutung stehen in dem Verwertungszusammenhang des faschistischen Systems. Sie dürfen daher nicht lösgelöst von den rassistisch-elitären Voraussetzungen, der imperialistischen Zielsetzung und den terroristischen Maßnahmen des ns Systems interpretiert werden. Daher stehen die abschließenden Textauszüge unter der Überschrift: „Frauenarbeit und der nationalsozialistische Expansions- und Raubkrieg" (Q 73 – Q 78).
Erst in diesem Interpretationsrahmen sind Antworten auf die vielfältigen Fragen nach der Frauenarbeit im deutschen Faschismus möglich. Nur von hier aus ist der von der ns Frauenarbeitsideologie immer wieder in den Mittelpunkt gestellte Satz: „Arbeit macht frei" als eine zynische Pervertierung einer wahren Annahme über eine mögliche, humane Gesellschaft zu entlarven.

1. Was bedeutet Frauenarbeit im nationalsozialistischen Staat? (Q 61 – Q 67)

Die nationalsozialistische Ideologie hat besonderen Wert auf die Bestimmung einer „wesensgemäßen" Arbeit der Frauen und spezifischer weiblicher Arbeitsbereiche gelegt. Vor allem in den nationalsozialistischen Frauenbüchern, die zum größten Teil auch von Frauen verfaßt wurden, sind die einzelnen *Arbeitsbereiche der Frau* (Q 61) dargestellt worden. Die als spezifisch weiblich gekennzeichneten Berufe, die Berufe der Hausfrau und Mutter stehen im Mittelpunkt. Typisch für die Bestimmung der Frauenberufe kurz nach 1933 ist das Werk von Anna Zühlke. Das Inhaltsverzeichnis umfaßt sechs Bereiche, die Anna Zühlke, selbst Schulrätin, mit den sechs Arbeitsgebieten der Frau gleichstellt (Q 61). Andererseits werden hier auch Berufe als spezifisch weiblich dargestellt (vgl. Bild), die wegen der schlechten Bezahlung und der Härte der Arbeit von Männern nicht in genügendem Maße ausgeübt wurden. Hierzu gehört unmittelbar nach dem 1. Januar 1933 vor allem die Darstellung der Frau in der Landwirtschaft.

In der ns Ideologie wurde in den besonderen Arbeitsfeldern der Frauen eine Neubewertung der weiblichen Arbeit vorgenommen, die vielfach zunächst als eine höhere Bewertung erscheinen konnte. In diesem Sinn hat auch der viel gelesene ns Pädagoge Franz Kade vom *Wert der hausfraulich-wirtschaftlichen Arbeit* (Q 62) geschrieben. Allerdings geht auch aus dieser Schrift die Festlegung der Frauenarbeit auf ungeistige Tätigkeiten eindeutig hervor. Der Versuch, den Dienstmädchenberuf gegenüber der Arbeit der Fabrikarbeiterin aufzuwerten, ist für die auf Frauenarbeit beruhende ns Familien- und Gesellschaftsauffassung charakteristisch (→ Q 105–108).

Die ns Ideologie der weiblichen Arbeit hatte eine bestimmte Funktion bei den Versuchen des Staates, durch Propaganda und subtilen psychischen Zwang die weibliche Arbeitskraft im Sinne der Systembedürfnisse zu lenken. Die nach genauen Vorschriften durchgeführten Heimatabende des Bund Deutscher Mädels und des Reichsarbeitsdienstes dienten dazu, diese Arbeitsgesinnung der Mädchen zu festigen. Dabei reichte die geschlechtsspezifische Arbeitsideologie nicht aus. Die Besinnung auf den *Wert der Frauenarbeit* (Q 63) wurde als *Mittel zur Verwirklichung der Volksgemeinschaft*, zur Überwindung von Klassengegensätzen und zur Bekämpfung des egoistischen Geistes des Kapitalismus eingesetzt. Die vom Regime geförderten und benötigten Mädchenberufe lassen sich an den vielen Anzeigen in den Jugendzeitschriften festmachen. An dieser Anzeige: *Mädel, was willst Du werden?* (Q 64) aus dem Jahr 1940 wird deutlich, wie für Mädchen und Frauen nur die minderqualifizierten Berufe offenstehen. Auch die Erfordernisse des Kriegs an weiblichem Pflegepersonal ist hier ablesbar.

Auf die Bedeutung der Arbeitsideologie als Mittel zur Überwindung der Klassengegensätze und der egoistischen Moral des Kapitalismus wurde schon hingewiesen (Q 63). Dieser Gedanke wurde vor allem auf den *„freiwilligen" Reichsarbeitsdienst der Mädchen* (Q 65) übertragen (→ Q 44–49).

Der Versuch des ns Regimes, eine neue weibliche Arbeitsideologie zu entwickeln, schließt religiöse Elemente mit ein. Auch die Mädchen wurden in ihrer Arbeit als Kämpferin für die gerechte Sache des Faschismus gesehen. *Arbeitsdienst ist Fahnendienst* (Q 66), hieß es in allen ns Mädchenschulungskursen. Schon vor Ausbruch des Krieges wurden somit die Mädchen ideologisch von der Pflicht zum unbedingten Dienst an dem Vaterland erfaßt.

„*Wenn man sagt, die Welt des Mannes ist der Staat, die Welt des Mannes ist sein Ringen, die Einsatzbereitschaft für die Gemeinschaft, so könnte man vielleicht sagen, daß die Welt der Frau eine kleinere sei; denn ihre Welt ist ihr Mann, ihre Familie, ihre Kinder und ihr Haus. Wo wäre aber die größere Welt, wenn niemand die kleine Welt betreuen wollte? Wie könnte die größere Welt bestehen, wenn niemand wäre, der die Sorgen um die kleinere Welt zu seinem Lebensinhalt machen würde? Nein: Die große Welt baut sich auf dieser kleinen Welt auf. Diese große Welt kann nicht bestehen, wenn die kleine Welt nicht fest ist . . .*"

Adolf Hitler vor der NS.-Frauenschaft im Jahre 1934

Bild entnommen aus: Frauen und Schönheit in aller Welt, Berlin 1939, 42

Der folgende „Brief“ (Q 67) ist fingiert. Mit diesem erfundenen Brief läßt Toni Saring, eine beliebte Jugendschriftstellerin der ns Zeit, ihr Jungmädchenbuch „Brigitte geht zum Arbeitsdienst“ beginnen. Die Absichten dieser staatlich gelenkten Jugendliteratur lassen sich am Text deutlich ablesen. Schwierig ist es jedoch, die Wirkung dieser Schriften abzuschätzen. Viele Frauen erzählen heute, daß sie als Mädchen von dieser plumpen Propaganda abgestoßen wurden. Andererseits wissen wir aus biographischen Zeugnissen wie die der Melita Maschmann (Fazit), daß diese Ideologisierung der Arbeit die Begeisterung vieler junger Mädchen für das neue System steigerte.

Q 61

Die Arbeitsbereiche der Frau. Ein Inhaltsverzeichnis

Textauszug aus: Anna Zühlke, Frauenaufgabe, Frauenarbeit im Dritten Reich, Leipzig 1934

Rasse . . . .
Ehe . . . .
Familie . . . .
Volksseele – Volkskultur . . . .
Volkswirtschaft . . . .
Volksgesundheit . . . .

*

Q 62

Der Wert der hausfraulich-wirtschaftlichen Arbeit

Textauszug aus: Franz Kade, Die Wende in der Mädchenerziehung, Dortmund-Berlin 1937, S. 21

Die hausfraulich-wirtschaftliche Arbeit steht nicht mehr – wie bisher – auf der untersten Wertstufe. Das Dienstmädchen steht nicht mehr unter der Fabrikarbeiterin. Der Nationalsozialismus hat aller Handarbeit und damit auch dieser die volle Ehre gegeben. Hauswirtschaft und Handarbeit können darum auch nicht mehr nur „Neben“fächer sein. Es ist ferner ein Irrtum anzunehmen, das mit dem Hausfrauen- und Muttertum Zusammenhängende sei eine rein technische Angelegenheit, die in wenigen Stunden so nebenbei erledigt werden könne. Das hausfraulich-mütterliche Tun ist mehr als Technisches, ist Ausdruck einer Haltung und Gesinnung. Es ist also kein „materielles“ Tun, das lediglich vom Nützlichkeitsstandpunkt bestimmt ist. Es ist auch kein ungeistiges Tun, sondern hat reiche Beziehung zum Geistigen.

Q 63

Arbeit und Volksgemeinschaft – ein Blick in die Gestaltung der Heimatabende des Bund Deutscher Mädels

Textauszug aus: Mädel im Beruf. Ein Beitrag zur Berufslenkung, Königsberg 1936

Einleitender Heimabend
Vom Wert unserer Arbeit

Wir singen: Fangt an, fangt euer Handwerk fröhlich an . . .
oder: Ans Werk, ans Werk . . .

Heute sollen drei oder vier Mädel erzählen, was sie den Tag über gemacht haben. Die Führerin muß diese Mädel ein paar Tage früher bestimmen und muß ihnen sagen, daß sie ganz einfach von ihrer Arbeit berichten sollen: wo sie arbeiten, was sie zu tun haben, wie lange sie arbeiten müssen usw. Die Mädel müssen so ausgesucht sein, daß möglichst entgegengesetzte Berufe geschildert werden. Z. B.: eine Scharwerkerin, eine Büroangestellte und eine Schneiderin – oder ein Mädel aus dem hauswirtschaftlichen Jahr, ein Mädel aus der Fabrik und eine Schülerin, je nachdem, welche Berufe gerade in Eurer Mädelschaft vertreten sind. Wenn es irgend geht, laßt auch ein Mädel mitreden, das zu Hause ist und gar nichts zu tun braucht. Dringt darauf, daß alle ganz ausführlich und bis ins kleinste berichten, dann wird die Sache erst richtig interessant.
Wenn die Mädel erzählt haben, singt Ihr den Kanon „Wir Werkleute all" oder „Wann wir schreiten Seit' an Seit'" (nach der neuen Melodie). Dann fragt Ihr, weshalb wir im Heimabend über unsere Berufe sprechen. Wir wollen die Arbeit der anderen kennen und achten lernen. Ja – je mehr ein Mädel leistet und je besser seine Arbeit ist, desto wertvoller soll es uns sein. Warum? Kann es uns nicht gleichgültig sein, wo und wie ein Mädel Geld verdient? Nein – Sinn unserer Arbeit ist gar nicht in erster Linie das Geldverdienen. Erklärt das an Beispielen: Viele hundert Menschen sind in einer Fabrik mit der Herstellung einer Lokomotive beschäftigt. Sie mühen sich ab, damit die Lokomotive, das Werk, zustande kommt. Für das Werk arbeiten sie, nicht für sich. – Ein Dichter schreibt ein Buch. Meint Ihr, er schreibt es, um Geld zu verdienen? Nein, er will die Menschen, sein Volk damit belehren oder ihnen etwas erzählen, was er für wichtig hält. Im Werk liegt der Sinn seiner Arbeit. – Und der Bauer? Er bebaut sein Feld, sät und erntet nicht für sich, sein Wirken schafft dem Volke Brot – für uns alle arbeitet er.
Das ist alles sehr schön, werdet Ihr sagen, aber es sind doch so viele Menschen und auch so viele unserer Mädel anderer Ansicht. Weshalb denken die alle immer zuerst daran: „Was verdiene ich?" Diese Einstellung stammt noch aus der Zeit vor dem Siege des Nationalsozialismus – aus der liberalistischen Zeit. Damals dachten fast alle Menschen nur an das Geld, das sie verdienen konnten – und der war der tüchtigste Kerl, der das meiste erraffte; am besten war es, wenn einer viel verdienen konnte durch die Arbeit der anderen, ohne selbst einen Finger krumm zu machen dafür. Dagegen steht als Grundgesetz des Nationalsozialismus: Jeder soll arbeiten mit allen seinen Kräften an dem Platz, der ihm nach seinen Fähigkeiten zusteht – zum Wohle aller. Wo steht dies Gesetz? Es ist Punkt 10 des Programms der NSDAP und es heißt: „Erste

Pflicht jedes Staatsbürgers muß sein, geistig oder körperlich zu schaffen. Die Tätigkeit des einzelnen darf nicht gegen die Interessen der Allgemeinheit verstoßen, sondern muß im Rahmen des Gesamten und zum Nutzen aller erfolgen."

So fragen wir nach dem Beruf unserer Mädel nicht, damit nachher eines sagen kann: „Ich bin auf dem Büro – ich bin viel feiner als ihr anderen" – auch nicht, um zu erfahren, was die einzelnen verdienen, sondern um zu wissen, ob wir alle unsere Arbeit mit Einsatz unserer ganzen Kraft – so gut wie irgend möglich machen. Ein Wort des Führers soll das noch einmal erklären:

„Wenn Millionen glauben, aus der Art der Arbeit im einzelnen einen Schluß ziehen zu können auf die Würdigkeit ihres Trägers, so ist dies ein bitterer Irrtum. Es gibt viele Zehntausende unter uns, die die Achtung vor dem einzelnen abhängig machen wollen von der Art seiner Arbeit, die er verrichtet. Nein! Nicht was, sondern wie er schafft, das muß entscheidend sein."

Zwei Arten von Mädeln darf es nicht mehr geben: solche, die zu Hause sitzen, die von dem mitleben, was die Hände der anderen verdienen, die selbst noch nie etwas geleistet haben – und solche, die nicht mit Freude bei ihrer Arbeit sind, die nur an das Geld denken, das sie am Monatsersten ausgezahlt kriegen.

Q 64

Mädel, was willst Du werden?

Textauszug aus: Das deutsche Mädel. Die Zeitschrift des Bundes deutscher Mädel in der HJ, Oktober Jahrgang 1940, o. S.

Mädel, was willst Du werden?

Ländliche Hauswirtschaftsgehilfin
Volksschulabschluß, ländliche Hausarbeitsprüfung, zwei Jahre Hauswirtschaftslehre; Aufstiegsmöglichkeiten: Wirtschafterin, ländliche Haushaltspflegerin, Lehrerin der landwirtschaftlichen Haushaltungskunde, Landdienstführerin.

Ländliche Haushaltspflegerin
Mittelschul- bzw. entsprechender Abschluß, drei Jahre Ausbildung, Prüfung als ländliche Hauswirtschaftsgehilfin, praktische Tätigkeit, staatliche Anerkennung; Ausbildungskosten: Zwei Jahre Schule; Aufstiegsmöglichkeiten: Lehrerin der ländlichen Haushaltungskunde, Hauswirtschafts- und Turnlehrerin an ländlichen Volks-, Mittel- und Berufsschulen, Volksschullehrerin.

Geprüfte Hausgehilfin
Volksschule, Hauswirtschaftliche Lehre, Gehilfinnenprüfung, Ausbildungskosten: keine. Aufstiegsmöglichkeiten: Gewerbelehrerin für Hauswirtschaft, pflegerische Berufe, Hauswirtschaftsleiterin.

Landdienstführerin
Volksschule bzw. Mittelschule, praktische Landdiensttätigkeit, Prüfung als Hausarbeits- bzw. Hauswirtschaftsgehilfin, Landdienstführerinnenschule, Ausbildungskosten: keine. Aufstiegsmöglichkeiten: Die landwirtschaftlichen Berufe.

Volkspflegerin
Mittelschule, praktische Tätigkeit, ab 20 Jahre zwei Jahre Seminar. Tätigkeitsgebiete: Gesundheitsämter, Gemeinden, Jugendämter, Arbeitsämter, Mütter-

dienst, Sozialarbeit des BDM.

Krankenschwester (NSV. und Rotes Kreuz)
Volks- und Mittelschule, hauswirtschaftliche Tätigkeit, RAD., 1 ½ Jahr Ausbildung. Kosten: keine. Einsatz und Aufstieg: Lazarett, Universitätskliniken, Kinderkliniken, Krankenhäuser. Spezialausbildung: Operationssaal, Röntgen-Laboratorium, Apotheke, Massage, Gymnastik, Hauptküche, Diätküche, Wirtschaftsbetrieb, Verwaltung, Hebammendienst, Wochen- und Säuglingspflege.

Technische Assistentin
Mittelschule, zwei bis drei Jahre Ausbildung. Kosten: Schulgeld. Einsatz: medizinische Institute, Werkstoffprüfung, chemische und biologische Laboratorien.

Volksschullehrerin
Volsschule, Mittelschule, Abitur, Hochschule für Lehrerinnenbildung, Staatsexamen.

Hauswirtschafts- und Turnlehrerin auf dem Lande
Mittelschule, hauswirtschaftliche und sportliche Tätigkeit, Hochschule für Lehrerinnenbildung.
Wenn du Genaueres über diese oder andere Berufe hören willst, wende dich an die Berufsberatungsstelle deines zuständigen Arbeitsamtes.

(*Aus:* Regelinde Westphal [Hrsg.]: Die Frau im politischen Plakat, Berlin [West] 1979)

Q 65

Der freiwillige Arbeitsdienst

Textauszug aus: Frieda Stopp, Der Reichsarbeitsdienst der weiblichen Jugend, 1943,
S. 8, 10, 12, 14

Am 16. Juni 1935 wurde der freiwillige Arbeitsdienst in Deutschland, der seit 1931 bestand, durch Reichsgesetz zur Reichsarbeitsdienstpflicht erklärt. Das bedeutet, daß eine Einrichtung, die auf der Grundlage der Freiwilligkeit von Arbeitsmännern und Führern ihren Anfang genommen und sich über das Reich ausgedehnt hatte, nun für die ganze heranwachsende Generation verpflichtend wird.

Die Mädchen werden grundsätzlich von diesem Gesetz mit umfaßt. „Alle jungen Deutschen beiderlei Geschlechts sind verpflichtet, ihrem Volk im Reichsarbeitsdienst zu dienen" lautet Abschnitt 2 des ersten Artikels des Gesetzes.

. . .

Die Bestimmungen des Artikels 1 des Reichsarbeitsdienstgesetzes nehmen gegen zwei Geistesrichtungen den Kampf auf, die beide – von verschiedenen Seiten herkommend – die Klassenspaltung des deutschen Volkes fast unüberbrückbar gemacht hatten. Die eine ist die der gelehrten Schichten des Bürgertums, wie es sich aus der Zeit des Rationalismus im 18. Jahrhundert entwickelt hatte. Er sah das Ideal in einer geistigen, wissenschaftlich-ästhetischen Haltung. Broterwerb wurde als banausische Lebenshaltung verachtet. Gewiß hatte sich später im Begriff der „Arbeitsamkeit" das bürgerliche Lebensideal von dieser einseitigen Bestimmung abgewandt. Es blieb aber in breiten Schichten die Kluft, die sich praktisch in dem Schnitt zwischen Vorgesetzten und Untergebenen ausdrückte. Wertmesser war der Besitz der Bildung, die als geistiges Uebergewicht über den nichtgebildeten verstanden wurde und Mißachtung und Unverständnis gegenüber der handarbeitenden Bevölkerung zur Folge hatte.

Die Haltung des Arbeitsdienstes ist demgegenüber der konkrete Ausdruck der nationalsozialistischen Achtung vor der körperlichen Arbeit. Der Nationalsozialismus behält die Handarbeit nicht einem Stand vor, der dann infolge dieser Arbeit zum wenigst geachteten herbsinkt, sondern er kehrt ihre Wertung um. Er erklärt die körperliche Arbeit als Grundlage seines Lebensideals. Für den Geistesarbeiter bedeutet dann die Leistung von Handarbeit eine Ehre, durch die er erst völlig in die arbeitende Gemeinschaft des Volkes aufgenommen wird. „Der Nationalsozialismus hat den Adel der Arbeit geklärt und den Namen Arbeiter zu einem Ehrentitel für jeden Deutschen gemacht", heißt es in einer Rede des Reichsarbeitsführers.

Der Reichsarbeitsdienst setzt das soziale Arbeitsethos nicht voraus, sondern stellt sich die Aufgabe, es in allen Bevölkerungsschichten durch die Arbeitsleistung aller an gleicher Stelle und unter gleichen Bedingungen lebendig werden zu lassen. „Der junge Student, der im Arbeitsdienst harte Handarbeit verrichtet, lernt diese Handarbeit und den Handwerker schätzen. Er streift die Ueberheblichkeit des Intellektualismus ab, die mit Hochmut auf die Handarbeit herabsieht." (Hierl.)

Diese Auffassung bedeutet nun nicht eine Umkehrung des Wertpaares Handarbeit – geistige Leistung zugunsten der Handarbeit, sondern ihre Synthese. Es soll nicht jeder zum Handarbeiter gemacht werden, sondern jeder soll die Ehre erfahren, die darin liegt, einmal elementare körperliche Arbeit geleistet und sich an ihr ermüdet zu haben. Diese Erfahrung wird sich nicht nur auswirken auf die Achtung vor dem handarbeitenden Stand, sondern wird dem spezifisch geistig Begabten die Energie zu der von ihm an anderer Stelle des Volksganzen geforderten Arbeit vertiefen. Es wird unter dem neuen Arbeitsethos also zuvörderst eine Gleichstellung ethischer Art für alle Stände verlangt: jeder hat seine Leistung zu vollbringen. Diese Gleichstellung bedeutet nicht Gleichstellung der Arbeit überhaupt, sondern trägt die Forderung zu der für das Ganze notwendigen Differenzierung der Arbeitsleistungen in sich, durch die die Existenz des Volksganzen gewährleistet wird.
Die zweite zu überwindende Grundhaltung entsprang der Ideologie der Arbeiterschicht selbst. Sie entstand aus dem Gegensatz wirtschaftlicher Besitz – Nichtbesitz. Da die Lohnarbeit zur Aussaugung des Proletariers durch die ihn beherrschende Schicht führt, hat die Arbeiterschaft alles dranzusetzen, ihre Arbeitskraft als Ware möglichst teuer zu verkaufen. Das Ziel ist höchstbezahlte Arbeit bei niedrigst gemessener Arbeitszeit. Arbeit ist nur ein Mittel zum Erwerb. Diesen wirtschaftspolitischen Kampf suchte die Arbeiterschaft durch ihren Einfluß auf die Schule zu festigen. Sie ging dabei in der Tat einen Schritt auf die Ueberwindung des Gegensatzes zu, aber auch nur einen Schritt. Sie sah die körperliche Arbeit als Grundlage der Erziehung an, und nicht nur der wirtschaftlichen, sondern auch der geistig-sittlichen. Das Ziel war eine neue Selbstachtung des Arbeiters. Aber dieses neue Bildungsideal wurde beschränkt auf die Schicht des vierten Standes und vertiefte so noch weiter den unheilvollen Riß, der durch das deutsche Volk ging.
Gegen diese Auffassung und im schärfsten Kampf gegen sie hat der Nationalsozialismus den neuen Begriff der Arbeit gesetzt, wie das Wort „Dienst" zum Ausdruck bringt. Um die neue Arbeitsauffassung an einer Stelle praktisch rein darstellen zu können, hat er die im Reichsarbeitsdienst zu leistende Arbeit ihres materiellen Lohnes für den Einzelnen entkleidet. Die Arbeit wird für die Gesamtheit des deutschen Volkes geleistet. Der Arbeitsmann und die Arbeitsmaid stellen während der Dienstzeit ihre Arbeitskraft dem Reich zur Verfügung. Dadurch, daß der materielle Zweck der Arbeit vom Gewinn für den Einzelnen auf das Ganze verlagert ist, treten ihre ethischen Werte rein hervor. Die Arbeitsleistung trägt ihren Wert in sich selbt: Freude an der Tätigkeit, gerade auch an der körperlich mühseligen, Antrieb zum selbständigen Schaffen und weiterhin die sozialen Momente der Arbeit, ihre gemeinschaftsbildende Kraft über die Trennung der Stände hinweg. Der seiner Arbeit Dienende erfährt in der Tätigkeit für ein Größeres die formenden Kräfte der Arbeit an sich selbst.

Q 66
Arbeitsdienst – Fahnendienst
Textauszug aus: Mädels arbeiten für Deutschland, hg. von der Landesstelle Südwestdeutschland des nationalsozialistischen Frauenarbeitsdienstes, Verlag ‚Der Lager-Kamerad', Stuttgart 1936, S. 17

Arbeitsdienst – Fahnendienst

Worauf wir jeden Tag mit frischem Drängen warten – so wie am ersten Tage unseres Zusammenseins – nachdem die Morgengymnastik ebenso wie das Anziehen, Waschen, Bettenbauen hinter uns gebracht ist – auf unsere Fahne! Wie die Sonne von Gottes Hand des Nachts eingeholt ist, so ist unsere Fahne in irgendwelche Hände eingegangen.
Aber dann stehen wir am Morgen im Kreis um den Fahnenmast und singen zusammen, daß unsere Fahne steigen möge. Denn ohne sie können wir keinen Arbeitstag beginnen; unsere Arbeit, ja selbst unser Zusammensein wäre ohne sie nichts. Wie sollte man es sich sonst erklären, daß junge deutsche Mädchen plötzlich aus den verschiedensten Berufen und Elternhäusern heraus sich zu einer Arbeit und einem Leben zusammenfinden. Es müßte ein Wunder oder ein Kuriosum genannt werden. Die Fahne sagt uns ganz klar, daß es beides nicht ist, daß es etwas ganz Sachliches und Einfaches ist. Gehorsam. – Erfüllung von Pflichten, die wir als Angehörige unseres Volkes und deshalb in voller Einheitlichkeit haben. Und diese Predigt von unserer Pflicht brauchen wir täglich neu und täglich in der eindeutigen Sprache, die das Bild unserer Fahne spricht.
Arbeitsdienst ist Fahnendienst, oder er ist kein Arbeitsdienst. Das fühlen wir jeden Morgen, an dem wir unsere Fahne stille und zum Lauschen bereit grüßen, wenn sie strahlend rot flatternd in den blauen Himmel steigt. – Und wir verpflichten uns ihr damit unserer Arbeit im deutschen Frauenarbeitsdienst täglich neu, wenn wir uns dann im Kreise die Hände geben und zusammen rufen: „Sieg Heil“.

Q 67

Ein Brief und seine Wirkung

Textauszug aus: Toni Saring, Brigitte geht zum Arbeitsdienst. Erlebnisse eines jungen Mädchens, Leipzig 1934, S. 3–6

Ein Brief und seine Wirkung

„Liebe Brigitte! Du wirst denken, ich habe Dich ganz vergessen, weil es doch schon so lange her ist, seit ich Dir zuletzt schrieb. Damals wollte ich ja erst in den Arbeitsdienst gehen und machte mir sehr viel Gedanken, wie das wohl sein könne. Nun bin ich schon ein Vierteljahr hier und finde, daß es herrlich ist. Zeit hat man freilich nie, kaum daß man seinen Eltern schreibt. Man lebt so ganz anders als früher und denkt auch über vieles anders. Das kann ich Dir nicht alles so sagen, das muß man erleben. Darum will ich lieber vom Lager erzählen.
Also: wir fangen um sechs Uhr morgens an mit Gymnastik, Fahnenhissen usw.; dabei, nämlich bei der Gymnastik, haben wir viel Spaß, und da ist man dann gleich munter. Freude macht aber eigentlich alles, obwohl wir wirklich sehr ernst arbeiten. Du glaubst gar nicht, Ditty, wie fein das ist, frühmorgens mit einem Lied zur Arbeit anzutreten, und überhaupt immer unter gleichaltrigen Kameradinnen zu sein. Wir müssen tüchtig schaffen, denn wir sollen hier zwanzig Morgen Land urbar machen, so daß es tragfähiges Gartenland wird. Wir rigolen selbst und haben sogar schon Baumstümpfe ausgerodet. Jetzt

zum Frühjahr geht die Gartenbestellung wieder an, wir überlegen immer, was wir alles säen und pflanzen wollen.
Manchmal frage ich mich, ob ich Landfrau oder Siedlerfrau werden möchte, aber zunächst bleibe ich eigentlich lieber im Arbeitsdienst. Ich weiß gar nicht, was eigentlich hier am schönsten ist, ob die Arbeit an sich, oder daß man so viel Neues lernt, oder die Kameradschaft. Manchmal kommen auch Mädels, die wissen nicht, was Kameradschaft ist. Aber das ist gerade so schön, daß man andere mitreißen kann in seiner Begeisterung. Denn begeistert sind wir wirklich, dürfen wir doch jetzt am Aufbau mitarbeiten! Der Arbeitsdienst ist doch ganz neu, und ich finde es so wundervoll, daß wir die ersten sind, die ihn als richtige Pfadfinder erleben und ihn eigentlich schaffen.
Neulich sagte unsere Führerin, daß der Arbeitsdienst das Ansehen haben wird, das wir ihm geben, weil man seinen Wert nach unserer Arbeit und unserer Führung beurteilt. Ich freue mich schrecklich, daß ich dabei bin und rate Dir dringend, auch einzutreten. Du hast doch jetzt, wie meine Schwester Grete neulich schrieb, Deine Stellung verloren. Es tut mir ja leid für Dich, aber hier ist es wirklich viel schöner als in den dumpfen Büros. Hier weht frische Luft und ist lauter Jugend, die zusammenhält und zusammen etwas Großes leisten will. Denk' Dir nur, Ditty, mir wurde gesagt, daß ich in dem nächsten neuen Lager hier im Bezirk Unterführerin werden soll. Ich bin schon so neugierig, wo das wohl ist, trotzdem wird mir der Abschied von hier schwer. Aber hauptsächlich sieht man doch die Aufgabe. Und Führerin zu sein, mehr leisten zu müssen als andere und in allem und jedem Vorbild zu sein – das finde ich einfach großartig! Da muß ich mich noch recht bemühen, zu lernen, wie die Heimleitung sein muß und wie man mit allen Mädels gut fertig wird. Denn das steht fest: ich will mal ein Musterlager aufziehen!
Wir haben hier drei Schweine und eine Ziege und jetzt eine Bienenzucht. Ich freue mich, daß ich auf der Frauenschule war, es verstehen so wenige etwas von Gartenarbeit und Tierzucht. Aber das lernst Du alles, Brigitte, die Hauptsache ist, Du kommst bald. Wir haben auch Kameradinnen hier, die vorher nie auf dem Lande waren, Berliner, und sogar zwei aus Duisburg, die wollten gern eine ganz andere Gegend sehen und fühlen sich sehr wohl hier. – Verdienen kannst Du hier nur ein Taschengeld, aber das schadet nichts. Wir tun es ja aus Liebe zur Sache und weil wir echt deutsche Mädels werden wollen. So, nun habe ich wohl alles geschrieben. Sei herzlich gegrüßt, Heil Hitler! Deine Anni.
Nachschrift. Du mußt Dich zunächst bei Deinem Arbeitsamt für ein Arbeitsdienstheim mit allen möglichen Papieren melden. Am besten Du gehst hin und fragst nach allem. D. D."

Kraft durch Freude
Reisesparkarte
Kraft durch Freude
Auch Du kannst jetzt reisen!
Besorge Dir noch heute eine Reisesparkarte der NSG ‚Kraft durch Freude'. Der KdF-Wart Deines Betriebes und folgende Stellen geben sie kostenlos aus: Bank der Deutschen Arbeit, alle öffentlichen Sparkassen, Genossenschaftskassen (DGV und Raiffeisen), Thüringische Staatsbank

V/10

2. Die Ökonomie des Haushalts – eine neue Lehre der weiblichen Arbeit? (Q 68 – Q 72)

In dem meist von Frauen verfaßten ns Frauenschrifttum wurde nach 1933 die Bedeutung des wirtschaftlich geführten Haushalts für die Gesamtwirtschaft immer wieder hervorgehoben (Q 68). Es galt zunächst, die Hausfrauen auf ihre „volkswirtschaftliche Verantwortung“ hinzuweisen (Q 69). In Anlehnung an die Diskussionen zur volkswirtschaftlichen Bedeutung der Hausfrauenarbeit zur Zeit der Weimarer Republik (KITTLER 1980), nannte die Reichsfrauenführerin Gertrud Scholtz-Klink auch die *Hausfrauenarbeit* eine *produktive* Tätigkeit (Q 70). Allerdings ist es bezeichnend, daß Gertrud Scholtz-Klink schon in dieser Schrift von 1934 der Auffassung entgegentritt, Fabrikarbeit schade der Frau. Da die Äußerungen von Gertrud Scholtz-Klink als eine unkritische Wiedergabe der offiziösen Meinung zu interpretieren sind, kann diese Schrift auch als Beleg dafür dienen, daß ein völliger Verzicht auf die industrielle Frauenarbeit niemals vom Regime ernstlich angestrebt wurde. Dennoch wurde nach der Verkündigung des Vierjahresplans im Herbst 1936, nach dem die Wirtschaft auf die Erfordernisse der Aufrüstung umgestellt wurde, die Bedeutung der Hausfrauen unvermindert hervorgehoben. *Hausfrauen arbeiten für den Vierjahresplan* (Q 71). Der *Kochlöffel*, so hieß es bei Gertrud Scholtz-Klink, *ist die Waffe der Frauen* (Q 72).

Bei diesen Quellen liegt es nahe zu fragen, ob Frauen im Nationalsozialismus zu einer neuen Bewertung der Hausfrauenarbeit und zu einer überzeugenden Kritik der Bewertung der allein am Markt orientierten kapitalistischen Arbeit gelangten. Dieses ist aber nicht der Fall. Die in der Weimarer Zeit von Frauen geübte Kritik an der einseitig am Markt orientierten Nationalökonomie wird zwar formal wieder aufgegriffen. Die Hausfrauenarbeit wird aber in völlig unkritischer Weise in den Dienst des nationalsozialistischen Systems gestellt. Anstelle einer Neubewertung der gesellschaftlichen Bedeutung der Hausarbeit von Frauen tritt vielmehr die ideologische Preisgabe auch dieses Arbeitsbereiches der Frauen unter die ns Herrschaft. Die Texte zeichnen sich durch eine pseudohafte Kapitalismuskritik aus, die aber den etwas verworrenen Wunschbildern vieler Frauen entgegenkam. Somit verhalf diese Ideologie des Haushalts dem System zu einer unbehinderten Fortsetzung und Verschärfung von Formen der kapitalistischen Ausbeutung, bei einer gleichzeitigen ideologischen Weiterführung der geschlechtsspezifischen Polarisierung. Die unbezahlte Hausfrauenarbeit wird in ihrer Systemnotwendigkeit erkannt, sie wird aber in noch höherem Maße als im kapitalistischen Denken ins System integriert. Denn nicht nur Tauschwerte, sondern auch die Gebrauchswerte, die die Frauen schaffen, werden total vom System in Anspruch genommen.

Q 68

Die Rolle der Frau im Wirtschaftsleben

Textauszug aus: Anna Zühlke, Frauenaufgabe, Frauenarbeit im Dritten Reich, Leipzig 1934, S. 46, 48–49

Wie die Familie die Zelle des Staates, so ist der Haushalt der Keim der Volkswirtschaft. Der Familienhaushalt, der Erzeuger und Verbraucher umfaßte, war die älteste Wirtschaftsform. Erst die allmählich einsetzende Arbeitsteilung hat ein produktives Element nach dem anderen aus dem Haushalt genommen.

...

Oft also entscheidet der Kochtopf der deutschen Hausfrau über das Wohl und Wehe ganzer Wirtschaftskreise.

Dieser Tatsache entsprechend ist es die Pflicht der mit ihrem Volk lebendig verbundenen Frauen, bei ihren Einkäufen vor allem einheimische Ware zu berücksichtigen, weil der Einkauf ausländischer Waren, wie z. B. Parfüms, Blumen, Eier, Butter, Käse, ein Ausmaß angenommen hatte, das für die Gesamtwirtschaft nicht mehr tragbar war, denn diese Waren müssen ja mit Devisen oder Gold bezahlt werden. Eine schlechte Helferin war die deutsche Frau der deutschen Wirtschaft, denn sie hat es selten überlegt, was es für den deutschen Händler bedeutete, wenn sie Auslandsware erstand oder beim Juden einkaufte.

Welche einschneidende Rolle die deutsche Hausfrau im Wirtschaftsleben spielt, geht aber auch daraus hervor, daß ja vier Fünftel des gesamten Arbeitseinkommens des Mannes durch die Hände der Frau gehen. Wenn der Mann im allgemeinen noch der Erwerber des Familieneinkommens ist, so ist doch seine Verwalterin die Hausfrau. Darum sollte auch jede Hausfrau sich dieser Verantwortung bewußt sein, sich einmal klar machen, daß von der Art ihrer Haushaltsführung nicht nur der Wohlstand ihrer Familie, sondern auch der Nationalreichtum abhängt. Es ist nicht gleichgültig, wie sie ihr Wirtschaftsgeld verwendet, welche Bedürfnisse sie befriedigen hilft, in welchem Maße und in welcher Reihenfolge.

...

Die Hauswirtschaft ist aber mit der Volkswirtschaft nicht nur in dem eben erörterten Sinne der genannten Bedarfsdeckung untrennbar verbunden; vielmehr kann die Frau zur Gesundung der Wirtschaft des ganzen Volkes dadurch beitragen, daß sie die Bedürfnisse der Mitglieder ihrer Familie mit dem geringsten Aufwand an Zeit, Kraft und Geld befriedigt, mit anderen Worten, daß sie ihren Haushalt wirklich wirtschaftlich leitet.

Wachsen ihr nämlich diese praktischen und wirtschaftlichen Pflichten über den Kopf, vernachlässigt sie zwangsweise das Wesentliche, die seelischen Aufgaben.

Q 69

Die Eingliederung der Haushalte in die volkswirtschaftliche Verantwortung

Textauszug aus: Dr. Else Vorwerck, Wirtschaftliche Alltagspflichten der deutschen Frau beim Einkauf und Verbrauch, in: NS Frauenbuch, München 1934, S. 90–91

Während sich in den Jahrzehnten des wirtschaftlichen Aufschwunges vor dem Kriege und auch noch in der Nachkriegszeit das volkswirtschaftliche Denken fast ausschließlich mit Fragen der Güterherstellung und des Güteraustausches und -verkehrs beschäftigte, gewinnt in der Gegenwart der Güterverbrauch immer mehr an Bedeutung. Das heißt: in Zeiten, in denen man sich um den Absatz nicht zu sorgen brauchte, in denen die Weltmärkte für deutsche Fabrikate offenstanden, mußte es so scheinen, als ob der Reichtum und das wirtschaftliche Wohlergehen eines Landes vorwiegend von der Arbeit der Menschen abhinge, die in der Gütererzeugung und im Handel tätig waren. Seitdem wir aber nach Absperrung der fremden Märkte gegen unsere Waren stärker auf den Absatz im eigenen Lande angewiesen sind, lenkt sich das Interesse mehr und mehr den Stätten zu, die Hauptabnehmer für alle Waren sind, nämlich die Haushalte. Man erkennt, daß im Räderwerk der Volkswirtschaft gerade die Haushalte eine nicht zu unterschätzende Bedeutung haben. Man entdeckt die alte Wahrheit wieder, daß die Wirtschaft nicht Selbstzweck ist, daß alles Wirtschaften vielmehr nur dazu da ist, die Mittel zu beschaffen, die der Mensch zur Befriedigung seiner Bedürfnisse braucht. Der Mensch ist der Mittelpunkt und das Ziel allen Wirtschaftens. Der Verbrauch, d.h. die Menge der in den Haushalten benötigten Güter ist der Maßstab für die Gütererzeugung und -herstellung. So rücken die Haushalte in das Scheinwerferlicht der volkswirtschaftlichen Betrachtung, und die Hausfrauen, die im Zeitalter der Emanzipation und des Gewinnstrebens ein oft allzu bescheidenes Dasein führten und stiefmütterliche Behandlung gewohnt waren, sehen sich nunmehr als wichtige und in ihrer Bedeutung auch anerkannte Glieder der Volkswirtschaft. Als Führerin ihres Haushaltes vollbringt die Frau ebenso eine volkswirtschaftliche Leistung wie jeder andere berufstätige Mensch. Sie untersteht daher aber auch dem gleichen Gesetz des Dienens, jener neuen Berufsauffassung, die menschliche Arbeit nicht allein danach wertet, wieweit sie dem einzelnen nützt, sondern darüber hinaus danach, ob sie dem ganzen Volke dient.

Mehr als 17 ½ Millionen Haushalte sind gegenwärtig im Deutschen Reich vorhanden, und der weitaus größte Teil aller Endprodukte unserer Wirtschaft fließt in diese Haushalte hinein. 60–80% des Volksvermögens gehen durch die Hände der haushaltführenden Frauen, 80% aller Einkäufe werden von Frauen getätigt. Sieht man einmal die volkswirtschaftliche Leistung und die volkswirtschaftliche Verantwortung der Frauen unter dem Gesichtswinkel dieser zahlenmäßigen Tatsachen, so ergibt sich ohne weiteres die Forderung, die Frauen über ihre volkswirtschaftliche Bedeutung aufzuklären, sie über die wirtschaftlichen wie politischen Auswirkungen ihres wirtschaftlichen Verhaltens zu unterrichten und ihnen das Bewußtsein ihrer volklichen Verantwortung anzuerziehen. Jede Hausfrau muß wissen, daß sie ein Rädchen der gesamten Rädergruppe Haushalt ist, und daß die große Rädergruppe Haushalt

wiederum zusammen mit den anderen Rädergruppen wie Landwirtschaft, Handwerk, Industrie usw. erst das gesamte Räderwerk der Volkswirtschaft ausmacht.
Es könnte vielleicht die Meinung auftauchen, als müßte sich – wenn doch die Haushalte mit ihrem Verbrauch das Ziel aller Wirtschaft seien – die Wirtschaft ausschließlich nach den Wünschen der Haushalte richten. Dieser Gedankengang entspräche durchaus der liberalistischen Zeit, in der jeder nur auf seinen höchst persönlichen Vorteil und Gewinn bedacht war. Die nationalsozialistische Frau aber wird fragen: wie kann ich mit meinem Haushalt mein Teil dazu beitragen, daß die deutsche Volkswirtschaft in gesunder Weise gefördert wird?
Es gibt viele Möglichkeiten solcher Förderung. Die neue Betrachtungsweise der Eingliederung der Haushalte in die volkswirtschaftliche Verantwortlichkeit ist noch jung; aber je mehr man sich über die Tatsache des harmonischen Zusammenspiels der Kräfte in der Volkswirtschaft klar wird, um so mehr Möglichkeiten des Mitwirkens und Mithelfens werden sich finden.

Q 70

Hausfrauenarbeit – eine produktive Tätigkeit

Textauszug aus: Gertrud Scholtz-Klink, Verpflichtung und Aufgabe der Frau im nationalsozialistischen Staat, Berlin 1936, in: Schriften der Deutschen Hochschule für Politik Heft 23, S. 13–14

Wir haben damit auch der Hausfrau ihre Arbeitsehre wiedergegeben, die sie einmal in der marxistischen Zeit verloren hatte. Sie kennen alle noch die Zeit, in der es geheißen hatte: Ich möchte halt doch lieber einen Beruf ergreifen; sehen Sie, Hausfrau sein ist gewiß nett, man ist versorgt, aber es ist eine so „unproduktive Tätigkeit" – ein Wort, mit dem in Deutschland so viel herumgeworfen wurde –; als Stenotypistin sehe ich am Abend, was ich geschafft habe, aber von der „unproduktiven Tätigkeit" der Hausfrau sieht man nichts, es sei denn, daß man das Bäuchlein des Mannes, das immer größer wird, als „produktive Arbeit" ansieht. Aber das ist ja letzten Endes kein Trost fürs ganze Leben, im Gegenteil, es kann mit der Zeit eher zu einer Beschwernis werden. Dieses Wort von der „unproduktiven Tätigkeit" der Frau hat die Hausfrauenarbeit, die einer der wirtschaftlich stärksten Faktoren einer Nation ist, in Mißkredit gebracht. Dieses Wort konnte nur im Denken einer Zeit entstehen, die unter Produktivität nur das verstand, was eben in die eigene Tasche, in die eigene Familie sichtbar einging, was man nachzählen, greifen konnte, aber niemals das, was dem Volksganzen und damit indirekt auch dem einzelnen wieder zugute kam. Wie produktiv die Tätigkeit der Hausfrau ist, möchte ich an einem kleinen Beispiel dartun: Wenn in Deutschland in einer Familie in einer Woche ein Stück Brot achtlos beiseitegeworfen wird, das 50 Gramm wiegt – es ist das nur eine kleine Scheibe Brot –, so macht das bei 17 ½ Millionen Familien, die wir in Deutschland haben, in einem Monat 8750 Doppelzentner Brot aus, d. h. in einem Jahr 445 000 Doppelzentner; das sind 4000 Eisenbahnwagen voll Brot. Nun prüfen Sie einmal selber, meine Frauen, wie oft Sie ein Stück Brot achtlos beiseite liegen lassen.

. . .

Nun müssen wir noch einen Überblick geben über den größten Block in unserer Frauenarbeit: Die Frau in der Arbeitsfront, also die Frau, die sich schaffend ihr eigenes Brot verdient. Man sagt so oft, die Frau gehört nicht in den Beruf, vor allen Dingen nicht an die Maschine; die Fabrik verdirbt die Frau und läßt sie nicht Frau sein. Dieser Gedanke ist falsch. Wir müssen auch hier nur den richtigen Standpunkt zu den Dingen einnehmen.
Die Frau im Beruf wird auch an der Maschine so lange Frau bleiben können, solange die ihr innewohnende Kraft die Arbeitsleistung bestimmt, d.h. solange Kraft und Arbeit in richtiger Harmonie zueinander stehen. Niemals aber darf auf die Dauer etwa vorhandene Arbeit zur Aufpeitschung von Kräften führen, die dem Organismus und der Seele der Frau nicht entsprechen. Dieser Maßstab: die Ausrichtung der Arbeit nach den Kräften, zeigt uns klar die Wege unserer Mädchenerziehung und Frauenarbeitsmöglichkeiten.

Q 71

Hausfrauen arbeiten für den Vierjahresplan

Textauszug aus: Artikel gez. E. H., in: Das deutsche Frauenbuch, hg. von Oskar Lukas, Berlin 1942, S. 283–284

Die beiden großen Ziele des Vierjahresplanes: Sicherung der Nahrungsfreiheit des deutschen Volkes und Sicherung der Rohstoffreiheit stellen auch der Hausfrau bei ihrer Haushaltsführung besondere Aufgaben: so vielseitig die Arbeit im Haushalt ist, so zahlreich sind die Möglichkeiten für jede einzelne, an der Durchführung des Vierjahresplanes mitzuarbeiten und mitzuhelfen.
Da die Hausfrau es ist, die den größten Teil des vom Manne verdienten Geldes zur Erhaltung der Familie für Nahrung, Kleidung und Wohnung wieder ausgibt, hat sie schon allein deshalb die verantwortungsvolle Aufgabe, dieses Geld so anzulegen, daß nicht nur für ihre Familie, sondern auch für die Volkswirtschaft der größte Nutzen entsteht. Jedes Versagen im Einzelhaushalt wirkt sich auf die gesamte Volkswirtschaft aus: denn wenn in jedem der 20 Millionen Familienhaushalte des Großdeutschen Reiches im Jahresdurchschnitt auch nur 0,50 RM. durch Unachtsamkeit, z.B. durch Vergeuden oder Verderben von Lebensmitteln, verlorengehen, so ergibt sich daraus ein Jahresverlust an Volksvermögen im Werte von 10 Mill. RM. – Allen Hausfrauen die für eine so verantwortungsvolle Wirtschaftsführung erforderlichen Fähigkeiten zu vermitteln: die Kenntnisse, Fertigkeiten und notwendige Beweglichkeit, um damit ihre Leistung zu steigern – diesem Ziel gilt die Arbeit der Hauptabteilung Volkswirtschaft-Hauswirtschaft in der Reichsstelle des Deutschen Frauenwerks.
Dreierlei ist zur Erreichung dieses Zieles vor allem wichtig:
größte Beweglichkeit der einzelnen Haushalte bei Ernährungsumstellungen unter Berücksichtigung der gesundheitlichen und volkswirtschaftlichen Forderungen, möglichste Erhaltung volkswirtschaftlicher Werte durch „Kampf dem Verderb“ auf allen Gebieten,
und außerdem Verständnis für die neuen Roh- und Werkstoffe und ihre sachgemäße Behandlung.
Um die im heimischen Boden erzeugten Nahrungsmittel vollkommen für die Ernährung auszunutzen, muß die Hausfrau erfahren und tüchtig sein: je nach

Überfluß oder Verknappung paßt sie ihren Küchenzettel der Marktlage an; sie bevorzugt Lebensmittel, die zur jeweiligen Jahreszeit reichlich und frisch vorhanden sind und hilft nach Möglichkeit durch eine gesunde häusliche Vorratswirtschaft den Markt entlasten. Einige Umstellungen in der Ernährung sind dabei auf lange Sicht berechnet: gesteigerter Kartoffelverbrauch als Grundlage der Vollkornernährung, gesteigerter Verbrauch von Fisch und Quark als eiweißhaltige Nahrungsmittel. Doch muß die Ernährung jeder einzelnen Familie nicht nur volkswirtschaftlich richtig, sondern auch gesundheitlich richtig sein; denn je höher die Anforderungen der Wirtschaft und des Vierjahresplanes an die Leistungsfähigkeit des einzelnen sind, um so sorgfältiger muß durch die Arbeit der Hausfrau in der Familie diese Leistungskraft erhalten und gepflegt werden. Hinzu kommen sachgemäße Aufbewahrung der Lebensmittel und rationelle Resteverwertung, die das Haushaltsgeld strecken helfen und keinen Verderb zulassen, und die auch Abfälle, die noch für die tierische Ernährung Wert haben, für eine Weiterverarbeitung sammeln. Durch Spezialkochkurse, durch die Herausgabe von Rezepten in Form von Broschüren, Rezeptdiensten und Flugblättern, durch Ernährungsdienste, die als Unterrichtsmaterial den Sachbearbeiterinnen und Lehrkräften zugeleitet werden, durch Film, Rundfunk und Presse wird für die Steigerung des hauswirtschaftlichen Könnens gearbeitet: fünf verschiedene Fischrezepthefte erschienen in einer Gesamtauflage von 8,7 Mill.; andere Rezeptdienste kamen heraus für Marmelade, Kartoffeln, Kartoffelerzeugnisse und Quark, über Einmachen usw. in einer Gesamtauflage von 29,5 Mill.
An dem Erfolg, der in der erzielten Verlagerung des Verbrauches sich zahlenmäßig bereits nachweisen läßt, hat diese Verbrauchslenkungsarbeit einen starken Anteil gehabt: der Verbrauch von Fisch ist seit 1933, wo er 8,8 kg je Kopf der Bevölkerung jährlich betrug, auf 12,5 kg im Jahre 1937 gestiegen, ebenso ist der Kartoffelverbrauch 1937/38 um 9,2 v.H. gegenüber 1936/37 gewachsen.
Die Rohstoffreiheit wird nicht nur in den Fabriken erkämpft, sondern ebenso im Haushalt.–

Q 72

Der Kochlöffel ist die Waffe der Frauen

Textauszug aus: Gertrud Scholtz-Klink, Einsatz der Frau in der Nation, Berlin 1937, S. 6–8

...

Weil wir heute Hauswirtschaft anders werten müssen als früher, wissen wir, daß eine gute Haushaltführung eine für die deutsche Volkswirtschaft unersetzliche und entscheidende Leistung der Frau darstellt und deshalb für alle Mädchen Voraussetzung und Verpflichtung für ihren Einsatz in der Nation bedeutet.
Dann werden wir unseren Teil an der Erringung der Nahrungsfreiheit unseres Volkes lösen können. Wenn auch unsere Waffe auf diesem Gebiet nur der Kochlöffel ist, soll seine Durchschlagskraft nicht geringer sein als die anderer Waffen.

...

11 ½ Millionen Frauen stehen als Gewerbs, und Berufstätige in den deutschen Betrieben, in Kontoren und Verkaufsräumen, in Krankenhäusern und Schulen und an vielen anderen Stellen. Ihr Leistung ist ein nicht wegzudenkender Bestandteil an der Gesamtleistung unserer Nation.
Sie haben ihre besondere frauliche Fähigkeit auf zahlreichen Gebieten der Wirtschaft und des öffentlichen Lebens längst überzeugend bewiesen. Gerade dieser stille und selbstverständliche Einsatz verdient einmal aufgezeigt zu werden, in einer Zeit, in der das deutsche Volk, ebenso wie andere Völker, auf die größtmögliche Leistungsfähigkeit des einzelnen angewiesen ist.
Wir haben Ehe und Mutterschaft immer als die höchste Erfüllung eines Frauenlebens bezeichnet. Wir wissen aber auch, daß diese Erfüllung nicht abhängig ist allein vom Willen der Frau, sondern daß sie Schicksal ist. Tausende deutscher Frauen, denen diese Erfüllung versagt blieb, üben ihren Beruf mit der Kraft ihrer seelischen Mütterlichkeit aus und haben ihn als Dienst am Ganzen zum Inhalt ihres Lebens gemacht. Diese berufliche Auswirkung fraulicher Kraft stellt sie neben die deutschen Mütter als Mitträgerinnen der Nation und Mitgestalterinnen des Volkes. Heute sollen die berufstätigen Frauen fühlen, daß ein ganzes Volk ihnen Dank weiß für ihre Arbeit, ein Volk, dem sie unlösbar verbunden sind und zu dessen Gesundung ihre Arbeit täglich beiträgt.
. . .
Wiege und Kochtopf stehen im engen Zusammenhang. Unsere Aufgabe ist es, die deutschen Frauen aus ihrer eigenen Haushaltführung heraus ihrer Volksverpflichtung bewußt werden zu lassen und sie

über die volkswirtschaftlichen Zusammenhänge aufzuklären.

Gerade auf diesem Gebiet ist es sehr schwierig, mit einem alten falschen Freiheitsbegriff zu brechen, denn keine Hausfrau läßt sich normalerweise gern in den Kochtopf schauen; nur zu leicht sagt sie bei Neuerungen oder Einmischungen von dritter Seite: Wie ich koche, ist meine eigene Angelegenheit, so hat es meine Mutter und Großmutter gemacht, und so mache ich es auch. Es soll sogar die Einmischung des Ehemannes auf diesem Gebiet zuweilen schlecht vertragen werden. Wieviel schwieriger mochte es da scheinen, den Versuch zu machen, von einer Organisation aus in diese geheiligten Überlieferungen einzugreifen! Muß doch von uns heute erreicht werden:

1) Verantworliche Einschaltung in die Verbrauchslenkung im Sinne des Vierjahresplans,
2) größte Beweglichkeit der Haushalte bei Ernährungsumstellung,
3) Erhaltung volkswirtschaftlicher Werte durch Kampf dem Verderb,
4) Verständnis und Behandlung der neuen Rohstoffe.

. . .

3. Frauenarbeit und der nationalsozialistische Expansions- und Raubkrieg (Q 73 – Q 78)

Die ideologische Neubestimmung der Frauenarbeit findet im deutschen Nationalsozialismus ihre Erklärung in der imperialistischen Zielsetzung des Systems. Der vor Kriegsausbruch verfaßte Beitrag von *Hanna Rees* (Q 73) drückt dieses Verständnis von Frauenarbeit aus: die von den Frauen zu erbringende „Mutterschaftsleistung" steht in einem Konflikt mit der notwendigen Arbeitsleistung der Frauen in der Industrie. Das Amt für Nationalsozialistische Wohlfahrt (NSV) und das Frauenamt der Deutschen Arbeitsfront (DAF) haben entsprechend für einen Ausgleich zwischen der „Notwendigkeit völkischer Selbstbehauptung und den Erfordernissen der Volksgesundheit" zu sorgen. Hanna Rees war eine alte „Kämpferin" aus der „Bewegungszeit".

Der totale Einsatz der Frauen leitete sich nach der ns Ideologie auch aus der Totalität des modernen Krieges ab. Die ns Frauen konnten in ihrem Plädoyer für einen „wehrhaften Haushalt" (Q 74) auf die Tradition der bürgerlichen Frauenbewegung zurückgreifen. Frauen bildeten die Heimatfront. Auch von ihrer Arbeit hing nach Auffassung des Regimes der Endsieg ab. Charakteristisch für das Schrifftum zum „wehrhaften Haushalt" sind die unverzichtbaren Propagandalügen. Auch in diesem Text wird der ns Aggressionskrieg als ein „uns aufgezwungener Wirtschaftskrieg" bezeichnet. Else Buresch-Rieke war selbst Volkswirtin. In ihren Schriften befolgte sie auch die ns Anweisungen, die ungünstige Ernährungslage nicht näher zu erörtern, um nicht das Volk zu beunruhigen.

Im Jahre 1941 wurde unter der Leitung von Rudolf Hess ein groß angelegter Propagandafeldzug unter dem Motto *„Frauen helfen siegen"* (Q 75) durchgeführt. In diesem Zusammenhang wurde auch dieser Bildband in hoher Auflage verbreitet. Die Auflage vom Juli 1941 erreichte hunderttausend Exemplare. Diese Aktion wurde allerdings schnell unterbrochen (→ Q 40). Der Widerspruch zwischen den Alltagserfahrungen der Frauen im Krieg und den hier gezeigten Bildern war wohl zu groß. Der Band wurde von Gertrud Scholtz-Klink eingeleitet, die schon seit dem Frühjahr 1940 offen für den Kriegseinsatz der Frauen warb.

Durch den *Kriegseinsatz als Berufsarbeit* (Q 76) auch der Frauen, scheint die geschlechtsspezifische Arbeitsteilung aufgehoben zu sein. Offiziell heißt es auch „zwischen Jungen und Mädchen gibt es hier keine Unterschiede mehr". Allerdings darf diese zum Teil erfolgte Aufhebung der geschlechtsspezifischen Arbeitsteilung nicht als ein Schritt zur Gleichberechtigung unter den Bedingungen einer humanen Gesellschaft mißinterpretiert werden. Die Werbung für den Einsatz der *„Mädel in Feldgrau"* (Q 77) kann helfen, die Bedingungen für die erweiterten Berufsfelder der Mädchen zu erfassen. Daß eine völlige Verachtung der Frau der ns Arbeitsideologie zugrundelag, geht unverblümt aus Äußerungen kurz vor dem Zusammenbruch hervor (Q 78). An diesen zynischen Bemerkungen sind die Voraussetzungen der ns Frauenarbeitsideologie ablesbar. Gerade von den Frauen wird der „fanatische" Einsatz erwartet, der den Rückzug der Männer aus dem mörderischen, schon längst verlorenen Krieg verhindern soll.

Q 73

Frauenarbeit – ein Beitrag zur „völkischen Selbstbehauptung"

Textauszug aus: Hanna Rees, Frauenarbeit in der ns Volkswohlfahrt, Berlin 1938, S. 37–38

Frauenarbeit und Frauenschutz

Für die werktätige Frau

Die Entwicklung der modernen Wirtschaft mit ihrer Verlagerung eines Großteils der Gütererzeugung aus dem Bereich des Hauses hinaus in industrielle Herstellungsstätten, dazu in unserer Gegenwart die ungeheure Aufgabenstellung durch das deutsche Aufbauwerk, bei dem noch auf viele Jahre hinaus mit einem erschwerenden Menschenmangel zu rechnen ist, verlangt auch nach der werktätigen Teilnahme der Frau. Daß die solcherart oft unumgängliche Doppelbeanspruchung durch Familienpflichten und außerhäusliche Arbeit nicht dazu führt, die Mutterschaftsleistung zu gefährden oder gar zu verhindern, ist Aufgabe des Frauenamtes der Deutschen Arbeitsfront.

Wir wissen, wie sehr es dem Willen der nationalsozialistischen Volksführung entspricht, außer dem Hause arbeitende Mütter nach Möglichkeit dem Kreis ihres häuslichen Wirkens ungeteilt zurückzugeben, und wie oft diese Lösung vor allem im Zuge der Arbeitsbeschaffung durch Arbeitseinsatz der Männer zu allseitigem Wohle gefunden wurde. Jedoch abgesehen davon, daß in vielen Betrieben der Industrie und Landwirtschaft die Frau nie zu entbehren sein wird, hat sich der Bedarf an Arbeitskräften zur Durchführung des Vierjahresplanes so ungeheuer gesteigert, daß auch die Mithilfe der Frau in größerem Umfange gefordert werden muß. Um so mehr, als es sich bei dem angestrebten Ziel um nationale Aufgaben von lebenswichtiger Bedeutung handelt, von deren Erfüllung wesentlich die deutsche Zukunft und damit auch das Schicksal der deutschen Familie abhängt.

Daher ist es außerordentlich wichtig, zwischen dieser Notwendigkeit völkischer Selbstbehauptung und den Erfordernissen der Volksgesundheit einen Ausgleich zu schaffen, dadurch, daß sich das Augenmerk in doppelter Wachsamkeit auf die werktätigen Frauen richtet.

Darum auch das Einander-in-die-Hände-Arbeiten von NSV. und Frauenamt der DAF., deren Sorge ja gerade den erwerbstätigen Frauen und Müttern gilt. Bekanntlich stehen die arbeitenden Frauen in den Betrieben in der Obhut von Betriebsfrauenwalterinnen und sozialen Betriebsarbeiterinnen, die sie in allen sozialpolitischen Fragen betreuen. Das kameradschaftliche Vertrauensverhältnis, das daraus erwächst, ebenso wie die praktische Notwendigkeit aber lassen keine scharfe Trennung zu zwischen dem Arbeits- und Familienleben der Frauen, zwischen beruflichen und rein menschlichen Nöten. So werden an die Mitarbeiterinnen des Frauenamtes in den Betrieben vielfach Sorgen und Bitten herangetragen, die das Zusammenwirken mit der NS.-Volkswohlfahrt notwendig machen.
Nichts ist also naheliegender, als daß die Frauen, die diese Betreuungsaufgabe erfüllen, in allen Fragen, die über das sozialpolitische Gebiet hinausgehen, zugleich die Vermittlung zur NSV. übernehmen, also vor allem vor oder nach der Geburt eines Kindes, oder wenn es gilt, eine Mutter von der Sorge um unbeaufsichtigte Kinder zu befreien oder einer überarbeiteten Frau Erholung zu ermöglichen. Dann ist der Augenblick gekommen, um (zum Teil in Ergänzung der Leistungen des Betriebes) die Hilfsmöglichkeiten der NSV. in Kraft treten zu lassen und wenn nötig auch durch den hilfsbereiten Einsatz von Frauen und Mädchen in der Häuslichkeit oder zur Ablösung vom Arbeitsplatz Schwierigkeiten zu beheben, die sich z. B. einer Heimentsendung entgegenstellen.

Q 74

„Der wehrhafte Haushalt" im totalen Krieg

Textauszug aus: Else Buresch-Riebe, Der Schutz der weiblichen Arbeitskraft im Kriege, in: Monatshefte für NS-Sozialpolitik, 8. Jg., Stuttgart 1941, S. 9–10

Der moderne Krieg ist ein totaler Krieg. Er erhebt Anspruch auf den Einsatz aller. Seine Auswirkungen militärischer und wirtschaftlicher Art werden für jeden fühlbar. Er macht auch nicht Halt vor dem engeren Lebensbereich der Familie. Seine Gefahren bedrohen in neuer, vielfältiger Weise die Daheimgebliebenen und mit ihnen das Heim, das die Frau nun allein hütet. Von dem Verhalten jeder einzelnen Frau, von ihrem Wirken für das Gesamtwohl hängen Sieg und Niederlage ab wie von der Tat des Mannes.
Das Bewußtsein ihrer Verantwortung hat vom Beginn dieses Krieges an die Kräfte der deutschen Frauen gestählt. Die Erinnerung an die Leistungen ihrer Mütter im Weltkrieg wurde wach, an jene Frauen, die erstmalig und „ohne Vorgang und Beispiel" – wie eine von ihnen es ausdrückte – an den Forderungen des modernen Krieges sich bewähren mußten. Die Notwendigkeit eines Fraueneinsatzes war damals nicht rechtzeitig bedacht worden. Eine Aufklärung der Frau über volks- und kriegswirtschaftliche Aufgaben war nicht erfolgt. Aus den bitteren und verlustreichen Erfahrungen der ersten Kriegsphase heraus haben Frauen wie Hedwig Heyl, Helene Lange, Elisabeth Böhm, Getrud Bäumer den Fraueneinsatz damals in kürzester Zeit organisiert: Arbeitsvermittlung und Arbeitsbetreuung sowie die Fürsorge für die Zurückgebliebenen waren ebenso dringende Aufgaben wie die notwendige Aufklärung

und Belehrung, die – über gewohnte privatwirtschaftliche Ansprüche hinweggehend – das ihre taten, um die Versorgung der damals bestehenden 12 Millionen Haushalte einigermaßen sicherzustellen.
Bei Ausbruch dieses Krieges lagen die Dinge ganz anders. Durch jahrelange Aufklärung und Schulung waren die deutschen Hausfrauen in Stadt und Land so sicher in ihrem hauswirtschaftlichen Können und so vertraut mit den volkswirtschaftlichen Notwendigkeiten, daß die plötzliche Umstellung auf das fein ausgeklügelte Werk der gerechten Verteilung allen hauswirtschaftlichen Bedarfes ihnen keine besonderen Anstrengungen abverlangte. So bewältigten sie die ihnen zufallenden Aufgaben in dem uns aufgezwungenen Wirtschaftskrieg.

Q 75

„Frauen helfen siegen"

Textauszug aus: Frauen helfen siegen. Bilddokument vom Kriegseinsatz unserer Frauen und Mütter., Geleitwort von Gertrud Scholtz-Klink, Zeitgeschichte Verlag, Berlin 1941, o. S.

GELEITWORT

Um die Lebensbedingungen des deutschen Volkes ist in den letzten Jahren all unser Kampf und unsere Arbeit gegangen. Jetzt wird er in der gewaltigsten Kraftanstrengung aller Zeiten seine Erfüllung finden. Unsere Männer haben zu den Waffen gegriffen, und wir Frauen reichen ihnen diese Waffen zu, bis der letzte Sieg errungen ist. Das bedingt neben aller selbstverständlichen inneren Haltung einen arbeitsmäßigen Einsatz der deutschen Frau, der von keiner Nation der Welt übertroffen werden darf – der Sieg muß unser sein.

Gertrud Scholtz-Klink

Wir erblicken, was wir alle zu kennen glauben: die Briefbotin, die uns jeden Morgen die Post zuträgt, die Schaffnerin, der wir im Zuge begegnen, die Ärztin, der wir unsere Gesundheit anvertrauen, die Bäuerin, die uns Nahrung schafft, die Fabrikarbeiterin, deren Hände das Getriebe maschineller Produktion in Gang halten. Wir begegnen im Bilde diesen vertrauten Gestalten, die so wenig Aufhebens von sich machen, und deren Dienste wir mit so viel Selbstverständlichkeit – und Gedankenlosigkeit entgegennehmen.
Die Frau ist zur Mitkämpferin des Mannes geworden. Ihre weiblichen Pflichten sind die gleichen geblieben, ja als Gattin und Mutter wird Schwereres von ihr gefordert, und es gibt mehr zu pflegen und zu trösten als in ruhigen Zeiten. Aber darüber hinaus ist ihr eine zusätzliche Aufgabe auferlegt: sie hat die Posten zu beziehen, von denen der Mann zum Dienst mit der Waffe abberufen wurde. Auf allen Lebensgebieten, wo es an Männern fehlt, hat sie den Mann zu vertreten. Hinter dem Pflug und in der Rüstungsindustrie, in der Eisenbahn und am Postschalter, an ungezählten Orten, wo wir ihr nicht oder doch nicht in gleich schwerer Tätigkeit zu begegnen pflegten, füllt nun die Frau die Lükken, die der Krieg an der Front der Arbeit gerissen hat. Das fordert Leistungen, die oft weit abliegen von ihren natürlichen Neigungen und Fähigkeiten. Darin liegt die Schwere des Opfers, das die Frau im Kriegsberuf zu bringen hat. Und daß die deutsche Frau es mit einer so unvergleichlichen Willigkeit

Bild entnommen aus: Mädchen in der Hitlerjugend, Köln 1980, 119

und Hingabe und einem so alle billigen Erwartungen übersteigenden Erfolg bringt, ist ihr Ruhm, von dem dieser Band dokumentarisch zeugen soll. Er zeigt die Frau in den vielfachen Rollen, die sie mit so viel Tapferkeit, Anmut und fröhlichem Ernst auf ihrem Teil der Kriegsbühne zu spielen weiß.

Q 76

Berufsarbeit als Kriegseinsatz

Textauszug aus: Führerinnendienst der HJ, Folge 7/8 Juli/August 1943, S. 6f.

Mädelführerin!

Die Front braucht Waffen, Munition, Kleidung und Nahrung. Ihre riesige Ausdehnung macht es notwendig, daß nahezu alle wehrfähigen Männer Soldaten sind. Waffen, Munition, Kleidung und Nahrung müssen deshalb, abgesehen von der Hilfe der Ausländer, in der Hauptsache von der deutschen Jugend und von den Frauen hergestellt werden.

Die deutschen Jugendlichen und Frauen müssen den Ausländern Vorbild und Führer in der Arbeit sein.

Dazu gehört nicht nur, daß sie eine vorbildliche Haltung und Disziplin im Arbeitsleben zeigen, sondern auch, daß sie fachlich mehr verstehen als die anderen. Die deutschen Jugendlichen sollen deshalb im Betrieb für ihr Arbeitsgebiet eine ordnungsgemäße Ausbildung erhalten. Sie müssen die Zeit der Berufsausbildung vom ersten Tage an ausnutzen, um viel, gründlich und schnell zu lernen. Je mehr sie können und je eher sie ihre Arbeit beherrschen, um so mehr tragen sie zum Siege bei.

Sie müssen jeden Morgen pünktlich am Arbeitspaltz sein! Es darf keine Minute verlorengehen!

Keine Berufsschulstunde darf versäumt werden! Der deutsche Arbeiter muß die Fachtheorie beherrschen, muß Zeichnungen lesen können, muß aber auch die nationalsozialistische Betriebsorganisation verstehen, muß wirtschaftliche Zusammenhänge kennen und muß schließlich wissen, wie es in der Welt aussieht und weshalb er stolz sein kann, Deutscher zu sein.

Der deutsche Facharbeiter wird auch an der Front gebraucht. Die weiten Entfernungen, die schlechten Wege, das unterschiedliche Klima beanspruchen Waffen, Munition und Kleidung in außerordentlichem Maße. Laufende Reparaturen können nicht in der Heimat erfolgen, sondern müssen an Ort und Stelle durchgeführt werden. Soldaten, die wirklich etwas können als Schlosser, Dreher, Klempner, Schmiede, Stellmacher, Zimmerer, Bauarbeiter, Schneider, Schuhmacher usw., sind der Truppe wertvoll. Es gibt kaum einen Beruf, der nicht an der Front wie auch in der Heimat in gleichem Maße gebraucht würde. Für jedes Mädel heißt es, lernen, jede Minute der Arbeitszeit ausnutzen, damit die Front gut, sicher und rechtzeitig die besten Waffen, Munition, Kleidung und Nahrung erhält.

Zwischen Jungen und Mädeln gibt es hier keine Unterschiede mehr. Beide stehen in ihren Berufen im unmittelbaren Kriegseinsatz. Das Mädel dient durch klugen Verbrauch der Nahrungsmittel im Haushalt, durch die Hilfe für die kinderreiche Mutter, durch seinen Einsatz in der Fabrik und in den sozialen und pflegerischen Berufen genau so dem Siege wie der Junge in einem handwerklichen Beruf.

Arbeitsmaterial, Gerät, Rohstoff und Maschinen müssen sorgfältig, sparsam und schonend behandelt werden. In allem steckt die Arbeit von anderen Arbeitskameraden.

Jede Arbeit hat ihren Wert und ihre Bedeutung. Wir können die Jugend weder in der Rüstungsindustrie noch in der Landwirtschaft entbehren.

Sechs Millionen Jungen und Mädel im Beruf sind ein wichtiger Pfeiler unserer Kriegswirtschaft.

Die deutschen Jugendlichen sollen immer Vorbild sein; dem fremdvölkischen Arbeiter gegenüber freundlich, bestimmt, aber zurückhaltend.

Im deutschen Arbeitsleben müssen Deutsche die Führung haben und sich in jeder Minute wie echte Führer verhalten. Sie müssen am meisten leisten. Der deutsche Facharbeiter ist auch im Kriege der Träger deutscher Facharbeit.

Ziel des Dienstunterrichtes:

Jedes Mädel muß sich darüber klar sein, daß seine Berufsarbeit sein wichtigster Kriegseinsaz ist.

Fragen, die jedes Mädel beantworten muß:

1. Warum soll jedes Mädel einen Beruf erlernen?
2. Warum soll jedes Mädel seine Abschlußprüfung nach der Berufsausbildung ablegen?
3. Warum muß die deutsche Jugend mehr können als die fremdvölkischen Arbeiter?

Q 77

Mädel in Feldgrau

Textauszug aus: Das deutsche Mädel. Die Zeitschrift des Bundes Deutscher Mädel in der HJ, Jahrgang 1940

Bild entnommen aus: Der 2. Weltkrieg, Bertelsmann Lexikon Verlag, Gütersloh 1968, 375

Bild entnommen aus: Der 2. Weltkrieg, Bertelsmann Lexikon Verlag, Gütersloh 1968, 516

Q 78

Hitler zum Einsatz der deutschen Frauen angesichts der deutschen Niederlage

Textauszug aus: Stephan Bajohr, Die Hälfte der Fabrik, Marburg 1979, S. 296

„Ob Männer oder Frauen, ist ganz wurscht: Eingesetzt muß alles werden"
(Hitler März 1945)

„Die Frauen sollen so rasch wie möglich tadellos ausgebildet werden, Aufstellung des Frauenbataillons mit der Reichsfrauenführung. Bewährt sich dieses Frauenbataillon, sollen sofort weitere aufgestellt werden."
(Vermerk Bormans vom 28. 2. 1945)

„... Auch ist Hitler damit einverstanden, daß wir in Berlin nunmehr Frauenbataillone aufstellen. Es gibt unzählige Frauen, die sich jetzt zum Fronteinsatz melden, und der Führer ist auch der Meinung, daß diese, soweit sie freiwillig kommen, zweifellos fantatisch kämpfen werden. Man müsse sie in der zweiten Linie einsetzen; dann würde den Männern schon die Lust vergehen, in der ersten Linie zu retirieren."
(Goebbels, Joseph, Tagebücher 1945)

Literaturhinweise

3. Frauenarbeit im nationalsozialistischen Staat

Mutterkreuz und Arbeitsbuch. Zur Geschichte der Frauen in der Weimarer Republik und im Nationalsozialismus, Hrsg.: Frauengruppe Faschismusforschung, Fischer Tchenbuch 1981 (im Erscheinen). (Von diesem Band ist Grundlegendes und Neues zu diesem Thema zu erwarten).
Gertraude Kittler: Hausarbeit. Zur Geschichte einer „Natur-Ressource", München 1980. (Dieser Band ist für die Problematik der Ökonomie des Haushalts grundlegend. Allerdings wird gerade die NS Zeit nicht eigens behandelt).
Margret Lück: Die Frau im Männerstaat. Die gesellschaftliche Stellung der Frau im Nationalsozialismus, Frankfurt 1979.

IV. Die außerhäusliche Arbeit der Frauen

Obgleich die außerhäusliche Arbeit der Frauen nicht losgelöst von der Frauenarbeit im häuslich-familiären Bereich in ihrer Bedeutung sowohl für das Regime als auch für die Erfahrungsweisen und Entfaltungsmöglichkeiten der Frauen beurteilt werden kann, so ist es dennoch sinnvoll, diese außerhäusliche Frauenarbeit in der Zeit des deutschen Faschismus eigens zu betrachten. Denn allen ideologischen Beteuerungen zum Trotz stieg die Anzahl der weiblichen Erwerbspersonen in den Jahren der ns Herrschaft stetig an (vgl. Graphiken). Um 1939 waren 37% aller Erwerbstätigen Frauen. Die Anzahl der in der Industrie und im Handwerk tätigen weiblichen Erwerbspersonen erhöhte sich von 2,76 Millionen im Jahre 1933 auf 3,3 Millionen im Jahre 1939. Ihr Anteil wuchs somit von 21% auf 23% (TRÖGER). In vergleichbarer Weise stieg auch die Zahl der weiblichen Angestellten. Nach einer Schätzung für das Jahr 1941 waren 38% aller Arbeiter und Angestellten weiblich. Frauen bildeten auch im Nationalsozialismus die Basis der industriellen Reservearmee. Noch mehr. Aufgrund seiner doppelten Eigenschaft als eines hochentwickelten, kapitalistischen Industriestaats einerseits, und eines auf Expansion und Ausbeutung orentierten bürokratisch geführten Terrorsystems andererseits war der Nationalsozialismus in noch höherem Maße als der organisierte Kapitalismus demokratischer Staaten auf die außerhäusliche Frauenarbeit angewiesen. Außerhäusliche Frauenarbeit war für die Aufrechterhaltung des Systems unverzichtbar. In dieser doppelten Hinsicht der Systemnotwendigkeit gewinnt die außerhäusliche Frauenarbeit ihre besondere Bedeutung im Kontext des faschistischen Staates.

Bei dieser Betrachtung des Ausmaßes, des Wesens und der Auswirkungen der außerhäuslichen Frauenarbeit werden Frauen zunächst nicht als eine soziale Gruppe mit einer kollektiven Geschichte gesehen. Sie erscheinen hier vielmehr in erster Linie in ihrer Eigenschaft als Frauen einer sozialen Klasse oder Schicht, als Frauen, die nur

Zusammensetzung der Arbeitskraft in Deutschland 1914–1945

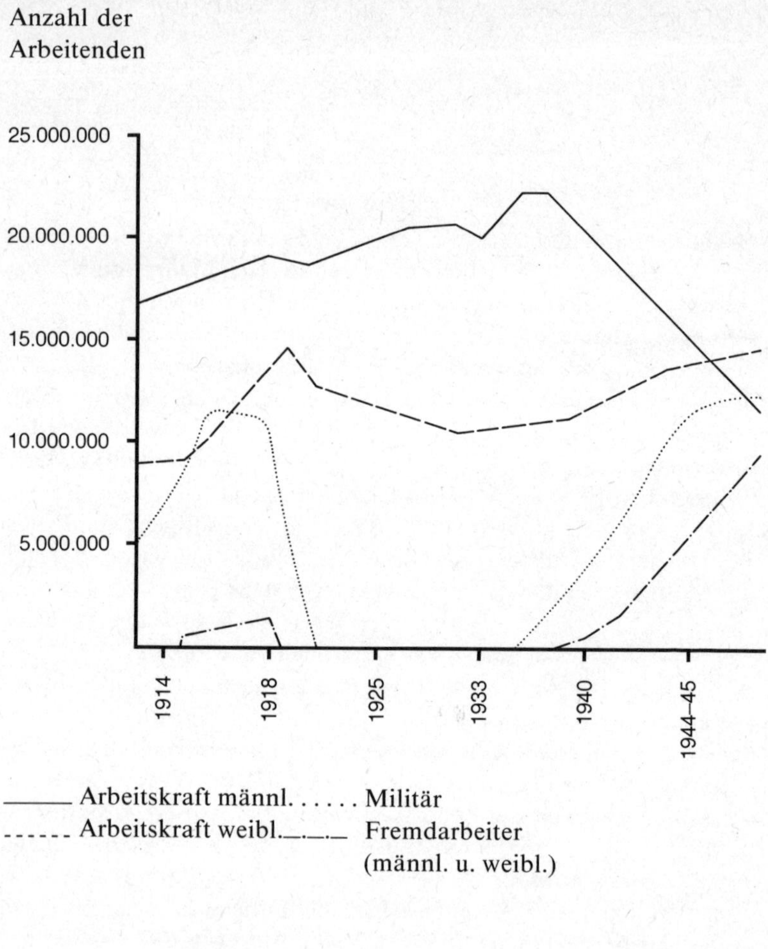

——— Arbeitskraft männl. ..... Militär
------ Arbeitskraft weibl. —·—·— Fremdarbeiter (männl. u. weibl.)

(*Aus:* Koonz, Claudia: Mothers in the Fatherland: Women in Nazi Germany, in: Becoming Visible. Women in European History, hg. v. Renate Bridenthal und Claudia Koonz (1977, 445–473, *hier:* 468)

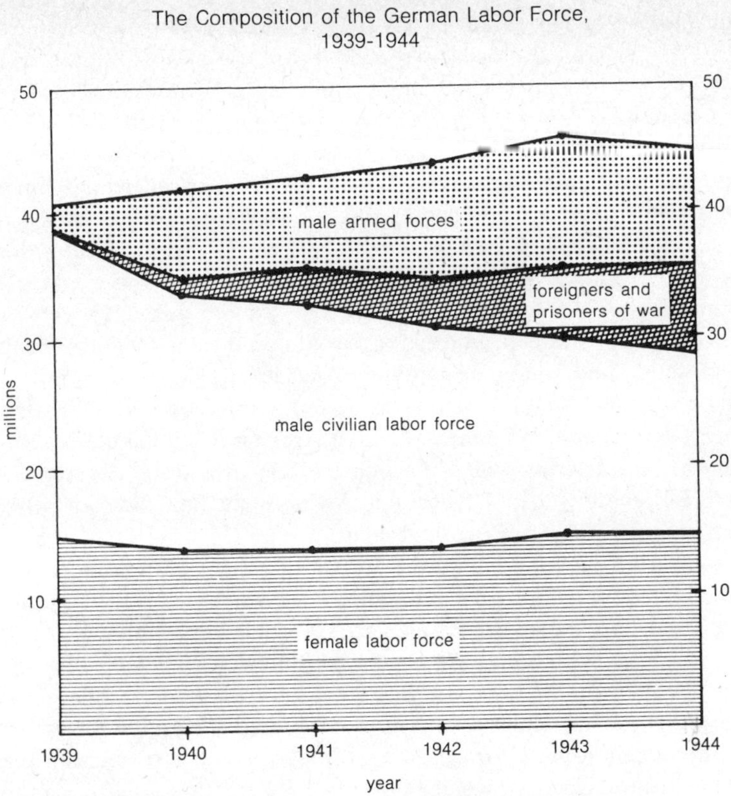

Aus: Leila Rupp, Mobilizing Women for war (Princeton 1978, 76)

einen Teil ihrer weiblichen Identität und ihres politischen Selbstverständnisses aus ihrer jeweiligen Berufs- und Arbeitswelt gewinnen. Zur Interpretation dieser Arbeitssituation muß die im folgenden Kapitel dargestellte häusliche Arbeitswelt der Frauen miteinbezogen werden.

Die Quellen veranschaulichen die Arbeitszusammenhänge von *Frauen in der Fabrik* (Q 79–Q 89), *in der Landwirtschaft* (Q 90–Q 92), *im Büro* (W 93–Q 96) und in *Führungspositionen* (Q 97–Q 99). In dieser Sichtweise wird zunächst die Klassen- und Schichtenspezifik sowohl der ns Frauenarbeitspolitik als auch der Erfahrungsweise von Frauen in ihrer außerhäuslichen Arbeit deutlich. Denn die zur harten Arbeit gezwungene Arbeiterin und die besonders stark in ihrer

Arbeitskraft ausgebeutete Landarbeiterin erfuhren sich und das System in sehr anderer Weise als die begehrten Büroangestellten und die aus ihrem Amt vertriebene Akademikerin. Die Klassenpolitik des Faschismus wirkte ich im Erwerbsleben der Frauen voll aus.
Trotz der Schichten- und Klassenspezifik der Erfahrungsweisen der außerhäuslichen Frauenarbeit lassen die Quellen allerdings auch generelle Aussagen über das Ausmaß, das Wesen und die Auswirkungen der weiblichen Erwerbstätigkeit zu. Die Entwicklung der Frauenerwerbstätigkeit im öffentlichen Bereich war insgesamt gekennzeichnet von einem Ausschluß der Frauen aus allen verantwortlichen Positionen, von einer Verhinderung der Qualifizierung der Frauen und von einer extremen Ausbeutung der Arbeiterinnen. Diese allgemeine Tendenz der forcierten Steigerung der Arbeitsleistung der Frauen im außerhäuslichen Arbeitsprozeß bei gleichzeitiger Disqualifizierung außerhäuslicher Frauenarbeit und der steigenden Entrechtung der Frauen am Arbeitsplatz läßt sich an allen Arbeitsbereichen der Frauen verdeutlichen.
Daß es trotz der zunehmenden Berufstätigkeit der Frauen unter diesen Bedingungen abwegig und zynisch ist, von einer Emanzipation der Frau durch den Faschismus zu sprechen, muß angesichts der allgemeinen Forschungslage eigens betont werden. Denn die von Jill Stephenson und David Schoenbaum vertretene Modernisierungstheorie hat einer positiven Beurteilung der außerhäuslichen Frauenarbeit so weit Vorschub geleistet, daß sich erst langsam die Einsicht durchsetzt, in welchem Maße Frauen durch den Nationalsozialismus an ihren Entfaltungsmöglichkeiten auch in der außerhäuslichen Arbeitswelt gehindert wurden (WINKLER, TRÖGER, ZIMMERMANN-EISEL). Die objektive berufliche Situation war für die Fabrik- und für die Landarbeiterin, für die Angestellte und für die Akademikerin im Nationalsozialismus von der Frauenverachtung des Systems und seinem grenzenlosen Willen zur Ausbeutung der weiblichen Arbeitskraft geprägt. Trotz erhöhter Frauenerwerbstätigkeit kann für die ns Zeit nicht von der Konsolidierung einer modernen, die wirtschaftliche Emanzipation der Frauen fordernden Sozialstruktur gesprochen werden.

1. Frauen arbeiten in der Fabrik (Q 79 – Q 89)

Obgleich mit dem „Gesetz zur Verminderung der Arbeitslosigkeit" vom 1.6. 1933 (→ Q 27) das Regime eine gewisse Verminderung der weiblichen Erwerbstätigkeit kurzfristig anstrebte, hat das Regime niemals einen Zweifel darüber aufkommen lassen, daß industrielle Frauenarbeit für das Funktionieren ihres Systems in allen Stadien der NS Herrschaft unverzichtbar war. Die ns Frauenarbeitspolitik zielte insgesamt auf eine äußerste Nutzung aller verfügbaren weiblichen Arbeitskräfte, solange der soziale Friede dadurch nicht ernstlich gefährdet wurde (→ Q 43).
Die Tabelle illustriert die Entwicklung der weiblichen Industriearbeiter auf dem Arbeitsmarkt von 1933 bis 1938. Der Anteil der weiblichen Kräfte in der Industrie stieg nach 1938 stetig an.

Jahr	Anzahl der Industrie-arbeiterinnen	1933 = 100	Anteil in der Gesamt-industrie
1933	1 205 000	100	29,3 %
1934	1 408 000	116,8	27,0 %
1935	1 463 000	121,4	25,5 %
1936	1 549 000	128,5	24,7 %
1937	1 749 000	145,1	25,3 %
1938	1 846 000	153,2	25,2 %

(WINKLER 1977, 196)

Die Quellen zur weiblichen Industriearbeit sind zunächst unter dem Gesichtspunkt der Notwendigkeit der industriellen Frauenarbeit ausgewählt worden (Q 79 – Q 83). Die weiteren Quellen veranschaulichen die Zustände in den Fabriken (Q 84 – Q 89).

● Die Notwendigkeit der industriellen Frauenarbeit

Das Schreiben des Reichsarbeitsministers vom 17. Dezember 1938 und die knappen Auszüge aus den Monatsberichten der Reichstreuhänder der Arbeit (Q 79) stellen offizielle Dokumente dar, die die weibliche Arbeitsmarktsituation ungeschminkt darlegen: weibliche Arbeitskräfte waren knapp, der Bedarf in den kriegswichtigen Industrien erhöhte sich ständig, während die Konsumindustrien auf Grund ihres niedrigen Lohnniveaus immer weniger in der Lage waren, auch die weiblichen Arbeitskräfte zu halten. Die Prostitution, die sich schon im Frühkapitalismus als notwendiger Nebenerwerb der Arbeiterinnen entwickelt hatte (Regina Schulte, Sperrbezirke. Tugendhaftigkeit und Prostitution in der bürgerlichen Welt, Frankfurt 1979) stieg an. Die Arbeitssenkung machte nicht vor der familiären Situation der Arbeiterinnen halt. Aufschlußreich ist der Hinweis, daß die „weiblichen verheirateten Gefolgschaftsmitglieder ... noch geringe Neigung zeigten, in den Betrieben zu arbeiten (→ Q 43 – zur weiblichen Arbeitsdienstverpflichtung). Nach diesen offiziellen Berichten sind Frauen eine unverzichtbare Reserve für die wehrpolitisch notwendige Ausdehnung der industriellen Produktion. Auch wesentliche Merkmale der ns Frauenarbeitspolitik kommen hier zum Ausdruck, vor allem die über die in nicht faschistisch kapitalistischen Systemen hinausgehenden zwangsweisen Versetzungen der Arbeiterinnen in kriegsnotwendige Betriebe und die klassenspezifische Schonung der arbeitsunwilligen Ehefrauen der Gefolgschaftsleute.

Die Ausführungen von Angelika Meister, die ebenfalls die Notwendigkeit der außerhäuslichen Frauenarbeit bestätigen, sind unter dem zweifachen Aspekt bemerkenswert. Sie lassen zum einen erkennen, daß es auch während des Nationalsozialismus möglich war, eine der Ideologie widersprechende Analyse der weiblichen Industriearbeit vorzulegen (Angelika Meister stand dem Regime nahe). Zum anderen gewinnen diese Ausführungen auf der Basis der heutigen fachwissenschaftlichen Diskussion zur Frauenarbeitspolitik unmittelbar nach 1933 (vgl. WINKLER 1977, S. 26ff, BAJOHR 1979, S. 219ff) an Bedeutung. Neuere Untersuchungen erweisen die Richtigkeit der Analysen von Angelika Meister. Nach dem heutigen Forschungsstand kann von einer eigentlichen Verdrängung der Frauen vom Arbeitsmarkt auch für die Jahre 1933–1934 kaum gesprochen werden.

Trotz der ns Ideologie der Frau als Hausfrau und Mutter wurde öffentlich um die billige weibliche industrielle Arbeitskraft geworben. Das geht schon aus den Propagandaschriften unmittelbar nach 1933/1934 hervor (Q 70). Noch eindeutiger zeigt sich der Versuch des Regimes, weibliche Arbeitskräfte für die Industrie zu gewinnen, in den zahlreichen Schriften zur Berufsberatung für Mädchen. (Q 80)
Bei der Werbung um die Facharbeiterin werden die Arbeitstugenden (Tüchtigkeit, Flexibilität) gefordert, die stets für die Arbeit in einem hoch entwickelten, kapitalistisch-industriellen Produktionssystem erwünscht sind. Während nur wenige Berufszweige der Facharbeiterin offenstehen, sind für sie die Arbeitsgebiete für die angelernte und ungelernte Arbeiterin fast unbegrenzt. Das Argument der geschlechtsspezifischen Arbeit auf Grund der natürlichen Eigenschaften der Frau wird hier nicht vorgebracht. Vielmehr geht aus den aufgeführten Einsatzbereichen die Schwere und die primär rüstungspolitisch bestimmte Orientierung der weiblichen Industriearbeit hervor.
Obgleich das Regime vor der Einführung der allgemeinen Dienstverpflichtung von Frauen aller Schichten oder Klassen zurückschreckte (vgl. Q 43), konnte es auch auf „legalem“ Wege die „Gefolgschaftstreue“ der Arbeiterinnen erzwingen (Q 81). Die gesetzliche Zwangsrekrutierung von Arbeitskräften begann mit der vom Vierjahresplan erlassenen Verordnung zur Sicherung des Kräftebedarfs vom 22. Juni 1938. Sie fand in den Verordnungen vom 13. Februar 1939 ihre Weiterführung. Hiernach wurden alle Einwohner des Reichsgebiets zum Arbeitseinsatz verpflichtet. Das Notdienstgesetz vom 15. Oktober 1938, das den Behörden das Recht einräumte, im Fall des öffentlichen Notstandes Männer und Frauen zur Arbeit zu verpflichten, zielte nicht nur auf die intensive wirtschaftliche Ausnutzung auch der weiblichen Arbeitskraft, es hatte darüber hinaus eine eindeutig politische Funktion. Nach diesem Gesetz zur „Notleistung zur Erfüllung hoheitlicher Aufgaben“ war das Regime befugt, ohne Abschluß eines Arbeitsvertrages nach Willkür über die weibliche Arbeitskraft zu verfügen.
Im Gegensatz zu den Versprechungen des Regimes, das Klein- und mittlere Gewerbe zu stützen, wurde der schon eingeleitete Prozeß der Konzentration der industriellen Produktion und der Rationalisierung im deutschen Faschismus fortgesetzt. Gerade die Rationalisierung erhöhte den Bedarf an billiger weiblicher Arbeitskraft, ein

Vorgang, der von oppositionellen Gruppen im Exil im Hinblick auf die erhöhte Ausbeutung der Frauen hervorgehoben wurde.
Nach der gescheiterten „Blitzkrieg" Strategie von 1941 wurde der Bedarf an Arbeitskräften unabweisbar. Daher versuchte das Regime mit Hilfe des Sauckel Programms die Arbeitskraft der Menschen in den besetzten Gebieten bis aufs äußerste auszunutzen (Q 82). Die Zahl der zwangsverpflichteten, völlig entrechteten Arbeiterinnen aus den besetzten Gebieten stieg bis Kriegsende stetig an.
Die führenden Rüstungsindustrien beschäftigten weibliche KZ Häftlinge (Q 83). Die SS und die Vertreter der großen Konzerne trieben die weiblichen KZ Häftlinge mit Gewalt zur Rüstungsarbeit. Angesichts ihrer verzweifelten Lage gingen viele der gefangenen Frauen „freiwillig". Sie hofften, durch ihr Arbeit in den Fabriken der Vergasung zu entgehen.

● Die Arbeitsbedingungen der Arbeiterinnen

Mit der Auflösung der Gewerkschaften verloren die Arbeiterinnen alle Möglichkeiten, ihre wirtschaftlichen und sozialen Rechte am Arbeitsplatz zu vertreten. Diese Rechtlosigkeit spiegelt sich in der immer schlechter werdenden Arbeitssituation der Frauen wider (Q 84). Obgleich der Kampf um Sonderrechte für Frauen in der proletarischen Frauenbewegung umstritten blieb, hatten sich im Verlauf der Arbeitskämpfe Erleichterungen für die Frauen im Arbeitsprozeß durchgesetzt: die Nachtarbeit für Frauen wurde verboten, eine Begrenzung der Arbeitszeit auf 8 Stunden festgelegt, ein Verbot der Sonntagsarbeit durchgesetzt. Aus den Berichten der Gewerbeaufsichtsbehörden geht hervor, wie im Zuge der Aufrüstung diese Arbeitsrechte der Frauen immer mehr durch Sonderregelungen ausgehöhlt wurden. Erlässe des Reichsarbeitsministeriums, in dessen Zuständigkeit die Regelung des Beschäftigungsverhältnisses fast ausschließlich lag, haben die Aufhebung der Arbeiterinnenschutzbestimmungen am Arbeitsplatz nachträglich legalisiert. Mit einem Erlaß aus dem Jahre 1939 wurde der 10 Stundentag und die Nachtarbeit von Frauen offiziell gebilligt.
Nicht so sehr der vielfach angesprochene wirtschaftliche Aufschwung, sondern der durch die Aufrüstung bedingte Arbeitskräftemangel, die ns Arbeitsgesetzgebung und Terror haben die Arbeitssituation der Frauen in den Betrieben bestimmt. Berichte aus dem

Ausland zur Situation der Arbeiterin können, wie ein Vergleich mit einem offiziellen Bericht des Präsidenten des Reichsarbeitsamtes in Berlin aus dem Jahre 1941 zeigt, als wahrheitsgetreue Dokumente interpretiert werden (Q 85). Frauen leisteten Schwerstarbeit, zerstörten ihre Gesundheit; sie waren in jeder Hinsicht rechts- und schutzlos. Dennoch scheiterte der Versuch des Regimes, sämtliche, in Jahrzehnten sozialen Kampfes erworbenen sozialen Errungenschaften zu beseitigen. Am 12. Dezember 1939 mußte das Regime eine neue Arbeitsgesetzgebung erlassen, die den Schutz von Frauen zumindest dem Gesetze nach erhöhte. Nach Franz Neumann bedeutet dieses Gesetz „eine Niederlage des Regimes und einen Sieg der Arbeiterklasse“ (F. NEUMANN, BEHEMOTH, Erstaufl. 1942, neu hg. Köln 1977, S. 407).
Trotz der Nachfragesteigerung nach weiblichen Arbeitskräften und der zunehmenden Beschäftigung von Frauen in ehemaligen Männerbetrieben, wurde jeder Versuch einer Angleichung der Frauenlöhne an den Männerlohn vom Regime unterbunden (Q 87).
Der Kampf um eine gerechtere Frauenentlohnung, der schon in der Weimarer Republik von Führerinnen der proletarischen Frauenbewegung und Gewerkschaftsfunktionärinnen geführt wurde, ist im Nationalsozialismus sogar von der Deutschen Arbeitsfront (DAF) aufgegriffen worden. 1938 erreichte er angesichts des akuten Arbeitskräftemangels einen Teilsieg: in einzelnen Industriebranchen sollten Arbeiterinnen, die die von Männern im allgemeinen verrichtete Schwerarbeit leisteten, den Männerlohn erhalten. Dieser Sieg wäre aber ohne den Druck der Arbeiterinnen nicht möglich gewesen.
Das Reichsarbeitsministerium war bemüht, die Entwicklung zu unterbinden. Zunächst wies es auf die ungünstigen psychologischen Auswirkungen einer Gleichbezahlung von Männern und Frauen hin. Obgleich die Deutsche Arbeitsfront und das Reichsarbeitsministerium sich verbal dafür einsetzten, die hohen Unternehmergewinne, die nicht zuletzt aus der niedrigen Frauenentlohnung erwirtschaftet wurden, zu drosseln, blieben die niedrigen Frauenlöhne insgesamt bei steigendem Unternehmergewinn unverändert bestehen.
Mit der Kriegswirtschaftsverordnung vom 4. September 1939 war mit einem generellen Einfrieren der Löhne auch die Festschreibung der niedrigeren Bezahlung von Frauen um circa 30 Prozent vorgesehen. Schließlich fand in einem Runderlaß des Reichsarbeitsministeriums vom 15. Juni 1940 eine endgültige Festlegung der Mindestentlohnung der Frauen statt.

Die Lohnkämpfe der Frauen und ihre zeitweiligen Erfolge können nicht immer mit einer politischen Gegnerschaft gegen das System und einer erfolgreichen Widerstandsleistung gleichgesetzt werden. Die Rüstungsindustrien haben, wie der Auszug aus dem Kriegstagebuch des Rüstungskommandos Augsburg zeigt, trotz aller Verordnungen zum Lohnstopp mit Lohnanreizen versucht, weibliche Arbeitskräfte zu halten. Über die politischen Motive auf Seiten der Arbeiterinnen und der Unternehmer bei diesen Lohnerhöhungen ist wenig bekannt. Nur an der Angst des Regimes vor den Lohnforderungen der Frauen aus der Arbeiterschaft kann nicht gezweifelt werden. Unter dem Titel „Meldungen aus dem Reich" veröffentlichte der Sicherheitsdienst regelmäßig Berichte über die Lage in den Betrieben und die Stimmung im Volk (Q 87).
Trotz der Parteilichkeit dieser Berichte (vgl. BOBERACH, H., Meldungen aus dem Reich, Neuwied 1965) geben diese Schilderungen den Tagesablauf eines Arbeitstages einer Dienstverpflichteten zutreffend wieder. Zu Kriegsbeginn wurden die Bestimmungen zur Ableistung des Arbeitsdienstes für die weibliche Jugend erlassen (→ Q 48).
Die Ausbeutung deutscher weiblicher KZ-Häftlinge und ausländischer weiblicher Arbeitskräfte war total. In diesen Betrieben wurde die Vernichtung von Menschen durch Arbeit organisiert. Die unmenschlichste Frauenzwangsarbeit wurde den Frauen in den SS-eigenen Betrieben abverlangt. Kranke Frauen wurden von SS Leuten an die Maschinen getrieben. Auf weibliche Häftlinge, die von der Arbeit aufsahen, um ihren Rücken für einen Augenblick geradezurichten, wurden abgerichtete Hunde gehetzt.
Die Zahl der Toten war hoch (Q 89). Allein im Frauen KZ Ravensburg, dessen Insassen für verschiedene Firmen Zwangsarbeit leisteten (vgl. Q 83), kamen zwischen Frühjahr 1939 und Ende April 1945 92000 Frauen ums Leben. (→ Q 51)
Die Quellen legen zunächst eine bekannte Interpretation nahe. Es wird deutlich, daß im Gegensatz zu der ns Ideologie von der Stellung der Frau am häuslichen Herd, industrielle Frauenarbeit im deutschen Faschismus unverzichtbar für die Aufrechterhaltung des Systems war, daß Frauen auch im Faschismus die industrielle Reservearmee darstellten, die je nach wirtschaftlichem Bedarf ausgebeutet wurden und die kaum über Mittel verfügten, um sich gegen diese Ausbeutung ihrer Arbeitskraft zu wehren. Zugleich wird allerdings auch erkennbar, daß die gemeinsame Arbeit der Frauen in der

Fabrik eine Voraussetzung für den Widerstand gegen den Faschismus bildete. (Q 147–155)
Die Quellen zur weiblichen Fabrikarbeit illustrieren somit vor allem das Fortwirken kapitalistischer Strukturen in der industriellen Produktion im Faschismus, wobei das besondere Maß an Ausbeutung und der Grad von weiblicher Wehrlosigkeit in dieser Situation ebenso deutlich werden wie die ständige Verschärfung der bedrükkenden Lage der Arbeiterinnen durch die besonderen Bedingungen des Krieges.
Die Quellen lassen diese Interpretation zu. Allerdings weisen sie über diesen Interpretationsrahmen hinaus. Denn an der industriellen Frauenarbeit im deutschen Faschismus wird nicht nur das Fortwirken und die Verschärfung kapitalistischer Strukturen im Faschismus mit ihren besonderen Auswirkungen auf die physische und psychische Situation der Frauen sichtbar. In der weiblichen industriellen Arbeit im NS System tritt auch eine qualitativ neue Form der Ausbeutung der Frauen hinzu, die nur aus der terroristischen Basis, der sozialimperialistischen Zielsetzung und dem unbedingten Willen zur Erzwingung absoluter Mehrarbeit des deutschen Faschismus erklärbar ist.
Das ns Regime verfügte nicht nur willkürlich über die Arbeitskraft der Arbeiterin. Die erzwungene Frauenarbeit in der Rüstungsindustrie bedeutete für die deutschen Arbeiterinnen eine bisher unbekannte Recht- und Schutzlosigkeit; für die Ausländerinnen und für die Frauen in den KZ dagegen lag in diesem Arbeitszwang trotz der äußersten Erniedrigung noch eine letzte Überlebenschance im faschistischen Terrorsystem. An dieser Extremsituation der Verwertung weiblicher Arbeitskraft, die bis zur Vernichtung des Menschen führte, wird die neue Qualität des faschistischen Systems sichtbar. Mit dieser terroristischen Komponente werden auch die Prinzipien eines profitorientierten, aber die gesellschaftliche Reproduktion des Menschen noch ermöglichenden Kapitalismus außer Kraft gesetzt. An diesem unbedingten Verwertungswillen des Regimes erkennen wir allerdings auch eine innere Grenze dieses terroristischen Systems. Das Regime scheitert an der Arbeitsbereitschaft der Frauen. Sowohl unter dem wirtschaftlichen Aspekt der Produktivität als auch unter dem politischen Aspekt der Erhaltung und der Reproduktionsfähigkeit der ns Gesellschaft gelang es diesem System nicht, trotz der terroristischen Zwangsarbeit unter Beibehaltung kapitalistischer Struktur, die Arbeiterinnen durch den Schein einer

klassenlosen Volksgemeinschaft zu blenden und zu willenlosen Instrumenten ihrer Herrschaft zu machen.

Q 79

Der Bedarf an weiblichen Arbeitskräften

Textauszug aus: T. Mason, Arbeiterklasse und Volksgemeinschaft, Opladen 1975, S. 661, 858, 958

Ein Schreiben des Reichsarbeitsministers vom 17. Dezember 1938 und Auszüge aus den Monatsberichten der Reichstreuhänder der Arbeit von 1938 und 1939

Textil- und Bekleidungsindustrie: Mittelelbe meldet weiterhin Abwanderungen von Arbeitskräften zur Metallindustrie. Die Abwanderungsbewegung erstreckt sich in erster Linie auf weibliche Arbeitskräfte. Aus Schlesien wird berichtet, daß im Waldenburger Gebiet leider viele Arbeiterinnen der gewerbsmäßigen Unzucht nachgehen, weil die Löhne zum Lebensunterhalt nicht ausreichen. (Durchschnittswochenlohn etwa 9,– RM). Die Lage wird dadurch verschärft, daß die Wohnverhältnisse außerordentlich schlecht sind. Die Abwanderung aus diesem gefährdeten Gebiet wird immer größer.

Auf der anderen Seite wird es immer schwieriger, den Anforderungen der Wirtschaft nach zusätzlichen Arbeitskräften gerecht zu werden. Insbesondere in der Eisen- und Metallindustrie, im Maschinenbau und im Baugewerbe ist der Bedarf an Arbeitskräften von neuem stark angestiegen. Diese Entwicklung hat dazu geführt, daß in diesen Berufszweigen für Aufgaben von besonderer staatspolitischer Bedeutung bis zum 15. November rd. 425000 Arbeitskräfte von den Arbeitsämtern auf Grund der Verordnung des Beauftragten für den Vierjahresplan vom 22. Juni 1938 zur Dienstleistung verpflichtet werden mußten. Im Zusammenhang damit hat sich der Arbeitermangel auch in anderen staatspolitisch wichtigen Berufsgruppen wie in der Landwirtschaft und im Bergbau weiter verschärft. Der ungedeckte Bedarf der deutschen Wirtschaft wird zur Zeit auf nahezu 1 Million Arbeitskräfte geschätzt. Es wird mit allen Mitteln versucht, diesem Notstand abzuhelfen. So werden bisher nicht erwerbstätige Frauen in größerem Umfange zur Arbeit neu herangezogen. Im Laufe des Monats Oktober hat sich dadurch die Zahl der beschäftigten Frauen um etwa 50000 auf rd. 6,6 Millionen erhöht. Ferner wird mit allem Nachdruck auf eine verstärkte Hereinnahme ausländischer Arbeitskräfte hingewirkt, soweit die Devisenlage dies zuläßt.

Heil Hitler! Ihr sehr ergebener
Franz Seldte

...

Die Abwanderung aus der Textilindustrie hält an. Weibliche verheiratete Gefolgschaftsmitglieder zeigen nur noch geringe Neigung, in den Betrieben zu arbeiten, da der Mann voll verdient. Die Behauptung, in eigener Hauswirtschaft arbeiten zu wollen, läßt sich nur schwer nachkontrollieren. Zweifellos wird ein erheblicher Teil der ausscheidenden Arbeiterinnen in die Metallindustrie übergehen.

Textauszug aus: Angelika Meister, Die deutsche Industriearbeiterin. Ein Beitrag zum Problem der Frauenarbeit, Münchener volkswirtschaftliche Studien, N. F. Heft 27, Jena 1939, S. 167–169

Die bis Mitte 1936 zu beobachtende Abnahme des Frauenanteils bedeutet aber nicht, daß die Zahl der in der Industrie beschäftigten Frauen insgesamt zurückgegangen wäre. Die Gesamtzahl der beschäftigten Industriearbeiter ist vom Frühjahr 1933 von 3,65 Millionen auf rund 6 Millionen, davon die Zahl der Industriearbeiterinnen von 1,1 Millionen auf beinahe 1,5 Millionen gestiegen. Seit Anfang 1933 sind also bis Mitte 1936 350000 Frauen neu eingestellt worden. Die Maßnahme der Gewährung von Ehestandsdarlehen hatte mit der Blickrichtung auf die Ausschaltung der Frau aus der Industrie (in ihrer Absolutheit) auf das Ganze gesehen weniger Bedeutung und wurde wieder aufgehoben und überkompensiert durch den einsetzenden Auftrieb der deutschen Wirtschaft. Dies erklärt auch die trotz aller Gegenmaßnahmen festzustellende absolute Zunahme der Beschäftigung der Arbeiterinnen in der Industrie. Diese Tatsache wurde verstärkt durch die Lockerung der Bestimmungen für die Gewährung von Ehestandsdarlehen vom 25. Juli 1936, wonach jetzt die Arbeiterin, wenn sie eine entsprechende Genehmigung beibrachte, auch bei weiterer Ausübung ihrer Erwerbstätigkeit Anspruch auf Gewährung des Ehestandsdarlehens hatte. Und so zeigt seit Mitte 1936 die Zahl der Industriearbeiterinnen wieder im Gegensatz zu der der männlichen Arbeitskräfte in der Industrie im Jahre 1936 eine stärkere Zunahme als im Vorjahr. Der Rückgang des Frauenanteils in der Industrie kommt um die Mitte des Jahres 1936 zum Stillstand. Dies erklärt sich zunächst zum Teil daraus, daß der Auftrieb der für die Frauen wichtigeren Verbrauchsgüterindustrien in den letzten Monaten wieder stärker geworden ist. Hinzu kommt die zunehmende Knappheit an Arbeitskräften allgemein wie in der Produktionsgüterindustrie im besonderen, die sich mit den zusätzlichen Aufgaben der Wiederwehrhaftmachung und des Vierjahresplanes von Jahr zu Jahr verschärft, so daß infolge des anhaltend großen Facharbeiterbedarfs der Produktionsgüterindustrie hier und dort bereits ein Mangel an männlichen Arbeitskräften zu verzeichnen ist und die Industrien, die nicht unmittelbar für die großen staatlichen Investitionsarbeiten beschäftigt sind, wieder verstärkt Frauen einstellen müssen. Dem Erfordernis der Wirtschaft an einer stärkeren Heranziehung der Frauenarbeitskraft wurde seitens der Regierung Rechnung getragen durch die Aufhebung der Bedingungen zur Aufgabe der Erwerbsarbeit bei Inanspruchnahme der Ehestandsdarlehen. Und so nimmt „von Juni 1936 bis zur Jahreswende 1936/37 . . . der Anteil der Frauen (an der Industriearbeiterschaft) beachtlich zu". Die Zahl der in der Industrie beschäftigten Frauen steigt von Jahr zu Jahr; „sie erhöhte sich bis 1938 gegenüber dem Jahresdurchschnitt 1933 um 53,2 Prozent". „Die Entwicklung im zweiten Halbjahr 1938 scheint . . . darauf hinzudeuten, daß in der Industrie der Anteil der weiblichen Arbeiter infolge des Mangels an männlichen Arbeitskräften langsam (weiter) ansteigt".

Es ist zu erwarten, daß sich der Anteil der Frauenarbeit bei anhaltendem Ausbau der Industriebeschäftigung noch erhöhen wird. Die Frauen bilden im Augenblick eine wichtige Reserve für die weitere Ausdehnung der industriellen Arbeit.

Q 80

Das Regime wirbt um die billige Arbeitskraft der Frauen

Textauszug aus: Suse Harms, Die deutschen Frauenberufe, Berlin 1939, S. 58–59, 63–66

Die Facharbeiterin

Die Ausbildung zur Facharbeiterin in der Industrie entspricht etwa der handwerklichen Lehre. Wie dort, so wird auch hier ein Lehrvertrag abgeschlossen, und zwar bei der Industrie- und Handelskammer. Nach Abschluß der Lehre wird die Facharbeiterinnenprüfung abgelegt.
Die Berufsaussichten für Facharbeiterinnen sind augenblicklich außerordentlich günstig, da infolge des Aufschwungs der deutschen Wirtschaft in den letzten Jahren sich ein empfindlicher Mangel an Facharbeitern herausgestellt hat. Die tüchtige Facharbeiterin wird also immer ihr gutes Auskommen finden. Selbst wenn der Bedarf an Fachkräften auf einem Sondergebiet gedeckt sein sollte, wird die Facharbeiterin sich auf Grund ihrer umfassenden Ausbildung auch auf einem Nachbargebiet leicht einarbeiten und dort Anstellung finden. Infolge des Anwachsens unserer Wirtschaft und der Einstellung auf immer andere Fabrikationsmethoden werden Arbeiterinnen gebraucht, die wendig sind und fähig, sich umzustellen. Mädel, die nur gelernt haben, ganz bestimmte Handgriffe auszuführen, werden in diesem Wettstreit naturgemäß versagen, während die tüchtige Facharbeiterin die Möglichkeit hat, in ihrem Fach zur Abteilungsleiterin oder Direktrice aufzusteigen.

. . .

Die angelernte und ungelernte Arbeiterin

Eine sehr große Anzahl der berufstätigen Mädel steht als angelernte oder ungelernte Arbeiterin in industriellen Betrieben. Es ist kein Zweifel, daß gerade solche Stellen reichlich vorhanden und die Anstellungsmöglichkeiten sowie auch die Bezahlung verhältnismäßig sehr gut sind.
Dennoch muß sich das Mädel, das den Beruf der ungelernten Arbeiterin ergreifen will, über eines klar sein: Wohl kann es sofort verdienen, aber es fehlt die Möglichkeit, seine Leistung und damit seinen Verdienst im Laufe seiner Berufstätigkeit wesentlich zu verbessern. Die ungelernte Arbeiterin kann im günstigsten Falle angelernte Facharbeiterin werden, ein weiterer Aufstieg ist bisher nicht möglich.
Falls das Mädel trotzdem ungelernte Fabrikarbeiterin werden will, sollte es jedenfalls darauf achten, daß es nur eine solche Arbeit annimmt, die der Gesundheit und dem Körperbau der Frau zuträglich ist. Der Mehrverdienst von einigen Pfennigen rechtfertigt nicht die körperlichen Schädigungen, die sich das Mädel an ungeeigneten Arbeitsplätzen für sein ganzes Leben zuziehen kann. Im allgemeinen werden Fabrikarbeiterinnen am meisten dort eingesetzt, wo Handfertigkeit und Fingergeschicklichkeit besonders verlangt werden, etwa in Packereien, in der Textil- und Elektroindustrie.

Die Eisen- und Metallarbeiterin

Eisen- und metallschaffende Industrie und Gießereien:

Angelernte Arbeiterin:
Anlernzeit: einige Wochen. Bis zur vollständigen Beherrschung der Arbeit wird Wochenlohn gezahlt, danach Akkord.
Einsatz: Maschinenarbeiterin, Automatenarbeiterin, Abgraterin, Wäscherin, Packerin.
Ungelernte Arbeiterin: Maschinenarbeiterin, Spulerin, Laufmädchen, Kernmacherin, verschiedene Hilfsarbeiten.

Stahl- und Eisenbau:

Angelernte Arbeiterin:
Anlernzeit: einige Wochen. Bis zur vollständigen Beherrschung der Arbeit wird Wochenlohn gezahlt, danach Akkord.
Einsatz: Maschinenarbeiterin, Sortiererin, verschiedene Hilfsarbeiten.

Maschinenbau:

Angelernte Arbeiterin:
Anlernzeit: einige Wochen. Bis zur vollständigen Beherrschung der Arbeit wird Wochenlohn gezahlt, dann Akkord.
Einsatz: Maschinenarbeiterin, Automatenarbeiterin, Löterin, Montiererin, Arbeit an Schwer- und Feinarmaturen (hier wird bei guten Sachen ein Jahr Anlernzeit eingesetzt, Arbeit an Triebwerken und Walzlägern (sechs Wochen Probezeit).
Ungelernte Arbeiterin: Sortiererin, Prüferin, Packerin, Kernmacherin, verschiedene Arbeiten in den Sparten „Papier- und Druckmaschinen“ und „Büromaschinen“.

Fahrzeug- und Luftfahrtindustrie:

Angelernte Arbeiterin:
Anlernzeit: einige Wochen. Bis zur vollständigen Beherrschung der Arbeit wird Wochenlohn gezahlt, dann Akkord.
Einsatz: Maschinenarbeiterin, Automatenarbeiterin, Montiererin, Prüferin, Packerin, Lackiererin, Poliererin.
Ungelernte Arbeiterin: Liniiererin, verschiedene Hilfsarbeiten in den Sparten „Kraftwagen“, „Krafträder“.

Elektro-Industrie:

Angelernte Arbeiterin:
Anlernzeit: einige Wochen. Bis zur vollständigen Beherrschung der Arbeit wird Wochenlohn gezahlt, dann Akkord.
Einsatz: Als Maschinenarbeiterin, Automatenarbeiterin, Spulenwicklerin (vier bis sechs Wochen Anlernzeit, beim Formspulen drei Tage), Ankerwicklerin (ein halbes Jahr Anlernzeit), Handwicklerin (vier bis zwölf Wochen Anlernzeit), Schablonen-, Spulen-Einlegerin (vier bis fünf Wochen Anlernzeit), Anschließerin (vier bis zwölf Wochen Anlernzeit), Meßarbeiterin (längere Anlernzeit je nach Geschicklichkeit), Schleiferin (eine Woche Anlernzeit), Graveurin (ein Jahr Anlernzeit), Putzerin (vierzehn Tage Anlernzeit), Galvanisiererin (vierzehn Tage bis ein Vierteljahr Anlernzeit), Arbeiterin in der Glühlampenindustrie zur Bedienung von Maschinen und Automaten (Anlernzeit drei Wochen bis acht Monate).
Ungelernte Arbeiterin: Löterin, Montiererin, Sortiererin, Prüferin, Packerin,

Poliererin, Arbeiterin in der Glühlampenindustrie zur Bedienung von Maschinen und Automaten, Hilfsarbeiterin in den Sparten „Rundfunk", „Installationsmaterial", „Isolierstoffe", „Drähte und Kabel", „Telephonie und Telegraphie", „Meßwesen", „Freileitungsbau", „Galvanische Abteilung", „Lackiererei", „Laufmädchen".

Feinmechanik und Optik:

Angelernte Arbeiterin:
Anlernzeit: einige Wochen. Bis zur vollständigen Beherrschung der Arbeit wird Wochenlohn gezahlt, dann Akkord.
Einsatz: Maschinenarbeiterinnen, Automatenarbeiterinnen, Löterinnen, Montiererinnen, Sortiererinnen, Packerinnen, Kernmacherinnen, verschiedene Arbeiten in der Nadelherstellung.
Ungelernte Arbeiterin: Arbeiten in der Nadelherstellung, Schraubenherstellung, Eisenwarenherstellung.

Blechwarenindustrie:

Angelernte Arbeiterin:
Anlernzeit: einige Wochen. Bis zur vollständigen Beherrschung der Arbeit wird Wochenlohn gezahlt, danach Akkord.
Einsatz: Maschinenarbeiterin, Automatenarbeiterin, Montiererin, Sortiererin, Packerin, verschiedene Arbeiten in der Blechwarenherstellung, verschiedene Arbeiten in den Emaillierwerken (eine bis sechsundzwanzig Wochen Anlernzeit).
Ungelernte Arbeiterin: Verschiedene Arbeiten in der Blechwarenherstellung und in der Metallkapselherstellung.

Stahlwaren und Werkzeuge:

Angelernte Arbeiterin:
Anlernzeit: einige Wochen. Bis zur vollständigen Beherrschung der Arbeit wird Wochenlohn gezahlt, danach Akkord.
Einsatz: Maschinenarbeiterin, Automatenarbeiterin, Sortiererin, Montiererin, verschiedene Arbeiten in der Schneidwarenherstellung und Handwerkzeugherstellung.
Ungelernte Arbeiterin: Verschiedene Arbeiten in der Schlösser- und Beschlägeherstellung.

Metallwaren:

Angelernte Arbeiterin:
Anlernzeit: einige Wochen. Bis zur vollständigen Beherrschung der Arbeit wird Wochenlohn gezahlt, danach Akkord.
Einsatz: Maschinenarbeiterin, Automatenarbeiterin, Sortiererin, Packerin, verschiedene Arbeiten in den Besteckfabriken, Herstellung von Ketten aller Art (acht Monate Anlernzeit), verschiedene Arbeiten in Blattgoldfabriken (acht Wochen bis drei Jahre Anlernzeit), verschiedene Arbeiten in Zinn-, Aluminium-, Bleifolienherstellung (drei Monate Anlernzeit), verschiedene Arbeiten in der Tubenherstellung (vier bis sechs Wochen Anlernzeit).
Ungelernte Arbeiterin: Verschiedene Arbeiten in der Kettenherstellung, verschiedene Arbeiten in der Musikinstrumentenherstellung.

Feinmetall- und Spezialhandwerk:
Angelernte Arbeiterin:
Anlernzeit: drei bis sechs Monate.
Einsatz: Helferin in Kopieranstalten.

Metall.
Angelernte Arbeiterin:
Anlernzeit: vier bis fünf Tage.
Einsatz: Hilfsarbeit in Schlossereien, Elektrotechnik und Mechanik.

Chemische Industrie.

Chemiebetriebswerkerin:
Anlernzeit: zwei Jahre.
Einsatz: Arbeit in Betrieben, die für Mädel geeignet sind und chemischen Charakter haben.

Chemielaborwerkerin:
Anlernzeit: zwei Jahre.
Einsatz: Arbeiten in chemischen Laoratorien, soweit sie von Mädeln mit Elementarausbildung nach Angabe geleistet werden können.

Q 81
Die zwangsweise Heranziehung weiblicher Arbeitskräfte und die Weiterführung der Rationalisierung
Textauszug aus: Der deutschen Frauen Leid und Glück, Paris 1939, S. 12–13

Im Juni dieses Jahres (1938) hat *Göring im Auftrage Hitlers ein Zwangsarbeitsgesetz erlassen,* nach dem jede Behörde „Notleistung zur Erfüllung hoheitlicher Aufgaben" verlangen kann. Ende Oktober ist eine weitere einschneidende Verordnung hinzugekommen, die den Bereich dieses Zwangsarbeitsgesetzes ausdrücklich auf die Frauen ausdehnt. Als im Juli das Göringsche Gesetz erschien, wollte man die werktätige Bevölkerung damit beruhigen, daß es nur in Notfällen angewendet werden solle und daß auf alle persönlichen und familiären Verhältnisse weitestgehende Rücksicht genommen würde. Seitdem sind aber hunderttausende Arbeiter zum Festungsbau und zur Zwangsarbeit kommandiert worden, und hunderttausende Frauen mußten unter stärkstem Druck in die Kriegsbetriebe gehen.

. . .

Die Masseneinstellung von Frauen in der Rüstungsindustrie wird durch die von den Nazis nach dem Münchener Diktat angekündigte *Rationalisierung* im verstärkten Maße fortgesetzt. Der „Angriff" vom 28. Oktober 1938 schreibt offen, daß diese Rationalisierung mit weniger Arbeitskräften zu einer größeren Leistungssteigerung führen soll und daß besonders die Frauen zu Entlastung der Männer eingespannt werden müssen. Der Sinn dieser Rationalisierung besteht vor allem darin, Millionen Frauen auf das Brutalste auszubeuten und mit ihren niedrigen Löhnen die Männerlöhne noch weiter herabzudrücken.

Q 82

Die Zwangsverpflichtung von Frauen aus den besetzten Gebieten vgl. Q 51

Textauszug aus: Edward L. Homze, Foreign labor in Nazi Germany, Princeton 1967, S. 195

Aus der Zusammenstellung des Chefs der deutschen Militärverwaltung in Frankreich über den Einsatz ausländischer Arbeitskräfte in der deutschen Wirtschaft vom Herbst 1943

	Zahl in Tausend Männer				Frauen[1]	
aus	Zivil arbeiter[1]	Kriegsgefangene	Zusammen Zahl	vH	Zahl	vH
Frankreich	605	736	1341	26,3	44	2,6
Sowjetunion	817	496	1313	25,8	899	52,4
Polen	1094	29	1123	22,0	527	30,7
Belgien	195	53	248	4,9	33	1,9
Protektorat	244	–	244	4,8	42	2,5
Holland	236	–	236	4,6	20	1,2
Serbien	34	94	128	2,5	11	0,7
Italien	103	–	103	2,0	14	0,8
Sonstige	303	54	357	7,1	124	7,2
Zusammen	3631	1462	5093	100,0	1714	100,0

[1] Einschließlich der in Zivilarbeiter umgewandelten Kriegsgefangenen, der Nichtbeschäftigten und der Personen ungeklärten Verbleibs.

Q 83

Frauen aus den KZs werden zur Fabrikarbeit gezwungen

Textauszug aus: Angelika Reuter, Frauen seit 1848, Gießen 1978, Frauen-Verlag o. S.

1.	Abterode, Betriebsteil der Bayrischen Motorenwerke AG München	220 Bu.
2.	Altenburg, HASAG Hugo Schneider AG Leipzig	1000 Rav./Bu.
3.	Aschersleben, Betriebsteil der Junkers-Flugzeug- u. Motorenwerke	500 Bu.
4.	Barth, Betriebsteil der Heinkel-Flugzeugwerke GmbH	1000 Rav.
5.	Beendorf bei Magdeburg, Askaniawerke Berlin	3200 Neu.
7.	Braunschweig, Stahlwerke AG	730 Neu./Bu.
8.	Breslau, Fa. Patin	450 Gr.Ro.
9.	Dortmund, Dortmund-Hoerder-Hüttenverein AG	800 Bu.
10.	Dresden, Zeiss-Ikon AG (Goehlewerk)	900 Flo.
11.	Dresden, „Universelle“ (Zigarettenmaschinenfabrik J. G. Müller	700 Flo.
12.	Eberswalde, Ardelt-Werke	800 Rav.
13.	Elsnig, WASAG, Westf.-Anhalt. Sprengstoff AG	750 Bu.

14. Fried. Krupp AG	500 Bu.
15. Duderstadt, Poltewerke	750 Bu.
16. Finow b. Eberswalde, Geschoßfabr.	150 Rav.
17. Fürstenhagen, Munitionsfabrik, GmbH zur Verwertung chem. Erzeugnisse	3000 Rav.
18. Genshagen, Daimler-Benz AG	1100 Sa.
19. Genthin, „Silva" GmbH (Poltewerke)	2000 Rav.
20. Graslitz, Luftfahrt-Gerätewerke	500 Rav./Flo
21. Grüneberg, Munitionsfabrik, Poltewerke	1800 Rav.
22. Fallersleben, Volkswagenwerk	650 Neu.
23. Hamburg, Diago-Werke	500 Neu.
24. Hamburg, Drägerwerk	780 Neu.
25. Hamburg, Hanseatische Kettenwerke	450 Neu.
26. Hannover, Conti	1000 Neu.
27. Hannover, Brinker Eisenwerke	450 Neu.
28. Horneberg, Valvo-Röhrenwerke Lederwerk	300 Neu.
29. Karlshagen, Artilleriewerk I und II	1200 Rav.
30. Lippstadt, Eisen- u. Metallwerke	750 Rav.
31. Lippstadt, Westfälische Metallindustrie AG	350 Bu.
32. Lübberstadt, Lufthauptmunitionsamt	3500 Neu.
33. Magdeburg (Genthin), Poltewerke	1900 Rav./Bu.
34. Marienehe, Heinkel-Flugzeugwerke GmbH	1500 Rav.
35. Malchow, Sprengstoff-Chemie (Ges. für Verwertung chem. Erzeugnisse)	4000 Rav.
36. Markkleeberg b. Leipzig, Junkers-Flugzeug- und Motorenwerke	1550 Bu.
37. Meuselwitz b. Leipzig, HASAG Hugo Schneider AG	3000 Rav./Bu
38. Mühlhausen, Junkers-Flugzeug- und Motorenwerke	700 Bu.
39. Neubrandenburg, Mechanische Werkstätten	6000 Rav.
40. Neurohlau b. Karlsbad, Bohemia Keramische Werke AG	400 Rav./Flo.
41. Neustadt, Krs. Koburg, Kabel- und Leitungswerke AG	400 Bu.
42. Oranienburg, Auer-Werke AG	1200 Rav.
43. Leipzig-Schönau, ATG, Maschinenbau GmbH	500 Bu.
44. Peenemünde, Versuchsstation für Raketenwaffen	300 Rav.
45. Penig, Junkerswerke Dessau	700 Bu.
46. Porta, Hammerwerk	1000 Neu.
47. Raguhn, Krs. Dessau-Köthen, Heerbrandt-Werke AG	300 Bu.
48. Ravensbrück, Siemens AG WWFG	3000 Rav.
49. Rechlin, Flugplatz Retzow	1500 Rav.
50. Salzgitter-Watenstedt, Hermann-Göring-Werke	470 Neu.
51. Salzwedel, WASAG	1170 Neu.
52. Schönebeck, Junkers-Flugzeug- und Motorenwerke	700 Bu.
53. Schlieben, HASAG Hugo Schneider AG	1000 Rav.
54. Schwarzenforst b. Rostock, Heinkel-Flugzeugwerke GmbH	1000 Rav.
55. Sömmerda, Rheinmetall Borsig AG Berlin	1300 Bu.
56. Taucha b. Leipzig, HASAG Hugo Schneider AG, Werk II	1200 Rav./Bu.

57.	Torgau, Heeresmunitionsanstalt	500 Bu.
58.	Velten, Veltener Maschinenbau GmbH	800 Rav.
59.	Wittenberg, Arado-Flugzeugwerke, Berlin	500 Sa.
60.	Wolfen, IG Farbenindustrie	400 Bu.
61.	Zvodava b. Sokolov (Zwodau/Falkenau) Siemens & Halske, Berlin-Hakenfelde	1500 Rav.

Abkürzungen in der obigen Aufstellung: Bu. = Buchenwald, Sa. = Sachsenhausen, Gr.Ro. = Groß Rosen, Flo. = Flossenbürg, Neu. = Neuengamme, Rav. = Ravensbrück.

Die Zahlen geben den Maximalstand der Häftlingen in den betreffenden Rüstungsbetrieben an, der meistens im Herbst 1944 erreicht wurde.

Textauszug aus: Hanna Elling, Frauen im deutschen Widerstand 1933–1945, Frankfurt 1978, S. 216–217

Schreiben an Kommandanten in Buchenwald vom 17. 1. 1945 über Einsatz von 500 weiblichen Häftlingen

FS-Abschrift

Oranienburg Nr. 885 17. 1. 45 2358

–WAT–

An

Kommandanten K. L. Buchenwald,

Betreff: Neues Kommando Patronen – Zündhütchen und Metallfabrik AG., Schönebeck/Elbe.–

Bezug: Dort, FS Nr. 344 vom 16. 1. 45–

1.) Mit Einsatz von 500 weiblichen Häftlingen bei obiger Firma einverstanden.

2.) Benötige 25 Frauen als Aufseherinnen sind baldigst von der Firma zu stellen und auszubilden.

3.) 17 Posten werden zugewiesen. Kommandoführer stellt K. L. Buchenwald.

4.) Der Firma ist Gelegenheit zu geben, die Häftlinge in Ravensbrück auszumustern.

5. Wann soll Abstellung der Häftlinge erfolgen?

Moser

F.d.R.d.A.:
SS-Oberscharführer u.
Stabsscharführer

Q 84

Die Rechte der Arbeiterinnen gehen verloren

Textauszug aus: Jahresberichte der Gewerbeaufsichtsbeamten und Bergbehörden für die Jahre 1935–1936, Berlin 1937, S. 87, 90–91

Der Mehrschichtenbetrieb der Frauen und Jugendlichen hat infolge des Wirtschaftsaufschwunges der letzten Jahre eine wesentlich größere Bedeutung erlangt. Die Bezirke Arnsberg, Berlin, Erfurt, Frankfurt a.d.O., Hildesheim, Magdeburg, Münster und Potsdam berichten über Zweischichtenarbeit von Frauen und teilweise auch von Jugendlichen in der Metall-, Maschinen- und elektrotechnischen Industrie. Zweischichtig wurde ferner in der Textilindustrie und im Bekleidungsgewerbe der Bezirke Aachen, Arnsberg, Berlin, Breslau, Erfurt, Frankfurt a.d.O., Hildesheim, Kassel, Köslin, Magdeburg, Münster, Potsdam, Stade gearbeitet. In einigen Streichgarnspinnereien des Bezirks Aachen wurde die Doppelschicht auch im Jahre 1935 trotz Verkürzung der Arbeitszeit auf 24 Stunden in der Woche beibehalten, um bei stärkerem Auftragseingang mit kurzen Lieferfristen beide Schichten wieder sofort in vollem Umfange in Betrieb nehmen zu können.

...

In einer Kugelfabrik wurde die Verlegung des Arbeitsbeginnes für 6 Wochen während der warmen Jahreszeit auf 5 Uhr genehmigt, um beim Sortieren der Kugel den Einfluß der Tageshitze auszuschalten. (Kassel). – In einem anderen Falle war der Arbeitsfrühbeginn für Arbeiterinnen erforderlich, weil die maschinelle Kerzenherstellung infolge des niedrigen Schmelzpunktes des Rohstoffes während der warmen Mittagsstunden nicht möglich war und der wirtschaftlich schwachen Firma die erheblichen Kosten für besondere Kühleinrichtungen nicht zugemutet werden konnten (Liegnitz). – In der Saug- und Streckabteilung eines Textilausrüstungsbetriebs in Opladen hatte sich die Notwendigkeit herausgestellt, die Arbeitszeit der Frauen auf die Zeit von 11 bis 22 Uhr mit einer Pause von 16 bis 17 Uhr zu verlegen. Da Arbeiterinnen in einfacher Schicht nicht nach 20 Uhr beschäftigt werden dürfen und die Schicht sich auch nicht entsprechend verschieben ließ, wurden die Frauen durch Männer ersetzt. – Einer Zeitungsdruckerei wurde erlaubt, 20 erwachsene Arbeiterinnen an den Sonnabenden von 17 bis 19 Uhr und von 20.30 bis 23 Uhr zu beschäftigen, um die besonders umfangreiche Sonntagsausgabe rechtzeitig herausbringen zu können (Breslau). – Zwecks rechtzeitiger Versorgung der Verbraucher mit Eiern für das Weihnachtsfest wurde einer Verteilungsstelle die Beschäftigung der Arbeiterinnen mit Durchleuchten und Sortieren von Eiern bis 22 Uhr und am nächsten Tage unter Verkürzung der Ruhezeit auf 8 Stunden bereits ab 6 Uhr gestattet.

An die Erteilung von Genehmigungen zu Frauennachtarbeit nach 24 Uhr wurde nach wie vor ein strenger Maßstab angelegt. In den meisten Fällen handelte es sich um besonders kurzfristig auszuführende Arbeiten, bei denen ein Erlaß durch männliche Arbeitskräfte wegen der Eigenart der Arbeit oder wegen Mangels an eingearbeiteten Männern nicht möglich war. Bei länger andauernden Arbeiten wurde die Genehmigung im allgemeinen nur für eine kurze Übergangsfrist erteilt, bis männliche Ersatzkräfte in genügender Zahl angelernt waren. Auch wurde das Schutzalter für die nachts beschäftigten Frauen in der Regel auf 18 Jahre, vielfach aber auch auf 20 und 21 Jahre heraufgesetzt. – Einer Bandweberei wurde für kurze Zeit die Genehmigung erteilt, fünf Spulerinnen in der dritten Schicht von 22 bis 6 Uhr zu beschäftigen. Nur bei dieser Regelung war es der Firma möglich, einen größeren Exportauftrag mit kurzer Lieferfrist anzunehmen (Erfurt). – Ein Textilbetrieb hatte Ausfuhraufträge in bunten Modegürteln auszuführen, wobei drei Frauen die farbigen Garne auch nachts ausgeben mußten, da sie wegen des erforderlichen Farbensinns durch männliche Arbeiter nicht ersetzt werden konnten (Düsseldorf). – Einer Kammgarnspinnerei im Bezirk Köln wurde ebenfalls zur Erledigung eines eiligen Exportauftrages die Beschäftigung von vier über 21 Jahre alten Frauen in der Nachtschicht gestattet. – Wegen dringender öffentlicher Aufträge mußten die Arbeiterinnen einer Sperrholzfabrik für die Dauer von 3 Tagen in voller Nachtschicht von 23.45 Uhr bis 7 Uhr mit einer halbstündigen Pause beschäftigt werden (Trier). – Aus dem gleichen Grunde mußte je einem Betrieb im Bezirk Köln, Merseburg und Erfurt für die Dauer von 6 und 8 Wochen die Genehmigung zur Frauennachtarbeit zwischen 22 und 6 Uhr erteilt werden. Die für die dritte Schicht benötigten männlichen Arbeitskräfte konnten trotz aller Bemühungen der Arbeitsämter nicht beschafft werden, obwohl ein Werk Omnibusse zur täglichen Heranholung der Arbeitskräfte aus Entfernungen bis zu 50 km zur Verfügung gestellt hatte. – Nachtarbeit wurde ferner für sechs über 18 Jahre alte Arbeiterinnen einer Metallwarenfabrik genehmigt, da keine Männer für ein feines Tastgefühl erfordernde Kontrollarbeiten zu erhalten waren. Es wurde u. a. die Bedingung gestellt, daß den Arbeiterinnen für die Nachtarbeit mindestens der Lohn zu gewähren sei, wie er männlichen angelernten Arbeitern für die gleiche Arbeit tarifmäßig zustehen würde. Diese Bedingung trug wesentlich dazu bei, daß die Auffindung und Ausbildung von Männern für die fraglichen Arbeiten mit allem Nachdruck betrieben wurden, wodurch die Ablösung der Frauen schon vor Ablauf der auf 3 Monate befristeten Genehmigung erfolgen konnte (Merseburg). – Drei Arbeiterinnen einer Blechwarenfabrik mußten in zwei Nächten beschäftigt werden, um ein Verderben von Rohstoffen in der zu beliefernden Fischindustrie zu verhüten (Düsseldorf). – Eine Krebskonservenfabrik, die Krebse im Durchgangsverkehr auch lebend ein- und ausführt, erhielt die Genehmigung zur abwechselnden Nachtbeschäftigung von 15 Frauen, da die Zuganschlüsse ein Sortieren und Verpacken der Krebse in der Zeit von 3 bis 6 Uhr nötig machten. Männer waren für diese Arbeit nicht zu bekommen (Gumbinnen). – Einer Fruchtkonservenfabrik wurde für zwei Wochen eine dritte Schicht von 90 Frauen genehmigt, um die Rohwaren (Pflaumen) nicht verderben zu lassen (Stade).

Häufiger als früher beantragten die Betriebe nach Verbrauch der gesetzlich freigegebenen Mehrarbeitstage auch für Frauen weitere Überstunden, da sie anders die vorliegenden dringenden Arbeiten nicht bewältigen konnten. Es wurde versucht, die Genehmigungen zur Verlängerung der Arbeitszeit möglichst im Rahmen des 10-Stunden-Tages und der 58-Stunden-Woche zu halten. Außerdem traten die Gewerbeaufsichtsbeamten dafür ein, daß durch Beschränkung der Genehmigungen auf Arbeiterinnen über 18 Jahre, durch Ausschluß schwangerer und stillender Frauen, durch Hinweis auf gute Arbeitssitze, auf Bereitstellung von Speisewärmvorrichtungen oder von erfrischenden Getränken die für die weibliche Gefolgschaft oft harten Anstrengungen einer langen Arbeitszeit gemildert wurden.

Q 85
Die Schwerarbeit der Frauen
Textauszug aus: Der deutschen Frauen Leid und Glück, Paris 1939, S. 11–12, 16–17, 40

Im Laufe der letzten Jahre Anmerkung (seit 1939 A. K.) sind zwei Millionen Frauen neu in die Betriebe gekommen, allein von Januar bis Juni 1938 400000. Daß die Frauenarbeit besonders in der Kriegsindustrie zugenommen hat, wird einwandfrei durch Angaben der nationalsozialistischen Statistik bewiesen. Seit 1937 sind nämlich in der Metallindustrie, dem Hauptzweig der Kriegsvorbereitung, im Gegensatz zu früher *41,7 Prozent aller Beschäftigten Frauen.* Diese Ziffer hat sich 1938 weiter erhöht.

Frauen werden heute in großer Anzahl in Betrieben eingestellt, wo früher ausschließlich Männer gearbeitet hatten, wie z. B. in den bekannten Heinkel-Flugzeugwerken bei Berlin. Der Gesundheit der Frauen und Mütter, dem „kostbarsten Gut des deutschen Volkes“, wie die Nazi immer wieder sagten, schadet es heute nichts, in den Werkstätten für Granatzünder und Gewehrschlösser, in den Pulverfabriken und den Giftbuden der Chemieindustrie, im Baugewerbe und sogar im Bergbau für niedrige Löhne zu schuften.

Mit welch brutalen Methoden man Frauen zur Arbeit in die Rüstungsbetriebe zwingt, berichten Frauen aus Norddeutschland: Nachdem die Blockwarte im Auftrage der DAF alle Frauen über ihre früheren Berufe und ihre Betriebstätigkeit ausgefragt hatten, wurden sie eines Tages einfach in bestimmte Betriebe bestellt, mußten dort Probearbeiten verrichten, und man stellte sie sofort ein. Als einige junge Frauen dagegen protestierten, weil sie gar nicht in den Betrieb gehen wollten und außerdem früher einen ganz anderen Beruf ausgeübt hatten, wurde ihnen bei Nichtbeachtung der Anordnung mit sofortiger Verhaftung gedroht. Kinderlosen Frauen sagte man, daß ihre Ehe sowieso so gut wie nichtig sei. Die Frauen müssen nun zehn Stunden täglich bei einem Lohn von 41 Pfennig die Stunde schwer schuften. Die Arbeit ist zu schwer für Frauen, und außerdem wird zweimal wöchentlich mit *Gasmasken gearbeitet.*

Die Frauen stehen nun auch unter der ständigen Bedrohung mit dem Konzentrationslager, wenn sie die geringste Kleinigkeit von ihrer Arbeit erzählen. Nicht einmal der Mann darf erfahren, was und wie seine Frau arbeitet, ob sie es aushalten wird oder nicht. Teilweise sind sie so beansprucht, daß sie abends Weinkrämpfe bekommen, was die Unzuträglichkeit in der Familie noch mehr steigert.

. . .

Schwerarbeit und Hetztempo lasten auf den Frauen und zerstören ihre Gesundheit. Nach Angaben des Deutschen Hygiene-Museums kommen im Betrieb auf zehn weibliche Beschäftigte sieben Kranke, auf zehn Männer fünf Kranke. Auf eine operierte Hausfrau kommen sieben operierte erwerbstätige Frauen. Nervenzusammenbrüche, Appetitlosigkeit, Übermüdungen sind eine der üblichen Folgen der Hetzarbeit. Die unmenschliche Hetzerei bei der Arbeit ist eine der Hauptursachen des schlechten Gesundheitszustandes der erwerbstätigen Frauen Deutschlands. Wenn die bereits oben zitierte Nummer der „Deutschen Arbeiterkorrespondenz" schreibt, daß in der berufstätigen Frau nicht nur eine Arbeitskraft, sondern in erster Linie die *zukünftige Mutter* gesehen werden soll, so haben die Arbeiterinnen hier eine Handhabe, zu erklären, daß man von ihnen nicht dasselbe Arbeitstempo wie vom Manne verlangen kann und darf. Das Tempo der Maschinen und des Fließbandes darf dann nicht von männlichen Kalkulatoren festgelegt werden, sondern die Arbeiterinnen müssen fordern, daß sie *selbst mitreden und mitbestimmen* dürfen, daß solche Betriebswalterinnen, die ihr Vertrauen haben und ihre Sorgen verstehen, herangezogen werden.

...

Zwar gibt es in den größten Betrieben Luftschutzkeller, aber Zwangsarbeiterinnen werden sie verschlossen bleiben, denn bei Fliegerangriffen soll weitergearbeitet werden. Für den Krieg ist der Nachschub an die Front wichtiger als das Leben einiger Frauen. Und auch diese Luftschutzkeller sind kein sicheres Obdach gegen den Tod. Eine Sprengbombe, eine Giftgaswolke genügen, um sie in riesige Massengräber zu verwandeln.

...

Aus den Berichten des Reichsarbeitsamtes aus dem Jahre 1941: nach S. Bajohr, S. 270

„Die Belastung der Mehrzahl der arbeitenden Frauen ist durch Haushaltsführung und Familienbetreuung heute so groß, daß eine Fortführung der Berufsarbeit im Rüstungsbetrieb, die meist mit Schichtarbeit, verlängerter Arbeitszeit oder weiten Anmarschwegen verknüpft ist, ohne schwere gesundheitliche Schädigungen der Frauen auf die Dauer oft nicht durchzuführen ist.

...

Wenn der Rüstungsbetrieb, wie leider immer wieder festgestellt worden ist, sich den Wünschen des AA* auf Begrenzung der Arbeitszeit ... verschließt, so bleibt auf Grund des amtsärztlichen Gutachtens dem AA keine andere Wahl, als der Lösung des Arbeitsverhältnisses bzw. der Entpflichtung zuzustimmen."

* Arbeitsamtes

Q 86

Die Forderung der Arbeiterinnen nach gleichem Lohn

Textauszug aus: Der deutschen Frauen Leid und Glück, Paris 1939, S. 13–15; Tim Mason, Arbeiterklasse und Volksgemeinschaft, Opladen 1975, S. 864; und
Bayern in der NS-Zeit, Bd. 1, hg. v. Martin Broszat u. a., München 1977, S. 289

Die *Lohnfrage*, so berichten die Frauen, ist eine der wichtigsten Fragen im Betrieb. *Man zwingt uns zu schweren Männerarbeiten und zahlt uns einen Lohn, der oft nicht mehr als 40 Prozent des Männerlohnes beträgt.* Die Unzufriedenheit unter uns ist darüber sehr groß.
Infolge des ständigen Druckes auf die Frauenwalterinnen und auf die Vertrauensräte in den Betrieben, vor denen die Arbeiterinnen die Forderungen nach besserer Entlohnung erheben, mußte der „Angriff" vom 1. Juli 1938 zu dieser Frage Stellung nehmen. Er schreibt:

„Heute müssen in den Ofenkolonnen Frauen gemeinsam im Gruppenakkord mit Männern arbeiten ... Von dem weiblichen Körper wird gleiche Leistung wie vom Manne verlangt und dazu bei einem Lohn, der etwa 40 Prozent unter dem Lohnsatz des männlichen Hilfsarbeiters liegt."
Die Frauen sagen, mit solchen Feststellungen ist uns nicht geholfen, und sie ziehen aus den Zuständen, wie sie der „Angriff" selbst zugeben muß, die Schlußfolgerung, *mehr Lohn zu verlangen.*
Es soll angeblich ein „soziales Prinzip" sein, den Frauen niedrigere Löhne zu zahlen, weil sie nicht Familienoberhäupter sind. Wenn Frauen für dieselbe Arbeit niedrigere Löhne erhalten, kommt das etwa dem Volke zugute? Verlangt der Unternehmer niedrigere Preise, wenn die Waren von Frauen hergestellt sind, statt wie bisher von Männern? Nein, die Nutznießer sind einzig und allein jene Großkapitalisten, wie Krupp, Thyßen, Siemens usw., die sowieso Millionengewinne einstecken und an den Frauen noch mehr verdienen wollen als an den Männern. Außerdem sagen die Frauen mit Recht, daß durch die Massenverschickung von Männern viele Frauen Hauptverdiener in den Familien geworden sind. Vertreten die Nazis nicht das Prinzip, wer leistet, soll fordern? Deshalb haben die Frauen das Recht, die dieselbe Arbeit machen wie die Männer und von denen dieselbe Leistung gefordert wird, *den gleichen Lohn zu verlangen!* Die Nazis à la Rosenberg verachten nicht nur die Frau; sie betrügen sie schamlos, indem sie die Frauen doppelt ausbeuten lassen.
Noch am 30. November 1937 schrieb der „Angriff" unter dem Titel: „Männerlöhne für Frauen!" davon, daß man den Frauen dieselben Löhne wie den Männern zahlen müsse, damit sie nicht zu Männerarbeiten herangezogen werden, die ihre Gesundheit schädigen. Es heißt: „Die Zahlung von Männerlöhnen an Frauen stellt gerade auch eine sozialpolitische Maßnahme dar, um die Beschäftigung von Frauen mit Männerarbeit möglichst einzuschränken. *Betriebsführer beschäftigen nämlich Frauen häufig nur deshalb mit Männerarbeit, weil der Frauenlohn im allgemeinen niedriger ist als der Männerlohn.*"
Es wird gut sein, wenn die Arbeiterinnen bei ihren gerechten Wünschen nach besseren Löhnen an solche Geständnisse erinnern und *„gleichen Lohn bei gleicher Arbeit"* verlangen.
Gegen die ungerechte Entlohnung wehren sich die Frauen mit den verschiedensten Mitteln. Sie müssen sich bei ihrer Einstellung als erstes mit den geltenden Tarifbestimmungen bekannt machen und Vergleiche mit früher ziehen. In der Akkordberechnung sind oft Verschlechterungen eingeführt. Dabei können ihnen die alten erfahrenen Arbeiter behilflich sein, die die früheren und die neuen Verhältnisse gut kennen. Ein Vertrauensverhältnis der Arbeiterinnen zu den ehemaligen Gewerkschaftern im Betrieb wird ihnen immer von Nutzen sein, denn diese können ihnen mit Rat und Tat am besten zur Seite stehen. Einige Beispiele, wie die Frauen für bessere Löhne eingetreten sind:
In Berlin bekamen die Arbeiterinnen im Metallbetrieb L ... einen Stundenlohn von 45–46 Pfennigen. In anderen Betrieben wurde aber für dieselbe Arbeit 54–60 Pfennige bezahlt. Die Frauen verabredeten untereinander, zum Meister zu gehen, um höheren Lohn zu verlangen, wenn man nicht wolle, daß sie die Papiere nehmen. Da die Frauen gut zusammenstanden und beim Vertrauensrat nicht nachgaben, mußte ihnen ein erhöhter Satz ausgezahlt werden. Die Frauen sagten dabei, was wir mehr an Lohn bekommen, geht weniger in die Kanonen und kommt unseren Kindern zugute.

In Westdeutschland sind Frauen an Arbeitsplätzen von Männern gekommen, weil die Männer zu Spezialarbeiten am Festungsbau geschickt wurden. Während die männlichen Arbeiter einen Stundenlohn von 1.20–1.50 Mark bekamen, zahlte man den Frauen nur 55–72 Pfennige. Hier setzte die Solidarität der älteren Kollegen ein, die den Arbeiterinnen Vorschläge machten, wie sie beim Meister Lohnerhöhungen fordern könnten. Auch hier setzten die Arbeiterinnen durch ihre Einmütigkeit Lohnverbesserungen durch und zwar von 15–20 Pfennigen, ein ansehnlicher Erfolg.

Aus Vierteljahresbericht der DAF-Gauverwaltung Bayerische Ostmark für das IV. Quartal 1939

... Diejenigen Frauen, welche für zum Heeresdienst einberufene Männer an schwere Arbeitsplätze eingerückt sind, sehen nicht ein, warum ihnen der Männerlohn vorenthalten wird, wenn sie gleiche oder gar erhöhte Leistungen aufweisen. In einzelnen Fällen wird Männerlohn gezahlt; in den meisten jedoch nicht ...

Aus Kriegstagebuch des Rüstungskommandos Augsburg, 19.–26. 5. 1940

... Beachtenswert für den Fraueneinsatz ist die Heranziehung der Frauen von Gefolgschaftsmitgliedern der Messerschmidt AG durch innerbetriebliche Werbung. Diese Frauen zeigen als Arbeitskameradinnen ihrer Männer eine erhöhte Arbeitsfreudigkeit und Anhänglichkeit an das Werk. Die Messerschmidt AG ist damit von einer allgemeinen Werbung zu einer Einzelwerbung persönlicher Natur übergegangen und hat bisher gute Erfolge erzielt. Zur Beseitigung der mit der Frauenarbeit überhaupt verbundenen Schwierigkeiten schlägt Messerschmidt AG vor, die Frauenlöhne um 10 Pfennig pro Stunde für produktive Frauenarbeit zu erhöhen und die Arbeitszeit der Frauen auf 36 Stunden zu kürzen. Hierdurch werden tragbare soziale Bedingungen, genügend Freizeit für die Hausfrau und Mutter, Ausschaltung gesundheitlicher Schädigungen durch Überbeanspruchung usw. geschaffen. Antrag auf Erhöhung der Frauenlöhne ist von Messerschmidt AG beim Reichstreuhänder für das Wirtschaftsgebiet Bayern bereits gestellt ...

Q 87

Der Tagesablauf einer Dienstverpflichteten

Textauszug aus: Meldungen aus dem Reich vom 18. 12. 1939. Bericht des Sicherheitsdienstes aus Dessau. cit. nach: Stephan Bajohr, Die Hälfte der Fabrik, Marburg 1979, S. 260

„Immer wieder werden Klagen der zur Pflichtarbeit in der Pulverfabrik I. E. Eisfeld, Silberhütte/Harz, herangezogenen Frauen aus Harzgerode usw. laut. Die verheiratete Frau muß etwa um 4 Uhr aufstehen, um vor ihrem ebenfalls berufstätigen Manne bereits die Wohnung zu verlassen. Mit dem gegen 5 Uhr früh aus Harzgerode fahrenden Zug gelangt sie zum Bahnhof Silberhütte, um dann nach einem Fußweg von etwa einer halben Stunde ihren Arbeitsplatz zu erreichen. Gegen 17 Uhr ist die Arbeit beendet. Es folgt ein Fußmarsch bis zum Bahnhof, dort ein längerer Aufenthalt und endlich kommt die Frau mehr oder weniger pünktlich mit dem Zuge der Harzbahn gegen ½7 Uhr abends in

Harzgerode an. Sie stürzt dann in die gerade noch offenen Geschäfte, läuft nach Hause, bereitet das Abendbrot und sinkt nach dem Essen übermüdet ins Bett, um am nächsten Morgen wieder um 4 Uhr aufzustehen. An die notwendige Hausarbeit ist gar nicht zu denken. Die Frauen meinen, daß sie das auf die Dauer nicht aushalten können."

Q 88

Die Arbeitsbedingungen weiblicher KZ Häftlinge in den Krupp-Betrieben

Textauszug aus: Reinhard Kühnl, Der deutsche Faschismus in Quellen und Dokumenten, Köln 1975, S. 366–368

Angestellte von Krupp, darunter auch eine vom Arbeitseinsatz „A" und Werkmeister aus den Werkstätten, in denen die Konzentrationslagerhäftlinge angestellt werden sollten, gingen nach Gelsenberg und wählten von den 2000 Frauen, die für die Anstellung bei Krupp verfügbar waren, 520 aus. Die abschließenden Verhandlungen für die Zuweisung dieser Arbeiskräfte wurden vom Angeklagten Lehmann und seinen Untergebenen geführt.

Die 520 weiblichen Konzentrationslagerinsassen waren im Alter von 15 bis 25 Jahren. Einige unter ihnen waren Studentinnen. Sie waren jüdischen Glaubens und waren ihrer Religion wegen im Mai 1944 mit ihrer Familie ausgesondert und aus ihrer Heimat in der Tschechoslowakei, in Rumänien und Ungarn gewaltsam herausgerissen und in das berüchtigte Konzentrationslager nach Auschwitz gebracht worden. Die Tschechinnen, etwa 50% der 520 Frauen, hatten in dem Gebiet der Tschechoslowakei gelebt, das von Deutschland nach der Besetzung der Tschechoslowakei an Ungarn abgetreten worden war. In Auschwitz hatte man ihnen ihr ganzes Eigentum weggenommen, statt ihrer Kleider bekamen sie ein einziges sackartiges Gewand aus gröbstem Leinen und Holzpantinen, die oben Stoff hatten. Ihre Köpfe wurden teilweise rasiert. Viele ihrer Familienangehörigen wurden in Auschwitz vergast. Die Frauen wurden von Auschwitz in das Gelsenberger Lager geschafft, das nicht weit von Essen entfernt war und dem Kommandanten des Konzentrationslagers Buchenwald unterstand. Hier wählten die Angestellten der Firma Krupp die 520 Insassen aus, die dann nach Essen gebracht wurden. Sie wurden „ungarische Jüdinnen" genannt.

Das Lager in der Humboldtstraße, in dem diese Konzentrationslagerinsassen untergebracht wurden, bestand aus vier Schlafbaracken und einem Gebäude, das als Küche bezeichnet wurde und in dem die Insassen ihr Essen bekamen und auch aßen. In dem Lager gab es auch einen Luftschutzgraben, der die Bewohner gegen Brocken und Splitter schützen sollte, aber bei schweren Bomben völlig wertlos war. Um das Lager herum war Stacheldraht gezogen, auf Wachtürmen waren Angehörige der SS als Wachen aufgestellt, die die Insassen an der Flucht hindern sollten.

Die Baracken verbrannten bei einem Luftangriff am 25. Oktober 1944. Das ehemalige Küchengebäude wurde zusammengeflickt, und die ganze Belegschaft wurde in diesem Gebäude zusammengepfercht, wo sie wohnen mußte, obwohl es regenundicht war. Die Insassen schliefen auf ein wenig Stroh auf dem Fußboden. Die Waschgelegenheiten waren zerstört und wurden nicht ersetzt. Bei einem weiteren Luftangriff am 21. Dezember 1944 wurde auch dieses Gebäude getroffen, und von da an lebte die ganze Belegschaft in dem Keller dieses ausgebombten Gebäudes, in dem es feucht und kalt war und nur unzureichende Lüftungsmöglichkeiten gab. Öfen konnten nicht benutzt werden ...

Manche der Mädchen hatten Fetzen von Decken um ihre Beine und Füße gewickelt. Zu Zeiten mußten die Insassen barfuß laufen, da viele von ihnen weder Strümpfe noch Fußlappen besaßen. Viele hatten erfrorene Füße und Frostbeulen. Manche Mädchen mußten Ziegel und Metallplatten ohne Handschuhe oder sonstigen Schutz tragen.

Die meisten Mädchen arbeiteten im Walzwerk Nr. 2, das etwa 2½ km vom Lager entfernt war. Um 4 Uhr morgens wurden die Mädchen geweckt. Um 4.30 Uhr war Appell. Um 6 Uhr morgens begannen sie mit der Arbeit, und sowohl die Tages- wie auch die Nachtschicht hatte lange Arbeitsstunden. Am Sonntag waren die Arbeitsstunden kürzer.

Als durch die Luftangriffe die Produktion in vielen der Krupp'schen Fabriken in Essen stillag, wurden die weiblichen Häftlinge dazu abgestellt, Trümmer wegzuräumen und Baumaterial für den Aufbau der Fabrik zu tragen ... Die weiblichen SS-Aufseher ohrfeigten und stießen die Mädchen, wenn sie langsam arbeiteten. Zur Strafe bekamen sie nichts zu essen und das Haar wurde ganz kurz geschnitten oder in Form eines Kreuzes rasiert. Die Firma Krupp bestimmte die Art und Menge der Arbeit und Überwachung ... Die Aufseher von Krupp sorgten streng für Disziplin bei der Arbeit, sie gaben den SS-„Aufsehern" Instruktionen bezüglich der Strafen. Daß die Mädchen mißhandelt wurden, war in der Firma allgemein bekannt. ...

Q 89

13000 weibliche Häftlinge – wo sind sie geblieben?
Textauszug aus: G. Zorn und G. Meyer, Frauen gegen Hitler, Frankfurt 1974, S. 145–147

Eine Übersicht über Frauen-Arbeitskommandos, die dem Konzentrationslager Neuengamme unterstanden.

Seit 1943 wurden in den westdeutschen Industrieunternehmen, neben den bereits bestehenden Arbeitskommandos von männlichen Häftlingen aus dem Konzentrationslager Neuengamme beim Hamburg, in steigendem Maße auch weibliche KZ-Häftlinge eingesetzt. Sie trafen aus den Stammlagern Ravensbrück und Auschwitz, ohne den Weg über Neuengamme zu machen, direkt an den Stätten ihrer Arbeitskommandos ein. Verwaltungs- und nummernmäßig wurden die Frauen dem Häftlingsbestand des Männer-Konzentrationslagers Neuengamme eingefügt. Der Gesamthäftlingsbestand von Neuengamme zählte
88000 männliche und
13000 weibliche Häftlinge.

Die 13000 weiblichen Häftlinge wurden nach einem Bericht des Standortarztes von Neuengamme, Dr. Trzebinski, vom 29. März 1945 in folgenden Arbeitskommandos beschäftigt:

Stahlwerke Braunschweig	729
Überstedt	497
Salzwedel	1518
Bremen (Behelfswohnbau)	789
A III Helmstedt (Beendorf)	2021
Hornburg (Elbe)	299
Hamburg-Langenhorn	740
Hamburg-Wandsbeck/Draegerwerke	526
Hamburg-Eidelstedt	469
Fallersleben	644
Salzgitter	472
Hannover/Conti	1011
Hamburg-Tiefstaak	492
Hamburg-Sasel	497
Porta/Hammerwerke	967
Boizenburg/Thomsen	400
Garlitz	2

Weiter hieß es in dem Trzebinski-Bericht, daß in der Berichtszeit 95 Frauen gestorben sind (bezieht sich auf drei Monate von 1945). Über die Todesart ist nichts ausgesagt. Aus den verschiedenen Prozessen gegen die SS-Führung des Lagers Neuengamme wie seiner Außenlager und Arbeitskommandos wurde bekannt, daß auf Anordnung der Gestapo Hamburg sowie der SS-Führung von Neuengamme Frauen und Mädchen exekutiert worden sind, u.a. in Hamburg-Eidelstedt und bei den Draegerwerken in Hamburg-Wandsbek.
Die Frauen der obengenannten Arbeitskommandos gehörten verschiedenen Nationalitäten an. Einige Wochen vor dem Zusammenbruch des Naziregimes – der Zeitpunkt ist unterschiedlich – wurden sie evakuiert. Die meisten kamen nach Bergen-Belsen. Wie lange diese Transporte unterwegs waren und wieviele Frauen die Transporte und zuletzt das Todeslager Bergen-Belsen überlebt haben, konnte nicht ermittelt werden. Viele Frauen starben noch Wochen nach ihrer Befreiung an den Folgen. Die Zahl der Toten muß sehr hoch gewesen sein. Schätzungen konnte auch das Internationale Rote Kreuz (Arolsen) nicht machen.

---

2. Die Arbeit der Frauen in der Landwirtschaft (Q 90–Q 92)

Drei Aspekte der Frauenarbeit in der Landwirtschaft werden in den folgenden Quellen angesprochen: die ideologische Komponente, die zur Bestimmung der Arbeit der Frauen auf dem Lande beitrug

und die sozialgeschichtliche Anfrage nach den realen Bedingungen der ländlichen Frauenarbeit und nach den Verhaltensweisen von Frauen auf dem Land. Somit werden insbesondere drei Fragen aufgeworfen, über die wir aber auf Grund der vorliegenden Quellen und der jetzigen Forschungslage allerdings nur Vermutungen anstellen können:
erstens, welche Rolle spielt die Frau in der ns Blut- und Boden-Ideologie? Und hatte diese Ideologie auf die Frauen in der Landwirtschaft einen feststellbaren Einfluß?
zweitens, welche Arbeiten mußten die Frauen auf dem Land verrichten? und
drittens, wie haben sich die Landarbeiterinnen dem System gegenüber verhalten?
Es gibt keinen Bereich der ns Wirtschaftspolitik, in dem die Ideologie so stark hervortritt wie in der Landwirtschaft. Der propagandistische Ruf: zurück zur Scholle schien auch in fast völliger Übereinstimmung mit den Wünschen und den Hoffnungen der ländlichen Bevölkerung zu stehen, die sich durch die industriell-kapitalistische Entwicklung in ihrer Existenz äußerst bedroht fühlte. Nicht zufälliger Weise stellte das Bauerntum 1933 prozentual die stärkste ns Anhängerschaft dar. Darüber hinaus weckte auch die ns Agrarpolitik seit Mitte 1933 den Eindruck, als ob sich in diesem Bereich die „antikapitalistischen" Momente der ns Wirtschaftsideologie realisieren würden (→ NS Agrarpolitik Q 31–34). Welchen Stellenwert hatte die Frau in diesem ideologischen Konzept? Und wie ist diese Ideologie im Hinblick auf die ns Agrarpolitik zu deuten?
Die Rolle, die der Frau nach der ns Agrarideologie zugedacht wurde, war eindeutig: sie bildete die biologische und rassische Voraussetzung für den „neuen deutschen Adel" aus „Blut und Boden". Ein Erbhofbauer durfte nur eine deutsche Frau von reinrassigem Blut heiraten. Im Mittelpunkt der Ideologie stand eindeutig der Mann, der Erzeuger, nicht die Frau, der nur eine passive Rolle zu kam. Sie war in erster Linie „Magd des Bauern". Die Frau als „ewige" Mutter wurde aber stets vorausgesetzt und gewann erst durch ihre Fähigkeit zur Mutterschaft einen hohen, unersetzbaren Stellenwert im neuen völkischen Staat. (Q 90).
Diese für die ns Frauenideologie insgesamt typischen biologistischen und rassistischen Komponenten gewannen im Rahmen der ns Agrarideologie noch einen zusätzlichen Akzent. Denn die Blut- und Bodenideologie, die die Agrarpolitik umgab, war insgesamt eng mit

der Frauenideologie verwandt. Sowohl für die ns Frauenideologie als auch für die ns Agrarideologie waren Begriffe wie Opferbereitschaft, Zucht, Unterordnung, Ergebenheit in die natürliche Ordnung usw. typisch; beide lebten von einer diffusen und irrationalen antikapitalistischen Sehnsucht und einer starken Abneigung gegenüber der modernen industriellen Entwicklung. Sowohl im Bauerntum als auch im Frauentum wurde die „reinrassige, fruchtbare Urquelle" des deutschen Volkes erblickt. Wie ist aber diese Ideologie in ihrem Einfluß auf die ns Politik zu werten?
Ein unmittelbarer Rückschluß von dieser Blut- und Boden-Ideologie insgesamt auf die ns Frauen- und Wirtschaftspolitik wäre verfehlt. Die politische Substanz dieser Ideologie lag nicht in der Verwirklichung lebensfähiger Bauernhöfe im Kontext einer bauernfreundlichen Autarkiepolitik. Die Verbindung zwischen der ns Ideologie der Frau in der Landwirtschaft und der ns Frauen- und Agrarpolitik tritt vielmehr in dem Text von *Ulrich Sander* offen zutage: Die Frauen sollten möglichst viele künftige Soldaten erzeugen, sie bildeten die Voraussetzung für „starke, lebenskräftige, leistungsfähige Reserven" angesichts der sich schon andeutenden hohen Verluste an Männern im Krieg.
Die Blut- und Boden-Ideologie darf in ihrer politischen Bedeutung für die Agrarpolitik nicht überschätzt werden. Nur scheinbar haben wir es mit einer konsequenten Politik „Zurück zur Scholle" zu tun, bei der die Landwirtschaft aus der Gesamtwirtschaft herausgenommen und wirtschaftlich durch Subventionen und Festpreise bevorzugt wird. Die von der ns Agrarpolitik angestrebte Autarkie hatte von Anbeginn nichts mit einer Bevorzugung der Landwirtschaft oder gar mit einer Politik der Verwirklichung selbstgenügsamer ländlicher Haushalte und der Erhaltung aller bäuerlichen Betriebe zu tun. Autarkie war nicht das langfristige Ziel der ns Wirtschaftspolitik, sondern nur eine politische Notwendigkeit für das Regime, das von Anbeginn den Krieg plante. Autarkie bedeutete somit in ihrem politischen Kern keine neue, antikapitalistische Weltwirtschaftspolitik, die auf eine strukturelle Verbesserung der Lebensbedingungen in der Landwirtschaft zielte. Sie war vielmehr lediglich eine Kriegsmaßnahme, die Deutschland von Nahrungs- und Futtermitteln, Fetten und Rohstoffen unabhängig machen sollte, um auf diese Weise das Ziel der Eroberung von Rohstoffbasen zu erreichen. Unter diesem Vorzeichen ist auch die Frauenfrage auf dem Lande während des Faschismus zu sehen, die sich nach 1933 aller

Ideologie zum Trotz immer mehr zuspitzte (Q 91). In dem ns Schrifttum wird die hohe Anzahl von Frauen, die in der Landwirtschaft tätig waren, zwar verschleiernd als ein Erfolg der Ideologie dargestellt; die überproportionale Frauenarbeit wird aber nicht verschwiegen. Dieser hohe Frauenanteil geht eindeutig auf die kaum haltbare Wirtschaftssituation auf dem Land zurück. Während die Männer die besser bezahlte Arbeit in der Stadt suchten, blieben die Frauen auf den Höfen zurück. Gerade auf den kleineren Höfen leisteten die Frauen oft ¾ der Gesamtarbeit.
Trotz ihrer ideologischen Befangenheit stellt die Landwirtschaftsrätin Aenne Sprengel in ihrem statistischen Material die Arbeitsleistung der Frauen zutreffend dar: die Landwirtschaft, gerade in den kleineren Betrieben, war in der Hauptsache ein weiblicher Beruf geworden, je kleiner der Hof, desto höher der Anteil der weiblichen Arbeit. Da, wo sich die Modernisierung nicht lohnte, wurden die Frauen eingesetzt.
Eingehenderes über die Zustände in der Landwirtschaft erfahren wir aus den Sozialberichten der Reichstreuhänder der Arbeit. Obgleich meist in geschlechtsunspezifischer Weise nur von dem Bauern berichtet wird, so finden sich doch immer wieder ausdrückliche Hinweise auf die besonders bedrückende Situation der Bäuerin. Frauen arbeiteten nach diesen Berichten in Durchschnitt wöchentlich 75 Stunden, während des Krieges waren es 82 Stunden. Zur Erntezeit war eine Arbeitswoche von 100 Stunden die Norm. Hinzu kam das Kindergebären, das den Frauen als Pflicht aufgezwungen wurde. Diese Belastungen werden immer wieder als „unerträglich" bezeichnet. Wie verhielten sich aber die Frauen nach diesen Berichten unter diesen Bedingungen? Können wir weiterhin von der Landbevölkerung als einer zuverlässigen sozialen Basis für das System sprechen? Oder finden wir Formen des Protestes? Haben vor allem die Frauen sich in irgendeiner Form gegen diese Zustände und die besonderen Zumutungen des Systems der Frau gegenüber gewehrt? (Q 92).

Der folgende Bericht aus dem Jahre 1938 gibt Einblick in Formen des Ungehorsams und des Protests, die in den unterschiedlichen offiziösen Berichten immer wieder zur Sprache kommen. Die hier genannte Verweigerung der Milchleistungsprüfung gehört in der Form zu den häufig erwähnten weiteren Protesthandlungen wie Steuerverweigerungen, Preisüberschreitungen, Schwarzschlachtung, versteckte Lagerhaltung, Schwarz- und Tauschhandel, Übertretung des

Verbots des Direktverkaufs der Bauern bzw. der Bäuerin an die Verbraucher usw., die eindeutig als eine Reaktion auf die schlechte ökonomische Lage in der Landwirtschaft und als eine Ablehnung der diktatorischen wirtschaftlichen Maßnahmen des Systems zu deuten sind. Ob sich hierin eine oppositionelle Haltung zum System insgesamt äußerst, ist schwer zu beurteilen. Gewiß muß aber festgehalten werden, daß sich auf dem Lande der ökonomische Protest niemals in offenkundiger Weise zu einem politischen Protest verdichtete, der für das Regime eine ernsthafte Gefahr bedeutete.
Obgleich Frauen die Mehrzahl der auf dem Land Arbeitenden darstellten, ist das Protestverhalten auf dem Land niemals unter frauenspezifischem Aspekt untersucht worden. Die uns bekannten Quellen geben uns noch keine Hinweise auf besondere Verweigerungsformen von Frauen und auf ihre möglichen Handlungsmotive. Dennoch läßt sich wohl annehmen, daß die Frauen auf dem Lande im Laufe der NS Zeit nicht mehr als soziale Basis dieses Systems anzusehen sind. Vermutungen sind angebracht, daß auch die Frauen auf dem Lande nicht nur resignativ ihre Lage ertrugen. Von Ansätzen eines von Frauen getragenen Widerstandes auf dem Lande kann aber wohl, im Gegensatz zur Situation in den Fabriken, nicht gesprochen werden.

Q 90
„... die Frau ... die Voraussetzung aller rassischen Zukunftsmöglichkeiten unseres Volkes“

Textauszug aus: Ulrich Sander, Odal, 8. Jahrgang 1939, Heft 12, S. 1015

An der Spitze aller Aufgaben des Erbhofbauern steht heute der notwendige Beweis körperlicher Fruchtbarkeit. Die Todesanzeigen bedauerlich vieler einsaziger Söhne, die in dem ja nur kurzen Feldzug gegen Polen gefallen sind, sagen an, daß viele Zweige mancher Sippe, nicht immer die schlechtesten, nurmehr durch ein kleines Infanteriegeschoß oder einen einzigen Granatsplitter zum endgültigen Verlöschen gebracht werden konnten. Es müssen nicht nur die entstandenen oder noch entstehenden Lücken geschlossen, sondern es müssen gerade vom Erbhofbauern her auf weiteste Sicht starke, lebenskräftige, leistungsfähige Reserven geschaffen werden, mit frischem unverbrauchtem Blut, geraden Knochen und jenem unbefangenen, von alten Weisheiten erfüllten Herzen, ohne die auch ein großes und entscheidendes Heer auf die Dauer nicht bestehen kann.

Q 91

Die Arbeitsleistung der Frauen in der Landwirtschaft

Textauszug aus: Dr. Aenne Sprendel, Landwirtschaftsrätin, Die Bauersfrau als Berufstätige in der Landwirtschaft, in: NS Frauenbuch, München 1934, S. 99–100, 105

Die Bauersfrau als Berufstätige in der Landwirtschaft.

Wer sich einmal mit den letzten Volks-, Berufs- und Betriebszählungen befaßt hat, dem fällt immer wieder der Unterschied zwischen den Zahlen über die hauptberuflich erwerbstätigen Frauen in der Landwirtschaft bei den Zählungen von 1897 und 1905 auf, die in dieser Zeitspanne anscheinend von 2 ¼ auf 4 ⅓ Millionen angewachsen sind.

Der Grund hierzu liegt vorwiegend in einer neuen Bewertung der Frauenarbeit in der Landwirtschaft: Die vorher als nebenberuflich erwerbstätig gezählten Ehefrauen der Bauern und Landwirte werden nun auf einmal hauptberuflich gewertet, weil man sich klar darüber geworden ist, daß die Arbeit der Land- und Bauernfrau vollwertig neben der des Mannes steht, und daß man ihrer Bedeutung für den Gesamtbetrieb bei der bishergen Auffassung keineswegs gerecht geworden ist.

Diese Erkenntnis hat sich während des Krieges und nach dem Kriege immer weiter herausgebildet. Sie ist vor allem im letzten Jahr durch die Auffassung, die der nationalsozialistische Staat von der Aufgabe und der Bedeutung der bäuerlichen Wirtschaft hat, wesentlich vertieft worden.

Worin liegt diese Besonderheit der berufstätigen Frau in der Landwirtschaft? Aus dem oben Gesagten geht schon hervor, daß es sich in der Landwirtschaft für die Frau um eine Berufstätigkeit eigener Prägung handelt. Der Grund hierzu ist darin zu suchen, daß die Landwirtschaft sich fast ausschließlich auf Familienbetriebe gründet. Damit finden Umfang und Stärke und Eigenart der landwirtschaftlichen Frauenarbeit ihre Erklärung.

Diese Zusammenhänge sind leider in weiten Kreisen unseres Volkes, vor allem auch bei der Masse der Stadtfrauen, noch viel zu wenig bekannt. Sie müssen darum einmal näher beleuchtet werden, indem die Unterschiede zwischen der Frauenarbeit in der Landwirtschaft und auf anderen Wirtschaftsgebieten klar hervorgehoben werden.

Wenn man die Summe aller in Deutschland haupt- und nebenberuflich geleisteten Frauenarbeit gleich Hundert setzt, so entfallen davon

auf Land- und Forstwirtschaft	48,6%
auf Industrie und Handwerk	22,7%
auf Handel und Verkehr	12,9%
auf Verwaltung und freie Berufe	2,4%
auf Gesundheitswesen	2,3%
auf häusliche Dienste	11,1%

In der Landwirtschaft wird also fast die gleiche Menge an Frauenarbeit geleistet wie auf allen anderen Wirtschaftsabteilungen zusammen. So arbeiten denn auch in der deutschen Landwirtschaft 7 189 000 Frauen, das sind 41 000 mehr als männliche Berufstätige. Wie kein anderer Wirtschaftszweig beruht die Landwirtschaft – man kann wohl sagen – seit Jahrtausenden auf der Zusammenarbeit beider Geschlechter.

Interessant ist fernerhin, daß diese Zusammenarbeit sich durch alle Altersstufen fast gleichmäßig hindurchzieht, was in den übrigen Wirtschaftszweigen nicht der Fall ist.

Altersgruppe:	Männer:	Frauen:
unter 25 Jahren	34,5%	34,4%
25–50 Jahre	38,0%	43,2%
über 50 Jahre	27,5%	22,4%

Die deutsche Landwirtschaft ist also nicht ein in der Hauptsache männlicher Beruf wie die deutsche Industrie, sondern ein Wirtschaftszweig, der sich gleichmäßig auf Frauen- und Männerarbeit aufbaut.
Für die Beantwortung unserer Frage ist aber nicht nur die Altersverteilung wichtig, sondern auch die Arbeitsleistung der Frau in den einzelnen Betriebsgrößen, aus der ohne weiteres klar wird, daß tatsächlich die „Bauersfrau als Berufstätige" im Vordergrund steht.

Betriebsgröße:	Gesamtzahl der Arbeitskräfte:	davon weiblich:	%
½–2 ha	2382000	1329000	55,8
2–5 ha	2761000	1459000	52,9
5–20 ha	4242000	2121000	50,0
20–100 ha	1682000	758000	45,1
über 100 ha	1050000	376000	35,9

Die bäuerlichen Betriebe von 2–50 ha machen ⅔ der gesamten landwirtschaftlich genutzten Fläche in Deutschland aus. Von ihrer Leistungsfähigkeit wird also die deutsche Landwirtschaft entscheidend beeinflußt. Damit wird ohne weiteres klar, welche bedeutsame Stellung die Bauernfrau als Berufstätige in der Landwirtschaft rein zahlenmäßig einnimmt.
Es wurde eingangs aber neben dem Umfang und der Stärke der Frauenarbeit in der Landwirtschaft auch auf ihre besondere Eigenart hingewiesen, die auf die Struktur des bäuerlichen Betriebes als Familienbetrieb zurückzuführen ist. Der Zusammenhang zwischen landwirtschaftlicher Frauenarbeit und „Familienhaftigkeit" geht aus folgenden Zahlen hervor.
Im Jahre 1925 waren von 100 in der Landwirtschaft beschäftigten Personen

Betriebsleiter	25%
Familienangehörige	52%
fremde Arbeitskräfte	23%

Wir müssen also im Durchschnitt mit 77% Familienangehörigen (Betriebsleiter und Familienangehörige) rechnen.
Von den ständig mitarbeitenden Familienmitgliedern sind in den einzelnen

Betriebsgrößen:	weiblich:
½–2 ha	81,9%
2–5 ha	75,1%
5–20 ha	66,3%
20–50 ha	61,3%
50–100 ha	61,6%
100 ha und mehr	57,0%

Es überwiegen also im klein- und mittelbäuerlichen Betrieb die weiblichen Familienarbeitskräfte bei weitem, und unter ihnen stehen wiederum die Ehefrauen an der Spitze (bei 1,9 Millionen landwirtschaftlichen Betriebsleitern im Hauptberuf verbleiben nur 235000 Frauen ohne Hauptberuf.) Schließlich arbeiten auch mehr Ehefrauen als Töchter, aber immer noch mehr Töchter als Söhne in diesen Betrieben.

...

Bei der Bauernfrau – und das m u ß die Stadtfrau wissen – sind Arbeitstage von 18–19 Stunden keine Seltenheit. Derartige Arbeitszeiten werden überein-

Bild entnommen aus: Frauen und Schönheit in aller Welt, Berlin 1939, 31

stimmend in Nord- und Süd-, Ost- und Westdeutschland festgestellt. Sämtliche Untersuchungen, die bisher über die Arbeit der Bäuerin gemacht worden sind, gipfeln denn auch stets in der Erkenntnis, daß „die Bäuerin der am meisten abgehetzte Teil der bäuerlichen Familie ist" (Münzinger) und daß „die dreifache Inanspruchnahme durch Familie, Haushalt und Wirtschaft die Bäuerin zur stärkstbelasteten Arbeitskraft des Betriebes macht" (Dr. Fritz Klare). Die Arbeitszeit der pommerschen Bauernfrau liegt durchschnittlich 11 % höher als die des Mannes. Münzinger errechnet für Süddeutschland für die Bäuerin ein Höchstmaß an Arbeitszeit von 4396 Stunden = 15 Stunden täglich, für den Bauern 3961 Stunden = 13 Stunden täglich. In einer anderen Untersuchung von Dr. Klare, die sich über sämtliche preußische Provinzen erstreckt, werden Jahresstundenleistungen der Bauernfrau von über 4000 Stunden errechnet.

Q 92

Die Stimmung auf dem Lande
Aus den Sozialberichten der Reichstreuhänder der Arbeit für das 4. Vierteljahr 1938
Textauszug aus: T. Mason, Arbeiterklasse und Volksgemeinschaft, Opladen 1975, S. 865–867

Landwirtschaft
Die Verhältnisse in der Landwirtschaft haben sich immer mehr zugespitzt. Der Arbeitermangel verschärft sich ständig. Betriebe, die zur Beibehaltung ihres Ertrages mit 10–15 Gefolgschaftsmitgliedern besetzt sein sollten, haben noch 2–3. Landarbeiter und Dienstboten fehlen fast in jedem Betrieb. Der Arbeitszeit des Bauern, vor allem der Bäuerin, hat vielfach die Grenze des Erträglichen überschritten. In zahlreichen Fällen konnten Höfe nicht verkauft werden, weil sich kein Käufer gefunden hat. Die Niedergeschlagenheit der Bauern ist allgemein. Der Anbau der Ackerflächen wird vielfach eingeschränkt; manche Bauern lassen Land, das nach 1933 unter den Pflug gekommen ist, wieder brachliegen und gehen zur Weidewirtschaft über. Im Bezirk Cham wurde ein Propagandaleiter für Milchleistungsprüfung am Reden verhindert; die Bauern erklärten, man brauche die Prüfungen nicht und solle lieber Arbeitskräfte schicken. Im Wirtschaftsgebiet Mittelelbe hat ein ganzes Dorf sich geweigert, für das Winterhilfswerk zu spenden. Zwar wird der Bau von Landarbeiterwohnungen verstärkt, doch stehen bereits solche mit Zuschüssen erbaute Siedlungshäuser aus Mangel an Landarbeitern leer. Die Rückwanderung nach dem Osten, die früher beobachtet werden konnte, hat nach dem Bericht des Reichstreuhänders Brandenburg völlig aufgehört. Im Kreise Sorau haben Bauern ihr Zugvieh nicht mehr zur Arbeit benutzen können, weil Gespannführer fehlen. Bei dem Landwirt haben allein 9 Gefolgschaftsmitglieder gekündigt, weil sie sicher sind, in der Industrie ohne weiteres Arbeit zu finden. Ersatz ist nicht zu beschaffen. Weibliche Hilfskräfte lassen sich in der Landwirtschaft nicht mehr halten. Sie gehen in die Ziegeleien oder in die Stadt. Viele Betriebe sind auf alte und gebrechliche Arbeitskräfte angewiesen, die die anfallenden Arbeiten nur zu einem geringen Teil bewältigen können. Durch frühere Landarbeiter und Bauern, die zum Baugewerbe abgewandert sind und

vorübergehend zu ihrem Heimatort zurückkehren, wird die Tendenz zur Abwanderung noch verstärkt. So hat sich z. B. ein abgemeierter Bauer bei den W-Bauten einstellen lassen, wo er gefragt wurde, ob er etwas von Beton verstehe. Da hat er bejaht, weil er einmal seinen Hof mit einer Betondecke versehen habe. Der Bauer wurde daraufhin als Schachtmeister mit einem Monatsgehalt von 350,– RM eingestellt. Kurz danach kam der Bauer vollständig neu eingekleidet besuchsweise in seine Heimat zurück, wo er im Wirtshaus eine entsprechende Rolle spielte.

...

Die Gründe für die Landflucht sind bekannt. Immer wieder wird betont, daß es notwendig sei, die Arbeitsbedingungen auf dem Lande denen der Industrie anzunähern. Aus eigener Kraft ist aber die Landwirtschaft hierzu nicht in der Lage. Der Einsatz ausländischer Landarbeiter kann nur ein Notbehelf sein, zumal er sich meistens auf die Zeit der Ernte beschränkt, landwirtschaftliche Arbeiten jedoch während des ganzen Jahres anfallen. Dies gilt vor allem auch für die Viehwirtschaft. Der Mangel an Melkern ist so groß, daß die bäuerlichen Familien selbst nicht mehr in der Lage sind, ihr Vieh zu warten. Schon jetzt ist in einzelnen Wirtschaftsgebieten ein erheblicher Rückgang der Milch- und Fetterzeugung festzustellen.

---

3. Die weiblichen Angestellten (Q 93–Q 96)

Weibliche Angestellte waren für die Wirtschaft und den öffentlichen Dienst unverzichtbar. Auch die nationalsozialistischen Politiker mußten anerkennen, daß Frauen in vielen Posten der Industrie und Verwaltung von Männern nicht zu ersetzen waren. Eine Reduzierung der weiblichen Erwerbstätigkeit hätte im ständig nachwachsenden Dienstleistungssektor die Funktionsfähigkeit des Systems in Frage gestellt. Auch waren die kapitalistischen Gewinninteressen zu eng mit der bürokratisch-industriellen Frauenarbeit verbunden, um in diesem Bereich einen Abbau der Frauen zuzulassen. Daher werden an der Situation der weiblichen Angestellten die Widersprüchlichkeit des ns Systems und die Unvereinbarkeit der ns Frauenideologie mit der realen Entwicklung der Frauenberufe in besonderer Weise sichtbar.
Trotz des Gesetzes gegen die Abwanderung aus der Landwirtschaft, gelang es zwischen 1933 und 1939 noch 61 000 Landarbeiterinnen, in die Städte zu gehen. In dieser Zeit vergrößerte sich die Zahl der weiblichen Angestellten um fast 19% (von 1.6 Millionen auf 1.9 Millionen) (TRÖGER, unveröffentl. Ms). Dennoch wird in den Sozial-

berichten der Reichstreuhänder der Arbeit über den *Mangel an Stenotypistinnen* (Q 93) geklagt.

Obgleich die weibliche Tätigkeit im Büro der ns Ideologie widersprach, wurde von den ns Organen zur Berufsberatung und Berufslenkung und in den ns Frauen- und Mädchenzeitschriften für den Beruf der Büroangestellten geworben (Q 94). Diese Werbung hatte angesichts der guten Verdienstchancen auch Erfolg: Im Jahre 1940 machten 72% der weiblichen Lehrlinge eine Lehre im Kaufmännischen, in Büro- und Verwaltungsberufen; das restliche Viertel teilte sich auf in 14% Schneiderinnen, 5% Friseusen, 3% Hausgehilfinnen und etwas mehr als 1% (!) landwirtschaftliche Berufe.

Der Konflikt bei der Einstellung von Frauen in Verwaltungsposten entzündete sich an den ns Berufslenkungsstellen, weniger an der ns Ideologie der weiblichen Tätigkeit. Vielmehr setzte sich trotz des Mangels an qualifizierten weiblichen Angestellten immer wieder die Ansicht durch, daß Frauen insbesondere aus den sozial schwächeren Schichten keine Aufstiegschancen eingeräumt werden sollten (Q 95). Die Tendenz zur sozialen Diskreminierung verstärkte in der ns Berufslenkungspolitk den traditionellen Antifeminismus der Partei. Obgleich das relativ selbständige „Bürofräulein" der Stadt das krasse Gegenstück zur ns Frauenideologie bildete, blieb in der ns Mädchen-Propaganda das Bild der Stenotypistin positiv. Typisch für den propagandistischen Umgang mit diesem Beruf der Stenotypistin ist der Auszug aus dem Jungmädchenbuch „Das ist der weibliche Arbeitsdienst" (Q 96). Dieser Abschnitt schildert, wie Gisela, die sich für den weiblichen Arbeitsdienst entschieden hat, ihrem Chef ihren Entschluß mitteilt.

In der Literatur wird vielfach diese im Dienstleistungssektor feststellbare Erweiterung der Erwerbstätigkeit von Frauen als Zeichen dafür gewertet, daß sich die Stellung von Frauen im Nationalsozialismus insgesamt gebessert habe (Schoenbaum, Stephenson). Im Sinne der Modernisierungstheorie wird hier angenommen, daß das System, auch ungewollt, der Entwicklung zum weiteren technisch-industriellen Ausbau nachgeben mußte und somit die Eingliederung der Frauen in das moderne Berufsleben gefördert hätte. Dieser These wird nicht zugestimmt. Sie setzt eine völlige Gleichgültigkeit im Hinblick auf die eigentliche Tätigkeit des Menschen in den modernen Berufen voraus. Es fehlt an Untersuchungen zu den Erfahrensweisen von Frauen in den Büros und Verwaltungsposten des ns Staates, von Frauen, die durch ihre untergeordnete, aber unverzichtbare Arbeit als Büroangestellte, als Stenotypistinnen usw. das ns System des bürokratischen Terrors faktisch gestützt haben. Obgleich gerade die weiblichen Angestellten zu einer politischen Deutung ihres Tuns wohl kaum befähigt waren, so erscheint es abwegig, in der Stabilisierung dieser untergeordneten weiblichen Berufsfelder ein fortschrittliches Element sehen zu wollen.

Q 93

Der Mangel an Stenotypistinnen

Textauszug aus: T. Mason, Arbeiterklasse und Volksgemeinschaft, Opladen 1975, S. 873

Auszug aus den Sozialberichten der Reichstreuhänder der Arbeit für das 4. Vierteljahr 1938.

Allgemein wird über den Mangel an Stenotypistinnen geklagt. Durch Anbieten hoher Gehälter versuchen die Betriebe, sich gegenseitig die Schreibkräfte abzuwerben. Durch die zahlreichen Zeitungsanzeigen wird die Neigung der Stenotypistinnen, ihren Arbeitsplatz zu wechseln, noch vermehrt. Dabei stehen die Gehälter in keinem Verhältnis mehr zu den Leistungen. Zum Teil gehen größere Betriebe bereits dazu über, sich selbst junge Mädchen als Stenotypistinnen auszubilden, um dem Mangel an Schreibkräften abzuhelfen.

Q 94

Weibliche Büroangestellte werden gesucht

Textauszug aus: Le Neuefeind, Frauenberufe in Wirtschaft und Sozialarbeit, in Haus- und Landwirtschaft, Stuttgart 1939, S. 149–150

Büroangestellte

Das Arbeitsgebiet:

Stenographie, Schreibmaschine, einfache Buchführung, Registratur, Kartei; Spezialisierung auf Buchführung, in- und ausländische Korrespondenz, Telephonzentrale, Archiv usw.

Der Wirkungskreis:

Handels-, Verkehrs- und Industriebetriebe, Behörden, Rechtsanwaltsbüros usw.

Aus der Arbeit:

„Will man als Stenotypistin nicht auf dem toten Gleis sitzen, so genügt es nicht, vor der Schreibmaschine zu sitzen, sie morgens und abends sorgfältig zu putzen, die Bleistifte zu spitzen, Stenogramme aufzunehmen und fein säuberlich und korrekt zu Papier zu bringen. Und es genügt auch noch nicht, sich durch das Labyrinth deutscher Grammatik und Rechtschreibung durchzufinden, stilistische Feinheiten herauszuschälen und Fehler des Diktierenden auszumerzen. Ich sitze nicht in der Buchhaltung, um so den Fäden nachgehen zu können, die sich von dieser Abteilung durch das ganze Unternehmen ziehen, ich buche weder die eingehenden Aufträge, noch schreibe ich Rech-

An der zum 1. 4. 1939 voll auszubauenden grundständigen **Mittelschule** für Knaben und Mädchen mit Zubringe-Gang in Neunkirchen ist die Stelle des

Schulleiters

zu besetzen. (Befähigung für Deutsch, Geschichte, erwünscht Latein); ferner eine **Mittelschullehrerinnenstelle** (Befähigung für Biologie, Handarbeit, Mädchenturnen und Hauswirtschaft).

Bewerbungen sind umgehend an die Amtsverwaltung in Burbach (Kr. Siegen) einzureichen unter Beifügung von Lebenslauf, Lichtbild, Nachweis bisheriger Tätigkeit, Zeugnissen, Nachweis der arischen Abstammung und des politischen Einsatzes.

Neunkirchen ist Ortsklasse B.

Neunkirchen, den 12. Januar 1939.

Der Bürgermeister: Krumm.

An der Falkschule in Kamen ist baldigst eine

technische Lehrerinstelle

zu besetzen. Bewerberinnen müssen Lehrbefähigungen für Handarbeits-, Hauswirtschafts- und Turnunterricht haben. Dem Gesuch sind beizufügen: Lebenslauf, beglaubigte Zeugnisabschriften, Lichtbild, Nachweise über die Zugehörigkeit und Betätigung in der NSDAP., ihren Gliederungen und angeschlossenen Verbänden. Frist 15. 2. 1939.

Kamen, den 12. Januar 1939. **Der Bürgermeister.**

Anzeigen aus: Der Deutsche Erzieher 7 (1939), Heft 2, Seite 47

nungen aus, denen ich zusammenziehend den Monats- und Jahresumsatz entnehmen könnte, noch fülle ich Listen und Statistiken der Kalkulationsabteilung aus, um mir einen ungefähren Begrff vom Verdienst im einzelnen machen zu können, und doch bin ich immer und überall ziemlich im Bilde. Was ich von meinem angestammten Platz aus nicht selbst erlebe, hole ich nach. Ich lese die Kopien des gesamten Schriftwechsels vom vergangenen Tage, sehe die Auftragsmappe durch und studiere die vom Geschäft gehaltenen Zeitschriften. Ich beschäftige mich mit den einschlägigen Verordnungen und behördlichen Bestimmungen und kann mir aus alledem viele Zusammenhänge erklären."

Der Ausbildungsgang:

I. Volksschule.
Dreijährige praktische Lehre im Groß-, Ein- und Ausfuhrhandel. Gleichzeitig Besuch der Berufsschule. Prüfung vor der Industrie- und Handelskammer.
Büroangestellte.

II. Volksschule.
Zweijährige Handelsschule für Mädchen.
Büroangestellte.

III. Mittelschule.
Zweijährige höhere Handelsschule für Mädchen.
Büroangestellte.

IV. Oberschule für Mädchen.
Einjährige Abiturientenklasse der höheren Handelsschule für Mädchen.
Büroangestellte.

Q 95

Kann ein „deutsches Mädel" Büroangestellte werden?

Textauszug aus: Elisabeth Sedlmeyer, Frauenberufe der Gegenwart und ihre Verflechtung in den Volkskörper, München 1939, S. 3, 12–13

Rund 60% aller zur Schulentlassung kommenden weiblichen Jugendlichen aus Volksschule, Lyzeum und mit Abitur haben den Berufswunsch: Kontor oder Büro. Die restlichen 40% sind zum Teil noch unentschieden, die übrigen verteilen sich auf alle möglichen Berufe. Wir haben es also bei den Berufswünschen der Münchener Jugend mit einer ganz starken, einseitigen Konzentration auf eine Berufsgruppe zu tun.
Wie haben sich nun die Verhältnisse im kaufmännischen und Büroberuf entwickelt? Eine Gegenüberstellung von weiblichen und männlichen Angestellten in München zeigt, daß hier die Frau zwei Drittel, der Mann aber nur ein Drittel der Beschäftigten ausmacht. Die Frau hat sich also in diesem Tätigkeitsgebiet unentbehrlich gemacht und ist sogar, wenigstens zahlenmäßig, darin vorherrschend geworden. Allerdings nehmen die männlichen Beschäftigten die mehr leitenden Stellungen ein. Gerade bei dem Mangel an männlichen Kräften wird es der Frau weiterhin gelingen, das Feld zu beherrschen und sich auch in mehr leitende und verantwortungsvolle Gebiete hinaufzuar-

beiten. Gegenüber dem Vorjahr ist aber mit einer viel stärkeren Ausweitung des Bedarfes, besonders soweit es die Volksschülerin betrifft, nicht zu rechnen. Die Stauung der Berufswünsche im kaufmännischen Beruf verursacht hier bei der Volksschülerin ein Überangebot, das im Hinblick auf den dringenden Bedarf an jugendlichen Kräften in anderen wirtschaftlich wertvollen Berufszweigen nicht vertreten werden kann und umzuleiten ist. Gerade auch im kaufmännischen Beruf muß die Forderung der Eignung ganz besonders in den Vordergrund gestellt werden. So genügt es z.B. für die Stenotypistin nicht, eine gewisse Fertigkeit im Maschinenschreiben und in Kurzschrift zu besitzen, aber im Rechtschreiben, im Satzbau und in der Satzlehre unsicher, überhaupt in ihrer sprachlichen Begabung nur mittelmäßig zu sein. Wer sich auf die Dauer nicht mit der Tätigkeit einer Stenotypistin begnügen will, sondern sich zur vielseitigen kaufmännischen Fachkraft hinaufarbeiten will, muß eine gründliche, allseitige Lehrausbildung durchmachen oder sich dem Besuch der dreijährigen Handelsschule unterziehen.
Weibliche Nachwuchskräfte werden auch im Fernsprech- und Postscheckdienst, bei der Reichsbahn, hauptsächlich für die Tätigkeit am Schalter, ferner bei den städtischen, staatlichen und parteiamtlichen Verwaltungsbehörden benötigt.
Die Volksschülerin, die frisch, lebendig, von netter Erscheinung, beweglich, rascher Auffassungsgabe und gewandter Ausdrucksweise ist, die auch gern mit Leuten umgeht, hat noch immer in dem Beruf der Verkäuferin gute Aussichten. Hier findet sie ein ihrer Veranlagung entsprechendes Tätigkeitsfeld.

Q 96

Die Büroangestellte Gisela wird Arbeitsmaid

Textauszug aus: Gertrud Schwerdtfeger-Zypries, Das ist der weibliche Arbeitsdienst, Berlin 1940. o.S.

I. Teil

Ein Mädchen wird Arbeitsmaid

Eigentlich hatte es mit einem Zeitungsartikel angefangen, oder nein – doch schon viel früher. Vielleicht schon im vergangenen Sommer. Da hatte Gisela oft von ihrer Schreibmaschine aufsehen müssen und hatte hinaufgeschaut in das kleine blaue Stück Himmel. Groß war es nicht, was da über der Krummen Straße hinsegelte, und ein bißchen Großstadtdunst lag auch darüber. Aber Giselas Gedanken gingen auch weit darüber hinaus. Sie dachte daran, wie schön es wohl wäre, jetzt über das blühende Land zu wandern. Aber wenn dann die Wandertage mit den Jungmädeln oder den Eltern da waren, dann kamen neue Wünsche dazu. Nicht nur wandern, nein einmal ganz draußen bleiben, einmal Saat und Wachsen und Blühen und Reife erleben, nicht nur an Sonntagen.

. . .

Der Chef war nicht sonderlich begeistert von Giselas Fortgang. Sie war eine tüchtige Hilfskraft gewesen, und wer weiß, ob sie wirklich wiederkam. Wenn er sie so ansah, wie sie da frisch und strahlend vor ihm stand, glaubte er es selbst nicht recht. Die würde wohl ihren Weg woanders machen als über Kas-

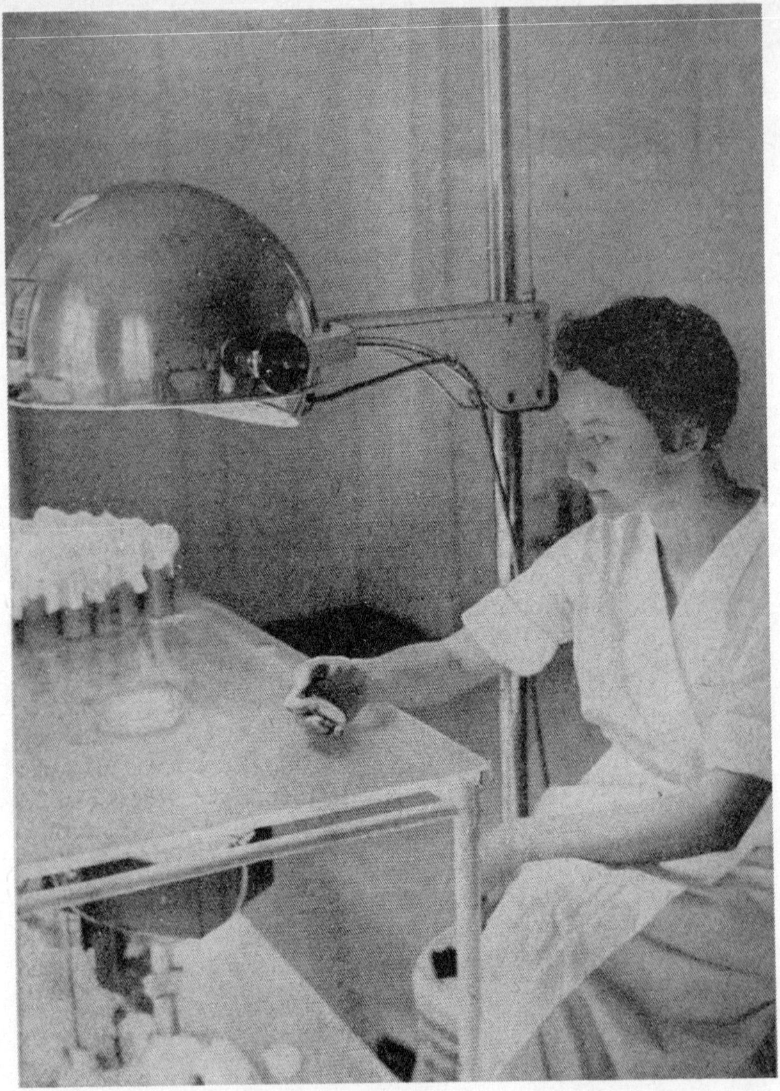

Bild entnommen aus: Neues Volk 2 (1934), Heft 9, Seite 29

senbüchern und Kontoauszügen. Aber wenn er sich auch geschäftlich ein bißchen darüber ärgern mußte, persönlich freute er sich doch. Und so wünschte er denn Gisela viel Glück und eine schöne Zeit. Und als Gisela dann noch versprach, im Lager soviel Gutes von ihm und der Firma zu erzählen, daß am Ende der Dienstzeit sich ein ganzes Dutzend bei ihm bewerben würde, da war er ganz versöhnt.
Und nun konnte es endlich ans Einpacken gehen.

---

4. Frauen in leitenden Stellungen (Q 97–Q 99)

Die einzige Gruppe erwerbstätiger Frauen, die zunächst konsequent aus ihren Berufen vertrieben wurde, waren die Akademikerinnen und weiblichen Beamten in leitenden Positionen. Frauen durften erst von ihrem 35. Lebensjahr an verbeamtet werden; ihr Gehalt wurde niedriger bemessen als das der männlichen Kollegen, Schulleiterinnen und Kassenärztinnen mußten Männern weichen. Eine Zulassungsbeschränkung für Studentinnen wurde 1933 eingeführt: nur 10% der Studierenden durften weiblichen Geschlechts sein. Auf diesem Hintergrund läßt sich ein wesentliches Merkmal der Stellung der Frauen im Berufsleben im Nationalsozialismus festhalten. Frauen sollten stets weniger qualifizierte Berufe als die Männer einnehmen. Eine Ausnahme bilden Überlegungen in der ns Führungsspitze, als die deutschen Kriegsverluste an der Front das Bild einer Zukunft ohne Männer entstehen ließ. In dieser Situation hat die ns Führung sogar erwogen, Frauen wieder für eine Übergangszeit für verantwortliche Posten auszubilden. Da aber diese makabren Spekulationen der Jahre nach Stalingrad jenseits aller realen Möglichkeiten des Systems lagen, können wir sie hier übergehen. Alle Texte weisen demgegenüber auf den festen Willen des deutschen Faschismus hin, Frauen von qualifizierten und verantwortungsvollen Posten fernzuhalten.
Die völkisch-nationale Frauenzeitschrift „Die deutsche Kämpferin" (→ Q 23) gehörte zu den wenigen Frauenzeitschriften, die nach 1933 nicht verboten wurden. Im Jahrgangsheft 1933 finden sich in jeder Nummer Meldungen über die *Entfernung von Frauen aus leitenden Posten* (Q 97). Das Schreiben der Frauen des Ringes Nationaler Frauenbünde ist für die Reaktionsweise der deutschen Frauen

aus dem gebildeten Mittelstand auf diese Handlungsweise des Regimes typisch. Es wird hieran deutlich, daß sie den Anspruch auf berufliche Gleichstellung mit den Männern für sich gar nicht vertreten.
Besonders heftig umstritten war die Stellung der Frau als Richterin. Als die Entscheidung Hitlers noch nicht gefallen war, nahm der Völkische Beobachter in seiner Sonderbeilage „Die deutsche Frau" hierzu Stellung (Q 94). Allerdings entschied sich Hitler 1936 dafür, daß Frauen als Richterinnen, auch als Jugendrichterinnen nicht tätig sein durften. Die diskriminierende Politik betraf auch die höheren Positionen im öffentlichen Dienst: viele Beamtinnen und höhere weibliche Angestellte, Prokuristinnen oder Abteilungsleiterinnen wurden entlassen oder zurückgestuft.
Die widersprüchliche Haltung des Regimes der beruflichen Qualifizierung von Frauen gegenüber spiegelt sich in den Schriften zur Beruflenkung wider (Q 99). Frauen werden nicht grundsätzlich vom Hochschulstudium ausgeschlossen. Selbständige Stellungen, wie etwa die einer Hochschullehrerin, werden nicht als weiblicher Beruf aufgeführt. Dagegen werden die rassischen und gesinnungspolitischen Voraussetzungen zur Bekleidung höherer Stellungen besonders hervorgehoben.

Q 97
Die Absetzung von Frauen in leitenden Positionen
Textauszug aus: Die deutsche Kämpferin, 1933, S. 94, 123–124

Ab 25. 6. sind meine Freundin und ich, die wir fünf und vier Jahre das Amt eines ehrenamtlichen Vorstehers des städtischen Fürsorgeamts innehatten und, wie man uns erklärte, dies Amt (um nicht mehr zu sagen) zur vollsten Zufriedenheit ausübten, kraft revolutionärer Gewalt unsers Amtes entsetzt, obwohl es noch dreiviertel Jahr Laufzeit hat. Meine Freundin ist schon seit längerer Zeit Mitglied der NSDAP. Ich kämpfe seit 1918 in vorderster Linie der DNVP. Als Begründung der Absetzung wurde mir gesagt: „Die Frauen sollen in Zukunft keine leitenden Stellen einnehmen."
Hamburg. Absetzung der weiblichen Schulleitungen. Am 12. Juli, dem letzten Schultag vor den Sommerferien, erhielten die Schulen die Nachricht über die von der Landesunterrichtsbehörde neu ernannten Schulleiter und deren Stellvertreter. Die 9 staatlichen höheren Mädchenschulen sind sämtlich unter männliche Leitung gestellt, an 8 Schulen ist auch die Stellvertretung männlich, an einer einzigen Schule ist eine weibliche Stellvertretung. 6 Leiterinnen sind damit völlig ihres Amtes enthoben, 1 Leiterin ist stellvertretende Leiterin geworden, außerdem haben 5 stellvertretende Leiterinnen männlichen Kollegen Platz machen müssen.
Ebenso sind an den Volksschulen sämtliche 19 Leiterinnen abgesetzt und

durch Männer ersetzt worden. Über die Stellvertretung dort lag noch keine Benachrichtigung vor.
An den Berufsschulen für die weibliche Jugend hat man an den hauswirtschaftlichen Schulen und der Höheren Handelsschule die weibliche Leitung belassen. Die Kontoristinnenschule und die Verkäuferinnenschule haben sowohl männliche Leitung wie männliche Stellvertretung bekommen.
In der Schulverwaltung ist nicht eine einzige Frau mehr.
So ist in Hamburg die Frau aus Führung und Leitung des öffentlichen Mädchenschulwesens so gut wie ausgeschaltet. Angesichts dieser Tatsache wird es den Hamburger Frauen schwer gemacht, daran zu glauben, daß die deutsche Frau noch als dem Manne gleichwertig angesehen wird, und daß man ihr das volle Recht auf die ihr wesensgemäßen Berufe wie auf die Gestaltung der Mädchen- und Frauenbildung einzuräumen gewillt ist. Irma Stoß

Textauszug aus: Ursula von Gersdorff, Frauen im Kriegsdienst, Stuttgart 1969, S. 278–279

Schreiben des Ringes Nationaler Frauenbünde an den Reichskanzler vom April 1933.

Hochgeehrter Herr Reichskanzler!
Die erfolgreichen Bemühungen der nationalen Regierung, Reich und Ländern in allen Behörden, Parlamenten und Selbstverwaltungskörpern eine einheitliche Führung zu geben, sind auch von den nationalen Frauen konservativer Weltanschauung, zusammengeschlossen im „Ring Nationaler Frauenbünde", mit dankbarer Freude begrüßt worden.
Wir haben auch volles Verständnis dafür, daß diesen Bemühungen um eine einheitliche Führung auch die Frauen in beamteten Stellungen weichen mußten, die sich in Gegensatz zur nationalen Bewegung befanden, obwohl nicht verkannt werden soll, daß manche unter ihnen in sozialpflegerischen und erzieherischen Berufen unter Ausschaltung ihres parteipolitischen Standpunktes Gutes geleistet haben.
Wir müssen es daher beklagen, wenn die Stellungen dieser Frauen nicht wieder durch Frauen besetzt werden, sondern Männer ihre Posten einnehmen.
Ein in völkisch-nordischem Sinne gesundender Staat darf – aus anderen Gründen freilich als die Weimarer Verfassung dies tat – neben der staatsaufbauenden Leistung des Mannes die mütterliche Kraft der Frau nicht entbehren, wenn das Bekenntnis des deutschen Volkes vom 5. 3. fruchtbares Leben gewinnen und sich auswirken soll in einer festzusammengefügten Nation.
Wir erstreben keinesfalls die schematische Gleichsetzung von Frauen- und Männerleistung an verantwortlichen Stellen, sondern wir sind der Ansicht, daß jedem Geschlecht besondere Arbeitsgebiete gewiesen sind. In einem Volksstaat aber, der sich auf der Familie aufbauen will, wird dann auch die Einreihung der Frau in den ihr kraft ihrer Eigenart zufallenden Gebieten, auch an verantwortlichen und beamteten Stellen, nicht entbehrt werden können.

Diese Gebiete sind
1. Erziehung und Pflege der Jugend, vor allem die volle Verantwortung für die Erziehung der Mädchen von den Schulen bis in die Jugendertüchtigungsbe-

strebungen, vom Freiwilligen Arbeitsdienst bis zu den Berufsschulen (hauswirtschaftlichen, ländlichen und gewerblichen),
2. alle Gebiete sozialer Fürsorge, wie Mütterberatungsstellen, Gesundheits- und Wohnungsfürsorge, das Amt der Jugendrichterin, Gefährdetenfürsorge, Leitung von Frauengefängnissen u. a.,
3. das große Gebiet der Volkskultur und Volkserziehung, auf dem Frauengeist ergänzend neben dem des Mannes sich zur tieferen Erfassung weiter Volkskreise auswirken kann.

Aus den oben dargelegten Gründen bitten wir ergebenst, bei Neubesetzung von Ämtern, die soziale, erzieherische und kulturelle Belange betreffen, die für diese Arbeit in geeigneter Weise vorgebildeten Frauen aus nationalen Kreisen einzusetzen.

In ausgezeichneter Hochachtung

Beda Prilipp, Elli Heese, Katharina Hartwig, Ilse Hamel, Martha Brauer, G. von Willich, Margarete Bühling, Marie Fröhlich

---

Q 98

Soll die Frau Richterin werden?

Textauszug aus: Völkischer Beobachter, Sonderbeilage. Die deutsche Frau, 16./17. April 1933, S. 7

Die Frage kann aus der Gleichberechtigung, wie sie heute den Frauen eingeprägt worden ist, kaum hinreichend beantwortet werden. Auch zu Zeiten, zu denen man unsere heutige Gleichberechtigung nicht kannte, zu denen die Frauen sich vielleicht aber nicht weniger gleichberechtigt fühlten, haben sie hohe ja sogar höchste Ämter erlangt und sie oft mit großem Geschick verwaltet. Heute wird sie Richter.

Mir scheint es aber, als ob sie darum kaum besser gestellt ist.

Es ist nicht nur die wirtschaftliche Not, die vielen Frauen die Ehe verschließt. Nein, die Selbständigkeit, die sie in ihren Berufen erlangen, entfremdet sie oft ihrer natürlichen Sendung. Zwei Drittel aller weiblichen Akademikerinnen bleiben deshalb ledig! Diese Frauen sind zumeist dadurch um das Schönere gekommen, sie sind zumeist zurückgesetzt dadurch, daß sie die – an sich vollkommen berechtigte – Gleichberechtigung genutzt haben. Entscheidend ist die Stellung, welche die Frau beim Volke einnimmt. Das Volk steht hoch, das in der Frau die heilige Mutter sieht, in deren Schoß die göttliche Ewigkeit ruht. Ihr Fühlen und Denken, ihr Schutz und ihre Ehre muß zu den höchsten Gütern gehören, für die Männer streiten. Ihre Seele muß das Herz, ihre Waffen müssen Waffen des Volkes sein.

Ein Volk, das so denkt, kann auch weibliche Richter haben.

Dort kommen die vielen Gaben, mit denen die allgütige Natur die Frauen den Männern gegenüber ausgezeichnet hat, auch im Richteramte einer Frau zur Geltung. Sie erschließen vieles, was dem Manne verborgen bleibt. Sie verstehen das Kind, die Mutter, wo oft der Mann ratlos ist, sie können sich deshalb ganz anders in die Seele einer anderen Frau hineinvertiefen und gar manches Mal die Gründe für die Zerstörung des Familienlebens besser feststellen. Sie kennt die Kräfte der guten Sitte und des Anstandes zumindest

ebenso gut wie der Mann, vielleicht auch besser: „Willst du wissen, was sich schickt, so frage nur bei edlen Frauen an."
Und alle diese Kräfte, die vornehmlich der Frau eigen sind, soll man sie nicht in den Dienst der Rechtsfrage stellen? In Jugendgerichten, in Vormundschaftssachen erscheint sie als Einzelrichterin vielfach ebenso berufen wie als Beisitzerin in Ehescheidungskammern oder bei der Aburteilung von Sittlichkeitsdelikten oder anderen in die Belange der Frau eingreifenden Prozessen.
Aber, alles hat ein aber . . .
In vielen Prozessen ist der männliche Richter viel eher berufen, ich denke etwa an Prozesse gegen Militärpersonen, Raubmörder, Hochverräter und Devisenschieber. Dieselbe Frau, die in der Ehe im gesetzlichen Güterstande nicht alle Rechte schließen kann, weil sie geschützt werden soll, soll schwierige Rechtsgeschäfte anderer, vormundschaftsgerichtlich genehmigen. Liegt nicht darin ein gewisser Widerspruch? Wird sie sich immer durchsetzen, wenn sie etwa im Jugendgericht über recht widerspenstige Verbrecher abzuurteilen hat?
Der Beruf des Mannes ist der Kampf, der der Frau die Mutterschaft. Der Mann, der in den Ehestand tritt, behält seinen Beruf, die Frau wird ihn in der Regel aufgeben und sich vollkommen umstellen müssen. Sie kann es nur, weil stets in ihr der Trieb nach dem natürlichen Berufe erhalten bleibt.

Q 99

Deutsche Frauen als Akademikerinnen
Textauszug aus: Suse Harms, Die deutschen Frauenberufe, Berlin 1939, S. 34, 41

Die akademischen Berufe

Nachdem in den vergangenen Jahrzehnten eine ungeheuer große Anzahl vom Mädeln sich den akademischen Berufen zuwandte, macht sich seit den letzten Jahren deutlich ein Mangel an weiblichem akademischen Nachwuchs bemerkbar. Der Zustrom der Mädel zu den Universitäten in der Systemzeit lag zum Teil in einer gewissen Moderichtung bedingt. Es gehörte gleichsam zum guten Ton, zu studieren. Andererseits waren damals infolge der Arbeitslosigkeit die Anstellungsmöglichkeiten für Mädel in den übrigen Berufen so gering, daß das Studium häufig eine Art Verlegenheitslösung darstellte. Die Folge war, daß viele der damals studierenden Mädel den Anforderungen des Studiums geistig nicht gewachsen waren und sich so das Niveau der Akademikerin empfindlich senkte.
In den Jahren nach der Machtübernahme änderte sich das Bild grundlegend. Gleichlaufend mit dem wirtschaftlichen Aufstieg unseres Volkes ergaben sich in steigendem Maße wieder Einsatzmöglichkeiten für Mädel in allen Berufen. Der Zustrom zu den Universitäten hörte auf, sogar solche Mädel, die durchaus geeignet und fähig zum Studium gewesen wären, wendeten sich Berufen mit kürzeren und billigeren Ausbildungswegen zu.
Wer heute einen akademischen Beruf ergreift, muß sich bewußt sein, daß er eine Ausbildung erwählt, die ein gewisses Opfer an Zeit und Geld erfordert, die aber alle geistigen Kräfte voll erweckt und beansprucht und die Möglich-

keit gibt, dem Volksganzen an führender Stelle zu dienen. Mädel, die in sich die Fähigkeit zur wissenschaftlichen Arbeit spüren und aus Bequemlichkeitsgründen darauf verzichten, gehen damit an der Aufgabe vorbei, die ihnen vom Schicksal gestellt wurde: in der Arbeit für unser Volk mit in vorderster, führender Front zu stehen.

...

Die Bibliothekarin.

Vorbildung: In der Regel wird das Abitur verlangt. Außerdem der Ariernachweis, Zugehörigkeit zur NSDAP oder einer ihrer Gliederungen, Stenographie und Ableistung des Arbeitsdienstes.

Literaturhinweise

4. Die außerhäusliche Arbeit der Frauen

Grundlegend und mit weiterführenden Literaturangaben:
Stephan Bajohr: Die Hälfte der Fabrik, Marburg 1979.
Dörte Winkler: Frauenarbeit im Dritten Reich, Hamburg 1977.
Jürgen Kuczynski: Die Geschichte der Lage der Arbeiter unter dem Kapitalismus, Bd. 18, Berlin 1963.
Tim Mason: Zur Lage der Frauen in Deutschland 1930 bis 1940: Wohlfahrt, Arbeit und Familie, in: Gesellschaft. Beiträge zur Marxistischen Theorie 6, Frankfurt 1976, S. 118–193.
Leila Rupp: Mobilizing women for war. German und American propaganda 1939–1945, Princeton 1978.

Zu der Notwendigkeit der weiblichen industriellen Arbeitskraft im Faschismus:
Karin Jurczyk: Frauenarbeit und Frauenrolle. Zm Zusammenhang von Familienpolitik und Frauenerwerbstätigkeit in Deutschland von 1918–1975, Frankfurt 1977.

Zu den Arbeitsbedingungen:
Jill McIntyre: Women and the Professions in Germany 1930–1940, in: Anthony Nichols, E. Matthias, Hg., German Democracy and the triumph of Hitler, London 1971, S. 173–213.
Lotte Zumpe: Arbeitsbedingungen und Arbeitsergebnisse in den Textilbetrieben der SS im Konzentrationslager Ravensbrück, in: Jahrbuch für Wirtschaftsgeschichte 1969/II, S. 11–51.

Zu der Problematik des Arbeitsverhaltens der Frauen in den Betrieben:
Leila J. Rupp: Klassenzugehörigkeit und Arbeitseinsatz der Frauen im Dritten Reich, in: Soziale Welt 1980, S. 191–205 und
Dörte Winkler: Frauenarbeit versus Frauenideologie. Probleme der weiblichen Erwerbstätigkeit in Deutschland 1930–1940, in: Archiv für Sozialgeschichte XVII, Bd. 1977, S. 99–126.

Zur Ideologie des Bauerntums:
Dieter Bartetzko u.a.: Die Darstellung des Bauern, in: Kunst im 3. Reich. Dokumente der Unterwerfung, Frankfurt Verlag 2001, 1980, S. 310–347.

Zur Agrarpolitik und zur Sozialgeschichte des alten Mittelstandes:
Adelheid von Saldern: Mittelstand im „Dritten Reich", Frankfurt 1979.

Zur Situation der weiblichen Angestellten:
Mutterkreuz und Arbeitsbuch. Zur Geschichte der Frauen in der Weimarer Republik und im Nationalsozialismus, Hg. Frauengruppe Faschismusforschung, Fischer Taschenbuch 1981 (im Erscheinen. Wichtige Informationen dieses Beitrags sind dem dort erscheinenden Ms von Annemarie Tröger entnommen).
Jill Stephenson: Women in Nazi Society, London 1975.
David Schoenbaum: Die braune Revolution, Köln 1968.
R. Zimmermann-Eisel: Die soziale Stellung der Frau und ihre Einschaltung in den Arbeitsprozeß als Problem der Ideologie und Praxis des 3. Reiches. Magisterarbeit, Uni Bochum 1976.

Zur Bildungspolitik
Margret Lück: Die Frau im Männerstaat, Frankfurt 1979.
Kristine von Soden/Gabi Zipfel: 70 Jahre Frauen in der Wissenschaft, Köln 1979.

V. Die Arbeit der Frauen im Haus

Die zentrale Bedeutung der Hausarbeit der Frauen sowohl für die Aufrechterhaltung der Gesellschaft insgesamt als auch für die individuellen Entwicklungsmöglichkeiten von Frauen wird zu Recht in der jüngsten Literatur zur Frauenforschung hervorgehoben (SENGHAAS, KONTOS, KITTLER). In dieser Sicht rückt die Hausarbeit im weitesten Sinne als eine für das kapitalistische System unverzichtbare, zugleich aber verdeckte Form von Mehrarbeit der Frauen in den Mittelpunkt der Betrachtung. Sowohl die psychische als auch die physische Reproduktion der Gesellschaft ist von der Arbeit der Frauen im Haus abhängig. Die Frauenarbeit im Haus erweist sich als „notwendiger Bestandteil der arbeitsteiligen gesellschaftlichen Gesamtarbeit“ (KITTLER, S. 128).

Diese Auffassung ist auch für die Betrachtung der Hausfrauenarbeit in der NS Zeit weiterführend. Sie liegt auch dieser Quellenauswahl zugrunde. Dennoch müssen, über die Strukturmerkmale weiblicher Arbeit in kapitalistischen Industriegesellschaften hinaus, auch die besonderen Merkmale der Hausarbeit im Faschismus hervorgehoben werden. Denn die unbezahlten physischen und psychischen Arbeitsleistungen der Frauen gewannen im deutschen Faschismus eine weiterreichende, mit den Begriffen der Kapitalismuskritik nicht zu erfassende Qualität.

Annemarie Tröger konnte überzeugend darstellen, wie im Verlauf der zwanziger Jahre die Anfälligkeit der Frauen für die nationalsozialistische Werbung eng mit ihrer Situation als Hausfrauen verbunden war. Der Haushalt verlor immer mehr seine Bedeutung eines lebenssichernden und sinnstiftenden Faktors. Angesichts der Benachteiligung der Frauen auf dem Arbeitsmarkt gerieten nach A. Tröger gerade die von dieser Entwicklung des Hauses betroffenen Hausfrauen des alten und neuen Mittelstandes in eine „existentielle Zange“ (TRÖGER, S. 344). Sie waren auch 1933 die wichtigsten Adressaten der ns Ideologie der Familie, der Ehe, des Haushalts und der Mutterschaft.

Die Quellenauswahl geht von dieser Situation aus. Denn nur dem Nationalsozialismus gelang es, 1933 diesem Bedürfnis nach einer ideologischen Vergewisserung über die Nützlichkeit, den Sinn und die Dauerhaftigkeit des weiblichen Haushalts zu entsprechen. Daher illustrieren die nachfolgenden Quellen zunächst typische Merkmale dieser ns Ideologie des Haushalts, der Ehe, der Familie und der Mutterschaft, einer Ideologie, die nur auf den ersten Blick als eine einfache Weiterführung der konservativen Frauen- und Familienideologie des 19. Jahrhunderts erscheint. Denn die ns Ideologie der Hausfrauenarbeit spiegelte nicht nur die Zwänge einer kapitalistischen Industriegesellschaft wieder. In ihm kamen vor allem auch die rassistischen und terroristischen Elemente des deutschen Faschismus zum Ausdruck, Elemente, die vielfach in einem krassen Widerspruch zu den kapitalistischen Bedingungen und kurzfristigen Intentionen des Systems standen. Erst an diesem doppelten, im Verlauf des Regimes sich immer mehr verschärfenden Widerspruchs, tritt die Besonderheit der faschistischen Hausfrauenideologie zutage.
An den Quellen können nicht alle in sich sehr widersprüchlichen Momente dieser ns Ideologie des Haushalts, der Ehe, der Familie und der Mutterschaft aufgezeigt werden. Sie erschließen aber wesentliche Funktionen der Hausfrauenideologie innerhalb des Systems. Der Widerspruch zwischen der Ideologie des Hauses und der ns Frauenpolitik wird an immer neuen Lebenssituationen der Frauen veranschaulicht. Vor allem aber werden auch die Grenzen, an die das System gerät, sobald es diese Hausfrauenideologie konsequent durchzusetzen versucht, sichtbar. An diesen Grenzen wird auch die Besonderheit der Frauengeschichte im deutschen Faschismus sichtbar.

1. Der Haushalt (Q 100–Q 104)

Der Nationalsozialismus hatte den Versuch gemacht, die deutschen Frauen, insbesondere die Frauen des Mittelstandes, durch seine pseudo-wissenschaftliche Lehre des Haushalts für seine imperialistischen und rassischen Ziele zu gewinnen. Wie wenig diese scheinbare Neubewertung des Haushalts mit einer realen gesellschaftlichen Anerkennung der häuslichen Frauenarbeit oder gar mit einer

Alternative zu den die Ökonomie bestimmenden rüstungspolitischen Prioritäten des Regimes zu tun hat, ist schon aus den Texten zu der frauenspezifischen Arbeitsideologie des deutschen Faschismus hervorgegangen (→ Q 68–Q 72). Bei der Interpretation dieser Texte muß über eine Kritik dieser ns Ideologie des Haushalts hinaus noch auf die reale Situation des Haushalts im Faschismus hingewiesen werden.
Die Situation des Haushalts, sehen wir von den ersten Jahren der Scheinblüte nach 1933 ab, hat sich ständig verschlechtert. Leider gibt es z. Zt. noch keine Untersuchungen zu der steigenden Not der Bevölkerung. Allerdings läßt sich am folgenden Index der Produktion von Produktionsmitteln, von Kriegsmaterial und von Konsummitteln in der Zeit von 1939 bis 1945 die steigende Notlage in den Haushalten ablesen.

(1940 = 100)

Jahr	Produktionsmittel	Kriegsproduktion	Konsumtionsmittel
1939	etwa 150	–	etwa 110
1940	155–165	100	100–110
1941	175–190	ca. 100	100–110
1942	185–200	ca. 150	90–100
1943	215–230	ca. 230	85– 95
1944	220–240	ca. 285	80– 90
1945	40– 60	–	20– 30

(Reinhard Kühnl: Der deutsche Faschismus in Quellen und Dokumenten, Köln 1979, S. 259)

Die Schriften der Nationalsozialistin Else Vorwerck zur *Bedeutung des Haushalts* (Q 100) ragen unter den zahlreichen von Frauen verfaßten Propagandaschriften hervor. Neben den Aufgaben der „Existenzsicherung durch Nahrungssicherheit“ und „Sicherung der Rohstofflage“ steht für sie die Aufgabe der „sozialen Befriedigung“ durch die rechte Haushaltsführung im Vordergrund. Durch ihre völkisch-bewußte Handlungsweise bei der Haushaltsführung (d. h. u. a. durch einen Boykott jüdischer Läden) sollen die Frauen zum Aufbau des gesunden Volkskörpers beitragen.

Die Realität des Hausfrauenlebens wurde propagandistisch überdeckt. Angesichts der Drosselung der Konsumgüterindustrie, der steigenden Lebenshaltungskosten und der Verknappung an Lebensmitteln wurden die ns Frauenführung und die Industrie nicht müde, zeitgemäße *Kochrezepte* (Q 101) für die deutsche Hausfrau zu erfinden.
Kritik an der Verlogenheit der ns Haushaltsideologie kam aus den Widerstandsgruppen im Exil. Unter der ironischen Überschrift *„Freut euch des Lebens“* (Q 102) wird in einer anonymen Schrift deutscher Sozialisten und Kommunisten in Paris die ns Hausfrauenpolitik entlarvt. Obgleich dem Haushalt als der „Subökonomie der Gesellschaft“ (A. TRÖGER) eine immer größere ökonomische und moralische Bedeutung zukam, hat das System faktisch die ökonomischen und moralischen Grundlagen des von Frauen geführten Hauses zu zerstören versucht.
Die Zerstörung des Haushalts (Q 105) wurde von den deutschen Frauen nicht immer als Folge des deutschen Faschismus erkannt. Denn sie erlebten die Zerstörung ihrer Häuser zunächst als Ergebnis „feindlicher“ Luftangriffe. Dennoch erfuhren auch Frauen bei diesen Zerstörungen die Härte des eigenen Systems. Dabei war die Zahl der Toten und schwer Verletzten unter den Frauen besonders hoch (Q 104). Obgleich die ständige Angst der Hausfrauen vor einem Luftangriff sie in ihrer Fähigkeit zu kollektivem Handeln lähmte, so trugen doch diese Erlebnisse zu einem großen politischen Bewußtsein der Hausfrauen, allerdings nicht im Sinne des Regimes, bei (→ Q 159).

Q 100

Die Bedeutung des Haushalts im nationalsozialistischen Staat

Textauszug aus: Else Vorwerck, Die Hausfrau im Dienste der Volkswirtschaft. Grundlagen, Aufbau und Wirtschaftsordnung des nationalsozialistischen Staates, Bd. 3, Berlin 1937, S. 3–4, 10–11

Bedeutung der Hauswirtschaft im nationalsozialistischen Staat

Die politisch und weltwirtschaftlich bedingte Strukturänderung der deutschen Wirtschaft auf der einen Seite und die neu herausgestellte nationalsozialistische Haltung der Pflichtgebundenheit des deutschen Menschen gegenüber seinem Volke auf der andern Seite bedingen eine ganz andersartige Bedeutung der Hauswirtschaft innerhalb der Volkswirtschaft.
Es entspricht nicht mehr der gegenwärtigen Auffassung unserer Staats- und Wirtschaftsführung, einen großen Teil des lebenswichtigen Bedarfs unseres Volkes durch mehr oder minder wichtige Güter aus dem Ausland befriedigen zu lassen. Vielmehr handelt man nach der Erkenntnis, daß die politische Frei-

heit unseres Volkes immer nur gewährleistet ist bei der Sicherung der Existenz aus den Erzeugnissen eigenen Bodens und eigener Arbeit und möglichst auch eigenen Kapitals.
Die Lebensgewohnheiten und die Haushaltführung der deutschen Familien hatten sich den Gegebenheiten der freien Verkehrswirtschaft angepaßt. Wenn nunmehr eine Rückverlagerung wesentlicher Bedarfsdeckung aus dem Ausland in die einheimische Erzeugungswirtschaft erfolgen sollte, so bedurfte das nicht nur einer zielbewußten Steuerung der Erzeugungsgruppen, sondern auch einer Umlenkung des Verbrauchs. In der Erzeugungswirtschaft wird das erwerbswirtschaftliche Prinzip aus seiner alleinigen Vormachtstellung zurückgedrängt. Der Gemeinnutz wird auch der Wirtschaft als Zielsetzung gegeben, d.h. der erwerbswirtschaftliche Antrieb des eigenen Nutzens soll zwar nicht ausgeschaltet werden, darf aber nie der wirtschaftlichen Gesamtzielsetzung zuwiderlaufen, muß vielmehr ausgerichtet sein auf die von der Staatsführung aufgestellten Ziele. In der Verbrauchswirtschaft bedeutet die Zielsetzung der Existenzsicherung aus dem eigenen Lande eine bewußte Umstellung auf den Verbrauch von einheimischen Nahrungsmitteln und von deutschen Rohstoffen. Staat und Wirtschaft nehmen also ein starkes Interesse an der Frage des Verbrauchs, und dieses Interesse ist ein doppeltes:

1. ist es für eine planmäßige Umstellung und einen erfolgreichen Aufbau der landwirtschaftlichen ebenso wie der industriellen Erzeugung wichtig, den Gesamtbedarf nach Umfang und Art zu kennen, und
2. ist es erforderlich, den Verbraucher derart zu einem aktiven Glied der Volkswirtschaft zu erziehen, daß er in seinem Handeln die wirtschaftlich notwendige Entwicklung nicht aufhält, hemmt oder gar boykottiert.

Bei diesen Bestrebungen stößt man also zwangsläufig auf das sowohl praktisch wie noch mehr wissenschaftlich vernachlässigte Problem des Verbrauchs überhaupt. Die Feststellung, daß der weitaus größte Teil des Verbrauchs sich in den deutschen Haushalten abspielt, daß 17,5 Millionen Haushaltungen im Deutschen Reich bestehen und daß also die Gesamtheit dieser vielen Einzelhaushalte von unübersehbarer Bedeutung für die Volkswirtschaft ist, wurde plötzlich so allgemein in der Literatur, in der Presse und Propaganda erörtert, daß es fast wie eine „Entdeckung" anmutete. Ursache dafür war aber allein, daß man die Volkswirtschaft unter einem neuen Gesichtswinkel sah. Wichtig und entscheidend ist weiterhin die Tatsache, daß für die Führung der Haushaltungen und also für Art und Menge der in den Familien ge- und verbrauchten Güter ausschlaggebend die Frauen verantwortlich sind, die etwa 75 v. H. des Volksvermögens verwalten. Es kommt also darauf an, die Frau in dieser ihrer hauswirtschaftlichen Leistung zu erfassen. Unabhängig von den nach der Machtübernahme durch den Nationalsozialismus beginnenden Auseinandersetzungen über die Rolle der Frau im Volk, ihre Mitwirkung im öffentlichen Leben, die Beschränkung der fraulichen Berufsausbildung usw. entsteht hier im Wirtschaftsleben die Forderung an die Frau, sich dem gleichen Gesetz der Pflichtgebundenheit gegenüber dem Volk zu unterstellen wie der Mann, wird hier von der Frau ein ganz bewußtes Handeln verlangt, das über den Rahmen des Familieninteresses hinausgeht und ihrer Leistung im Haushalt, volkswirtschaftlich gesehen, eine Bedeutung gibt, die sie hinsichtlich der Größe der Verantwortung jedem andern berufstätigen Menschen ebenbürtig an die Seite stellt.

III. Soziale Befriedung

Es sind also eine Reihe von Möglichkeiten, die sich für die Mitwirkung der Hausfrauen im Kampf der Wirtschaft um die Sicherung der Existenz unseres Volkes aus eigenem Boden und eigener Kraft ergeben. Die Zahl der Möglichkeiten, sich in den Dienst der Volkswirtschaft zu stellen, ist aber für die Hausfrauen damit noch nicht erschöpft. Neben dem Ziel der Existenzsicherung hat die nationalsozialistische Wirtschaftspolitik das Ziel der sozialen Befriedung aufgestellt. Gleichwie der Mensch nicht um der Wirtschaft willen lebt, sondern die Wirtschaft zur Befriedigung der menschlichen Bedürfnisse besteht, kann auch die Wirtschaftsförderung nicht ausschließlich um der Wirtschaft willen, also als Selbstzweck, betrieben werden, sondern sie muß berücksichtigen, daß Leben und Wohlergehen des lebendigen Menschen jederzeit der Mittelpunkt auch des Wirtschaftens ist. Eine Wirtschaftsentwicklung, die über die sozialen und kulturellen Bedürfnisse des Menschen rücksichtslos hinweggeht, muß zu einem Niedergang des gesamten Volkslebens führen. Die Erfahrungen aus den Jahren des marxistischen Klassenkampfes und der Proletarisierung haben gelehrt, welches die falschen Wege sind, die man nicht beschreiten darf, wenn man eine starke Volksgemeinschaft erreichen will.

A. Der Mittelstand

Die Schaffung und Erhaltung eines breiten und gesunden Mittelstandes und damit die Erschließung von Aufstiegsmöglichkeiten für eine möglichst große Schicht wirtschaftlich unselbständiger Menschen zu selbständiger Wirtschaftsführung wurde von der nationalsozialistischen Bewegung als entscheidende Notwendigkeit für die soziale Befriedung erkannt und im Punkt 16 des Parteiprogramms eindeutig herausgestellt:

„Wir fordern die Schaffung eines gesunden Mittelstandes und seine Erhaltung, sofortige Kommunalisierung der Großwarenhäuser und ihre Vermietung zu billigen Preisen an kleine Gewerbetreibende, schärfste Berücksichtigung aller kleinen Gewerbetreibenden bei Lieferung an den Staat, die Länder und Gemeinden."

Der in diesem Programmpunkt geforderte Kampf gegen die Warenhäuser sowie der Appell zur Ablehnung ausländischer und zum ausschließlichen Kauf „deutscher Erzeugnisse" und außerdem der Boykott jüdischer Firmen waren in den Kampfjahren die ersten und sozusagen einzigen Parolen, die für die Haltung des Verbrauchers und insbesondere der Frauen herausgestellt wurden. Es bedurfte einer umfassenden Aufklärungsarbeit, um diese negativen Parolen nach der Machtübernahme den Frauen in entsprechender positiver Form verständlich zu machen. Aus dem Abwehrkampf gegen marxistisch-liberalistische Fehlentwicklungen wurde nach dem 30. Januar 1933 ein zähes Ringen um positiven Aufbau. Aus Rücksicht auf den viel zu sehr geschwächten wirtschaftlichen Zustand sah die nationalsozialistische Regierung von machtmäßigen Eingriffen ab. So trat auch die weithin erhoffte, teils auch gefürchtete Schließung von Warenhäusern, Konsumvereinen und Einheitspreisgeschäften nicht ein. Statt dessen wurde im Sinne der Schaffung eines breiten Mittelstands der positive Weg der Förderung des Handwerks und Einzelhandels durch organisatorische, gesetzmäßige und wirtschaftliche Maßnahmen beschritten und darüber hinaus durch einschränkende Bestimmungen (Hinausverlegung von Restaurationsbetrieben, Frisiersalons usw., Erschwerung der Einrichtung von Filialbetrieben, Preisregulierungen usw.) eine Zunahme bzw. weiterer Ausbau von Warenhäusern und ähnlichen Einrichtungen verhindert. Aber gerade weil die Regierung sich in dieser Angelegenheit auf eine gewisse Steuerung beschränkt, um in Ablehnung unmittelbarer Eingriffe die wirtschaftliche Neuordnung im Sinne einer ruhigen aber zielbewußten Entwicklung sich vollziehen zu lassen, bedarf sie der Unterstützung seitens aller der Kreise, die für eine solche Entwicklung von Bedeutung sind. Und was ist letzten Endes von größerem Ausschlag für Aufblühen oder Schrumpfung von Warenhäusern als die Haltung der Käuferschaft, hier also wieder und in ganz besonderem Maße der kaufenden Frau. Es ist nun verhältnismäßig einfach, einen gewissen Kreis von Frauen, zumal bei gesinnungsmäßig und parteimäßig starker Bindung, zum Boykott bestimmter Einkaufsgelegenheiten zu gewinnen, auf die Gesamtheit der Frauen gesehen, ist es eine Unmöglichkeit! Worauf es aber hier ankommt, das ist die langsame Veränderung der inneren Einstellung der Frau zu ihrem hauswirtschaftlichen Handeln und zur Lebensführung überhaupt.

Q 101
Menuvorschläge

Textauszug aus: Rainer Horbelt, Sonja Spindler, Tante Linas Kriegskochbuch, Frankfurt 1982, S. 192

Steckrübeneintopf
Zutaten: 1 ½ kg Steckrüben, 500 g Kartoffeln, eine Zwiebel, eine Knoblauchzehe, Salz, ein Teelöffel Majoran, ein Eßlöffel gehackter Schnittlauch, ½ l Wasser oder Brühe, ein Eßlöffel Mehl, 100 g Speck.

Steckrüben schälen, in Würfel schneiden und in der Brühe fast weich kochen. Die geschälten und gewürfelten Kartoffeln zugeben und auch weich kochen lassen. Den gewürfelten Speck in einer Pfanne auslassen. Darin die klein geschnittene Zwiebel und die zerdrückte Knoblauchzehe anbraten. Mehl darüber stäuben und braun werden lassen. Zu dem Gemüse geben und noch einmal kurz aufkochen lassen.

Textauszug aus: Barbara Beuys, Familienleben in Deutschland, Reinbek 1980, S. 478

„Wenn der Führer sagt: Wir haben nicht die Devisen, um all das Fleisch einzuführen, das wir zusätzlich brauchen und das wir schon immer eingeführt haben, dann können wir Hausfrauen einen Beweis unserer guten Berufserziehung ablegen, indem wir einfach sagen: Brot haben wir, an Kartoffeln haben wir auch genug, Milch und Zucker sind zur Genüge vorhanden, ausreichend für das ganze Jahr. Nun werden wir einmal Küchenzettel aufstellen, in denen wir eben am Abend Kartoffeln kochen und schöne Sachen dazu machen, die wir durch eine geschickte Vorratswirtschaft vorher uns zugerichtet haben, rote Rüben, Rettichsalat, Selleriesalat und all die vielen schönen einfachen Dinge. Man soll auch abends nicht immer, wie es in vielen Häusern der Fall ist, belegte Brote auf den Tisch stellen ... Ich sage Ihnen das nur, damit Sie einmal sehen, wie heute die deutsche Hausfrau letzten Endes eigentlich der beste Wirtschaftsminister sein könnte; denn wenn wir Frauen nur einmal konsequent für diesen Gedanken eintreten und ihn systematisch durchführen, dann brauchte sich der Führer mit seinem ganzen Wirtschaftsstab den Kopf nicht mehr so sehr zu zerbrechen."

Q 102
„Freut euch des Lebens"
Textauszug aus: Der deutschen Frauen Leid und Glück, Paris 1939, S. 22–29

„Freut euch des Lebens!"
so heißt es in den Reden des Dr. Ley. Welch ein Hohn für die Frauen, angesichts dessen, daß die Männer so wenig Lohn nach Hause bringen und die Preise immer höher geschraubt werden. Ob Lebensmittel, Kleidung, Wäsche und Miete, alles ist in den letzten Jahren im Verhältnis zu früher fast um die Hälfte teurer geworden. Die Qualität hat erheblich nachgelassen, und dazu kommt noch die Rationierung der Lebensmittel durch Einführung des Kartensystems.

Butter gibt es in der Woche 170 Gramm und manchmal weniger, und danach muß man noch stundenlang Schlange stehen. Den Reichen bringt der Bote die gewünschten Quanten ins Haus. Die beste Markenbutter kostete früher – vor 1933 – 1,10 Mark das Pfund, heute, nach fünf Jahren Hitlermacht, kostet dieselbe Butter 1,60 Mark, wie die neue Verordnung des Reichskommissars vom 15. Oktober 1938 bekanntgibt. Es ist zwar dieselbe Marke wie früher, aber nicht dieselbe Qualität. Diese Markenbutter ist also um 40 Prozent teurer geworden und hat oft durch Beimischung von Talg und anderen Ersatzstoffen an Nährwerten verloren. Wenn die Butter einen Tag liegt, wird sie krümelig, das hat heute schon jede Hausfrau gemerkt. So schlecht war die Butter – außer im Krieg – nie. Mit Fleisch ist es ebenso. Es ist knapp und teuer. Für Kalbflsch, das früher 90 Pfennig das Pfund kostete, muß heute 1,60 bezahlt werden. Brot ist zwar heute nicht erheblich teurer, aber dafür ist es um so schlechter geworden. Margarine stieg von 1933 bis 1937 um 40 Prozent, Erbsen um 52 Prozent, Eier um 31 Prozent, Kartoffeln um 22 Prozent, und so könnten wir fortsetzen, denn die Teuerung hat alle Lebensmittel und Gebrauchsgegenstände erfaßt.

Die Frauen sagen mit Recht, kann man überhaupt noch von Lebensfreude sprechen, wenn man nicht einmal die notwendigen Lebensmittel zu billigen Preisen erhält? *Lebensfreude? – das ist im „Dritten Reich" ein Privileg der Reichen.*

Wenn heute eine Frau sagt, daß Zwiebeln knapp sind, weil sie zur Herstellung von Giftgasen verwandt werden, wandert sie ins Zuchthaus oder ins KZ. Wenn wir Frauen noch vor kurzem nur eine Andeutung gemacht hätten, daß Millionen für Kriegsrüstungen ausgegeben werden, wären wir des Hochverrats bezichtigt worden. *Aber dann sprach Hitler selbst davon, daß er Milliarden für Kriegsrüstungen ausgegeben hat. Hier ist die Ursache aller Not des deutschen Volkes zu suchen!*

Die fehlenden Lebensmittel werden schon lange für den kommenden Krieg konserviert. Die Baumwolle und Wolle, die früher für die Herstellung von Kleidungsstücken für die Bevölkerung verwandt wurden, werden heute für das Heer gebraucht. Vor dem Machtantritt Hitlers wurden jährlich für Millionen Mark an Devisen Lebensmittel und Bedarfsartikel aus anderen Ländern bezogen; das hat Hitler gründlich eingeschränkt, weil er diese Devisen für seine Aufrüstung braucht. Von der Ersatzstoffwirtschaft werden nur die Arbeiterfamilien betroffen. Könnten wir einmal in die Kleiderschränke der Frauen der Nazibonzen hineinschauen, dann würden uns die Augen aufgehen. Frau Göring, Frau Goebbels und Frau Krupp beziehen ihre Gesellschaftskleider, die aus den besten und teuersten Spitzen und Seidenstoffen genäht sind, aus dem Ausland. Ihre Kinder brauchen nicht in Windeln aus unkochbarem Ersatzstoff gewickelt werden. Mit Geld und Beziehungen ist alles zu bekommen.

Anders sieht es aber im Volk aus: Lohnabbau, Abzüge, Preissteigerung, Ersatzstoffe. Das Lohnniveau bei den Arbeitern oder der Arbeiterin, der kleinen Angestellten, dem kleinen Handwerker, des Bauern und der Tagelöhner ist gesunken und sinkt weiter. Die Lebenshaltungskosten sind seit 1933 um 40 Prozent gestiegen. Das wäre in den Familien noch spürbarer, wenn nicht die wichtigsten Lebensmittel so knapp und unerschwinglich wären.

Mit Vorliebe betont der Nationalsozialismus, daß der Deutsche der „nordischen Rasse" angehöre. Aber das nordische Klima verlangt reichliche und fetthaltige Ernährung. Wir aber sollen unsere schwere Tagesarbeit leisten, und als Nahrung bietet man uns Fischwurst, Eierersatzpulver, klebriges mit Kartoffel-Maismehl und Kleie vermischtes Brot, schlechte Marmelade, Butteraroma und Margarine, die viele Frauen „Marke Hitler" nennen.

Die unzureichende und fettlose Ernährung wirkt sich verheerend auf den Gesundheitszustand der gesamten werktätigen Bevölkerung aus. Unsere Männer sollen mit Marmeladestullen schwer arbeiten, sagen die Frauen auf den Märkten und in den Lebensmittelgeschäften. Immer wieder kann man hören: „Wo soll das bloß enden? Das wird doch immer schlechter. Erst letzthin bei der Eröffnung des Winterhilfswerks hat Hitler gesagt, daß es in einigen Jahren kein rachitisches Kind mehr geben soll, er sagt uns aber nicht, daß wir für unsere Kinder jetzt billigere und genügende Lebensmittel bekommen." Unsere Kinder sind unterernährt. Wenn wir uns das alles vor Augen führen, dann müssen wir sagen, daß es doch bald so ist, wie in dem letzten Krieg, da wurden das Brot und die Lebensmittel auch immer schlechter und knapper. Die Erinnerungen an die Erlebnisse des letzten Weltkrieges begegnen uns schon heute jeden Tag. Lebensmittel, Kleidungsstücke, Wäsche, Schuhe, Brennmaterialien, alles, was der Mensch zum Leben gebraucht, sogar das Viehfutter und Streu gab es damals auf Karten. Man war gezwungen, für Wolle und Baumwolle Ersatzstoffe zu suchen. Anstelle von Stoffgeweben wurde in großen Mengen Papiergewebe hergestellt, die aber den gestellten Anforderungen der Frau nicht entsprachen.

...

Hitler sagt: „Nationalsozialismus bedeutet Freude und Wohlstand." Darunter stellen sich aber die werktätigen Frauen etwas anderes vor als die vorgeschriebenen Kochrezepte der Nazis, die Fleisch, Butter und Eier als „unbekömmlich" bezeichnen, die Schwarzbrot mit Kartoffelmischung, Fisch und Dörrgemüse und Kohlrüben, Graupen und Hülsenfrüchte, Eier-, Butter- und Zwiebelersatz, morgens, mittags und abends Marmelade zur „germanischen Volksnahrung" erklären, die nicht sie, sondern das Volk essen soll.

Wir Frauen wissen sehr gut, daß die Knappheit und die schlechte Qualität bloß vom Aufrüsten kommt. Die Nazis versuchen zwar durch „Kampf dem Verderb" und dem „Groschengrab" uns von den wahren Ursachen der Teuerung und Knappheit abzulenken, indem sie täglich davon reden, wie durch Leichtsinn und Verschwendung Lebensmittel in Millionenwerten der Volksernährung entzogen werden. Die Frauen sagen mit Recht: „Nicht Reste und Abfälle der Armen sichern eine ausreichende Lebensmittelversorgung, sondern Einfuhr von guten billigen Lebensmitteln, statt Einfuhr für Rüstungen. Wir haben nichts zum Verderbenlassen, da wir bei den niedrigen Löhnen sowieso nur das Notwendigste kaufen können. Schaut in die Küchen der Reichen, da seht ihr, wo das Volksvermögen verschwendet wird."

...

Das Volk soll sich heute langsam wieder an das Hungern gewöhnen, damit es während des Krieges, wo es noch viel, viel schlechter werden wird, nicht rebelliert, sondern alles still hinnimmt. Es soll sich mit den Zuständen abfinden, sie widerstandslos hinnehmen. Das würde bedeuten, daß wir Hitler die Herbeiführung der Kriegskatastrophe erleichtern. Wir sind gegen den Krieg, und deshalb dürfen wir uns nicht an diese schlechten Verhältnisse gewöhnen.

Ob im Haushalt, im Betrieb oder Schulhof, überall ist heute Tagesgespräch: „Marmelade, Marmelade, ist der beste Fraß im ganzen Staate". Das war schon während des Krieges ein weltbekannter Ausspruch, die Antwort des deutschen Volkes auf Kaiser Wilhelm, der sagte: „Ich führe euch herrlichen Zeiten entgegen!" Diese herrlichen Zeiten hat er aber nicht abgewartet, sondern hat sich rechtzeitig verdrückt.

Bei den Festgelagen Hitlers, Görings und Goebbels' und der Frau Scholtz-Klink werden auf Kosten der armen Familien Schlemmergerichte serviert. Sie leben in Saus und Braus. Wenn Lächerlichkeiten töten würde, dann wäre der dicke Göring bei seinem Ausspruch: „Ich esse auch keine Butter mehr, und habe schon 20 Pfund abgenommen" auf der Stelle tot umgefallen.

Wo sind denn plötzlich die Lebensmittel alle geblieben? Die Zeitungen schreiben, daß in Oesterreich sowie im Sudetengebiet, wie man sagt, Lebensmittelhamster ihr Unwesen getrieben haben. Wir sind ja nicht so dumm, um alles zu glauben, was uns die Nazibonzen vorschreiben, oder es wird *Göring selbst* gewesen sein, denn er hat sich doch in seiner Nürnberger Rede gerühmt, daß er ein guter Hamsterer ist, wobei ihm schon die anderen Bonzen geholfen haben.

Wir haben jedenfalls in den Sudetengebieten nichts gehamstert.

...

Die Erbitterung über Teuerung und Knappheit richtet sich manchmal fälschlich gegen die Kleingewerbetreibende, da die Nazis durch ihr raffiniertes Preisüberwachungssystem die Kleinen als die Schuldigen an der Teuerung hinstellen. Die Frauen wissen aber sehr gut, daß diese genau so unter den Kriegsvorbereitungen leiden müssen, denn anstatt der versprochenen „Blüte" hat Hitler den Kleingewerbetreibenden Not und Ruin gebracht. Tausende Geschäfte müssen durch Zwangsmaßnahmen, durch zu hohe Steuern, Mieten, sinkenden Umsatz schließen. Die Frauen dürfen sich nicht gegen die Kleinhändler aufhetzen lassen, sondern müssen sich mit ihnen solidarisieren gegen die wahren Schuldigen der Knappheit.

Dr. Ley sagte bei einem Betriebsappell vor der Belegschaft der Fabrik Roth & Büchner in Berlin-Tempelhof folgendes:

„Wir essen heute doppelt so viel Fleisch und vielfach so viel Fett als unsere Großeltern. Daher rühren größtenteils die Stoffwechselkrankheiten, die Zahnfäule und der Krebs her."

Ist das die Sorge um die Gesundheit der deutschen Familien, die aus diesen höhnischen Worten spricht? Nein. Dieser wohlgenährte Geschäftsreisende der Reichen will in betrügerischer Absicht die wahren Ursachen für den Mangel vertuschen. Er kennt die Not der Familien nicht. Er bekommt genug Fleisch und Butter. Sein Leibesumfang läßt daran keinen Zweifel.

Schon heute leiden tausende Männer, Frauen und Kinder an Darm- und Hautkrankheiten, Zahnfäule und Typhusanfällen, wie die Statistik des Gesundheitsamtes Berlin selbst angibt. Davon allein sind 60 Prozent Kinder. In Frankfurt am Main mußten Schulen geschlossen werden, da eine spinale Kinderlähmungsepidemie ausgebrochen war. Diese Erscheinungen sind uns ebenfalls aus dem großen Weltkrieg in Erinnerung. Männer, Frauen und Kinder wurden krank durch die schlechte vitamin- und kalklose Ernährung. Tausende starben daran. Es fehlte an Fett, Gemüse, Eiern, Obst und Fleisch, den wichtigsten Nahrungsmitteln zur Erhaltung der Gesundheit. Diese Wahrheit wird der Dr. Ley nicht weglügen können.

Wir haben aber heute noch keinen Krieg und es fehlen uns schon manche wichtige Lebensmittel. Wie soll das nun erst werden, wenn der Krieg da ist? Dann wird es nicht mehr lange dauern und wir hungern alle, wenn wir nicht zusammenhalten und den Krieg verhindern. Warum erhalten wir nicht für unsere Familien die Lebensmittel, die für den Krieg aufgespeichert werden?

Q 103

Bomben-Sonderzuteilung

Textauszug aus: Dokumente deutscher Kriegsschäden, Bd. 2, Bonn 1960, S. 212

Kaffee und Branntwein
sind Genußmittel, die sich jeder gern im Krieg verschafft. Sonderzuteilungen dieser oder anderer Art können jedoch in der Heimat – abgesehen von den Zuteilungen zu Weihnachten – zukünftig nur denjenigen Volksgenossen gewährt werden, die bei
schweren Bombenangriffen
sich mutig und tatbereit bewähren.

Alle umquartierten Volksgenossen dagegen, denen es möglich war, sich von den Orten der Gefahr in ruhige Landgemeinden zu begeben, haben auf solche Sonderzuteilungen grundsätzlich keinen Anspruch.

Beziehen einzelne solcher Verbraucher trotzdem die Lebensmittelkarten vom Ernährungsamt Stuttgart weiter, um ein vermeintliches „Anrecht" auf „Bomben"-Sonderzuteilungen nicht zu verlieren, so sind dafür nur egoistische Gründe maßgebend, die nicht gebilligt werden können.

Diese Verbraucher müssen daher bei der Kartenausgabe in Stuttgart ganz ausscheiden. Sie dürfen ihre Lebensmittelkarten nur an ihrem neuen Aufenthaltsorte beziehen und müssen sich in Stuttgart auf ihrer Kartenstelle abmelden.

Bei jedem unberechtigten Weiterbezug dieser Art tritt künftig Strafverfolgung ein. Abholbeauftragte verweigert deshalb in Euren eigenen Interesse solchen Volksgenossen die Abholung der Karten auf den Stuttgarter Kartenstellen! Grundsatz für uns alle muß sein:

Bomben-Sonderzuteilungen
nur dem, der in schweren Angriffsnächten
in Stuttgart selbst seinen Mann stellt!

Ernährungsamt der Stadt Stuttgart

Q 104

Personenverluste bei einem Luftangriff auf Ulm vom 15. Mai 1944

Textauszug aus: Dokumente deutscher Kriegsschäden, 1. Beiheft, Bonn 1960, S. 28

Personenverluste:

Gefallene innerh. des Luftschutz-Raumes:		
Männer	166	
Frauen	294	
Kinder, männlich	33	
weiblich	39	
Polizei-Reserve	1	
Wehrmacht	6	
	539	
Ausl. Arbeiter	15	554
Gefallene außerh.des Luftschutz-Raumes:		
Männer	58	
Frauen	40	
Kinder, männlich	2	
weiblich	3	
Luftschutz-Pol.-Angehörige	1	
Wehrmacht	3	
	107	
Ausl. Arbeiter	3	110
		664
Verwundete innerh. des Luftschutz-Raumes:		
Männer	103	
Frauen	137	
Kinder, männlich	9	
weiblich	12	
	261	
Ausl. Arbeiter	6	267
Verwundete außerh. des Luftschutz-Raumes:		
Männer	352	
Frauen	405	
Kinder, männlich	17	
weiblich	13	
Luftschutz-Pol.-Angehörige	3	
	790	
Ausl. Arbeiter	10	800
		1067

2. Die „Hausgehilfin" (Q 105–Q 108)

Um das belastete Wort des Dienstmädchen zu vermeiden, hat das ns Regime von der Hausgehilfin gesprochen. Unmittelbar nach der Machtübernahme wurden „dem Hausherrn" steuerliche Erleichterungen bei der Beschäftigung von Dienstmädchen eingeräumt. Zu diesen Erleichterungen gehörte u. a. auch das von dem Völkischen Beobachter gelobte *Gesetz vom 12. Mai 1933,* nach dem die Pflicht zur Arbeitslosenversicherung für die Hausgehilfin entfiel (Q 105). Nach den Berechnungen von Hans Frank war nach dieser Maßnahme des Staatssekretärs Reinhardt „die Zahl der Hausgehilfinnen um mehr als 100000 gestiegen, was eine dauernde Entlastung des Arbeitsmarktes um diese Kräfte bedeutete (Hans Frank, Nationalistisches Handbuch für Recht und Gesetzgebung, München 1935, S. 612). Die Zahl der Hausgehilfinnen stieg in der Tat jährlich um 100000 bis zum Jahre 1939 an. In diesem Jahre war die Gesamtzahl von über 1 Million Hausgehilfinnen überstiegen (Bajohr, S. 231).
Aus den Schriften zur weiblichen Berufslenkung (Q 106) geht der reakionäre Versuch des Nationalsozialismus hervor, den bürgerlichen Haushalt, der stets auf die Arbeitskraft weiblicher Bediensteter, von den Kindermädchen bis hin zur Zofe, angewiesen war, wiederherzustellen. Daß diese Politik jedoch auf den Widerstand der Frauen stieß, geht aus den verschiedensten offiziösen Berichten hervor (Q 107).
Die ns Hausgehilfinnenpolitik ist auf den ersten Blick ein typisches Beispiel der patriarchalisch bestimmten Klassenpolitik des deutschen Faschismus. Die rassistische und terroristische Basis dieser Klassenpolitik darf dabei nicht übersehen werden. Sie geht aus dem von Himmler verfaßten Rundschreiben vom 10. Juli 1941 (Q 108) hervor. Das Schreiben wirft ein bezeichnendes Licht auf die Einstellung des Faschismus zur Hausarbeit der Frauen. Es ist zugleich ein Eingeständnis in das völlige Scheitern des 1933 angelegten Programmes zur Lösung der Hausgehilfinnenfrage.

Q 105
Die Überführung weiblicher Kräfte in die Hauswirtschaft: eine „hervorragende soziale Maßnahme"
Textauszug aus: Völkischer Beobachter, Sonderbeilage ‚Die deutsche Frau', 7. Juni 1933, S. 112

Für die „Masse Hausfrau", die bisher aus Notlage ohne Dienstmädchen war, ist die Technik keine restlose Abhilfe ihrer Überlastung.
Eine kleine Verordnung, verschwindend in der Anzahl der Neuerungen, macht nun plötzlich das ganze Kartenhaus der Rationalisierung unserer Hauswirtschaft überflüssig, denn die Hausfrau kann sich wieder ein Dienstmädchen halten, weil die Soziallasten wegfallen bzw. bedeutend geringer geworden sind.
In vielen Familien, nachweisbar in 500000 seit 1925, mußten, der ständig steigenden Abgaben wegen, die Dienstmädchen entlassen werden. Das Essen und Schlafen, der Löwenanteil der Lebenskosten, wären zu ertragen gewesen, da sich ein Mädchen durch ihre Arbeitsleistung sozusagen selbst erhält. Der Lohn ist meist im Wirtschaftsgeld eingerechnet und für das billigere Anfangsmädchen ertragbar gewesen. Die hohen Soziallasten aber waren der Tropfen zuviel, der das Gefäß überlaufen ließ. Dadurch war aber nicht nur die Hausfrau stark benachteiligt, sondern natürlich auch das arbeitslos gewordene Dienstmädchen.
Heute ist aber wieder der alte Zustand geschaffen worden, viele Frauen werden also wieder freudig die Möglichkeit ergreifen und sich eine lang entbehrte Hilfe halten.
Das Ei des Kolumbus!
Denn mit dem Wegfall der Arbeitslosenversicherung fällt die Arbeitslosigkeit der Dienstmädchen selber weg.
Das neue Gesetz ist kein Silberstreifen am Horizont unserer jahrelang hindurch genährten, leeren Hoffnungen, es ist bereits schon rückwirkend seit 1. Mai 1933 in Kraft gesetzt.

Q 106

Werbung für die Hausgehilfin

Textauszug aus: Dr. Le Neuefeind, Frauenberufe in Wirtschaft und Sozialarbeit in Haus und Landwirtschaft, Stuttgart 1939, S. 11–12 und
Suse Harms, Die deutschen Frauenberufe, Berlin 1939, S. 17–18

Geprüfte Hausgehilfin

Das Arbeitsgebiet:
Die Hausgehilfin verrichtet unter der Leitung der Hausfrau sämtliche im Haushalt vorkommenden Arbeiten, wie Kochen, Hausarbeit, Waschen und Bügeln, Ausbessern von Wäsche- und Kleidungsstücken.

Der Wirkungskreis:
Der Familienhaushalt, außerdem Großbetriebe, wie Pensionen, Kantinen, Hotels, Anstalten usw.

Der Ausbildungsgang:
I. Volksschule:
Zweijährige hauswirtschaftliche Lehre mit abschließender Prüfung.
Geprüfte Hausgehilfin.

II. Volksschule:
Fünfjährige Tätigkeit in der Hauswirtschaft. Förderkursus mit abschließender Prüfung.
Geprüfte Hausgehilfin.

Die hauswirtschaftliche Lehre:
Lehrhaushalt kann jeder geordnete Haushalt sein, in dem durch die Hausfrau oder die von ihr Beauftragte die feste Gewähr gegeben ist, daß das Mädel gut angeleitet und mütterlich erzogen wird. Die beste Anleitung ist das Beispiel. Der Lehrling erhält volle Kost, Wohnung und monatlich ein bestimmtes Taschengeld. Einmal in der Woche besucht der Lehrling die Berufsschule, die durch praktischen und theoretischen Unterricht die Lehrfrau bei der Ausbildung unterstützt, und den Pflichtheimabend des BDM.
Lehrziel ist, den Lehrling in allen Arbeiten, die im Haushalt vorkommen, so anzuleiten, daß er nach zwei Jahren die praktischen Grundlagen der städtischen Haushaltführung beherrscht. Der Lehrling muß angehalten werden, alle ihm übertragenen Arbeiten ordnungsgemäß, pünktlich und gewissenhaft auszuführen und eine zweckmäßige Arbeitseinteilung vorzunehmen. Er muß lernen, die ausgeführten Arbeiten richtig zu begründen und sie in ihrer Bedeutung für Haus- und Volkswirtschaft zu verstehen.

Aus der Arbeit:
„Hilde mag besonders gern mit unseren Kindern umgehen. Wenn es heißt, mit den Kindern spielen oder spazierengehen, ist sie gleich dabei. Sie zieht sie gern nett an, räumt auch gern das Kinderzimmer auf. Ich bewundere ihr Geschick, beschädigte Spielsachen wieder in Ordnung zu bringen.
In einem Punkt gleichen sich alle meine Lehrlinge: sie kochen und backen gern. Im Sommer wird auch gern eingekocht. Nur das Kartoffelschälen und Gemüseputzen, das die Hände etwas angreift, wird mehr als notwendiges Übel betrachtet. Ebenso unbeliebt ist bei manchen das Strümpfestopfen und die Flickarbeit, selbst wenn sie die Arbeit sauber und geschickt machen.
Hilde hat mir gestern tüchtig bei der Wäsche geholfen. Noch lieber freilich plättet sie. Auch hier beobachtet man, wie die Mädchen bei häufiger Wiederholung diese Arbeit geschwinder, sorgsamer und besser erledigen. Deutlich bemerkbar macht sich auch das Elternhaus, besonders der Einfluß der Mutter, die ihr Kind anzuleiten verstand.
Der schönste Dank für die Mühe, die ich mit den jungen Mädchen gehabt habe, ist die treue Anhänglichkeit meiner früheren Lehrlinge, die mich noch immer besuchen. Sie haben mir die Arbeit im Haushalt wesentlich erleichtert und ich habe immer versucht, sie erleben zu lassen, wie das Leben der Hausfrau und Mutter aus vielen Kleinigkeiten und Kleinarbeiten zusammengesetzt ist, die alle dem Ziel dienen: gesunde Lebensbedingungen für die Familie zu schaffen, ein Heim zu gestalten."

Hauswirtschaftliche Berufe

Obwohl die Tätigkeit in der Hauswirtschaft sehr vielen Mädeln durchaus gemäß ist, obwohl sie Freude am Kochen, Putzen und am Umsorgen der eigenen Familienangehörigen haben, sind es immer nur wenige, die Hauswirtschaft als Beruf ergreifen. Zu stark lebt in ihnen noch der Gedanke an eine Zeit, in der das „Dienstmädchen" eine durchaus untergeordnete Stellung ein-

nahm, stets abhängig von den Launen der „Gnädigen Frau", wenig Freizeit, kaum Urlaub bekam und dazu in der sogenannten Mädchenkammer eine Unterkunft besaß, die den kulturellen Anforderungen eines modernen Menschen eben einfach nicht mehr entspricht.
Es ist immer noch zu wenig bekannt, daß sich diese Verhältnisse inzwischen grundlegend geändert haben. Jede Hausgehilfin hat heute das Recht, mit der Hausfrau einen Vertrag nach den Richtlinien der Deutschen Arbeitsfront abzuschließen, in dem Freizeit, Urlaub sowie die Unterkunftsfragen genau geregelt sind. Die Formulare für diesen Vertrag sind bei den Dienststellen der Deutschen Arbeitsfront erhältlich.
Auch die Hausfrauen selbst begrüßen diese Lösung, haben sie doch die Gewähr, daß sie auf diese Weise nicht eine zweifelhafte Arbeitskraft erhalten, die den hauswirtschaftlichen Beruf ergriff, weil sie zu nichts anderem taugte, sondern eine vollwertige Hilfe, der sie vertrauen und auf die sie sich verlassen kann.
Mädel, die daran denken, später etwa einen gehobenen hauswirtschaftlichen Beruf zu ergreifen, sollten unter allen Umständen den hauswirtschaftlichen Lehrvertrag abschließen. Sie verdienen dann vielleicht zunächst etwas weniger, haben aber bestimmt eine bessere Grundlage für ihr künftiges Fortkommen als in einer der so beliebten „Haustochterstellen".
Von dem Plan, als Haustochter in eine Familie zu gehen, kann jedem Mädel nur abgeraten werden. Das Arbeitsverhältnis ist hier in keiner Weise geregelt und kontrollierbar und kann dadurch erfahrungsgemäß nur zu leicht Formen annehmen, die für beide Teile sehr unerfreulich sind.

Die angelernte Hausgehilfin.

Küchenmädchen:
Das Küchenmädchen verrichtet Hilfsarbeiten in der Küche zur Unterstützung einer Köchin oder Mamsell. Kochkenntnisse sind oft erwünscht.

Stubenmädchen:
Das Stubenmädchen verrichtet Reinigungs- und Putzarbeiten im Privat- oder größeren Haushalt. Nähkenntnisse sind erwünscht.

Tagesmädchen, Aushilfe:
Das Tagesmädchen verrichtet alle vorkommenden Arbeiten im Haushalt. Im Gegensatz zu dem Alleinmädchen ist es nicht in die Wohngemeinschaft des Arbeitgebers aufgenommen und ist nur für eine bestimmte Tageszeit angestellt. Kochkenntnisse sind vielfach erwünscht.

Alleinmädchen:
Das Alleinmädchen verrichtet alle im Haushalt vorkommenden Arbeiten. Kochkenntnisse sind vielfach erwünscht.

Kindermädchen:
Das Kindermädchen hat die Kinder zu betreuen. Außerdem verrichtet es leichte Reinigungsarbeiten im Haushalt. Auch Nähkenntnisse sind oft erwünscht (s. auch Kinderpflege- und Hausgehilfin).

Köchin in Privathaushaltungen:
Die Köchin hat Kocharbeiten aller Art im Privathaushalt zu verrichten (s. auch gelernte Köchin).

Zofe:
Die Zofe übernimmt persönliche Hilfsarbeiten im Haushalt. Nähkenntnisse sowie die Ausbildung als Friseuse (s. diese) sind sehr erwünscht.

Q107

Hausgehilfinnen suchen besser bezahlte Arbeit

Auszug aus den sozialpolitischen Berichten der Reichstreuhänder der Arbeit für das 1. Vierteljahr 1939

Textauszug aus: Tim Mason, Arbeiterklasse und Volksgemeinschaft. Dokumente und Materialien zur deutschen Arbeiterpolitik 1936–1939, Opladen 1975, S. 944–945

Sehr störend ist aber wieder die Fülle von Zeitungsanzeigen, in denen Gefolgschaftsmitglieder aller Berufe gesucht werden . . . Die Stellenangebote der Berliner Tageszeitungen sind bekannt. Wenn dort z. B. einer Hausgehilfin ein Lohn von 60 RM und eigenes Bad in kinderlosem Haushalt öffentlich versprochen wird, so wird hierdurch selbstverständlich die Landflucht in unverantwortlicher Weise gefördert. Es bedarf deshalb der Prüfung, ob nicht überhaupt Stellenangebote in Zeitungen zu verbieten sind, um dadurch dem Hin- und Herfließen der Arbeitskräfte und der Lohn- und Gehaltstreiberei Einhalt zu gebieten. Zur Zeit wird versucht, wenigstens alle Anzeigen mit Lohnangaben zu verhindern.

Schreiben des Reichsarbeitsministeriums am 21. August 1941 an den Reichsarbeitsminister.

Textauszug: Ursula von Gersdorff, Frauen im Kriegsdienst 1941–1945, Stuttgart 1969, S. 343

Die verhältnismäßig häufigen Arbeitsvertragsbrüche der Hausgehilfinnen sind sowohl auf die mangelnde Arbeitsdisziplin der Hausgehilfinnen als auch auf die erhöhten Anforderungen der Hausfrauen zurückzuführen. Hinzu kommen die starken Abwanderungsbestrebungen der Hausgehilfinnen in gewerbliche Arbeit wegen der hier gebotenen größeren Freizeit und des höheren Barverdienstes. Um den Anreiz zu häufigem Arbeitsplatzwechsel abzuschwächen, halte ich die Durchführung einer Höchstlohnanordnung für Hausgehilfinnen in allen Bezirken für erforderlich.

Q 108

Die Lösung der Dienstmädchenfrage

Textauszug aus: Marc Hillel, Clarissa Henry, Lebensborn e.V., Wien–Hamburg 1975, S. 43–44

Eine der größten Nöte ist heute in Deutschland der Mangel an Dienstmädchen – nach dem neuen Sprachgebrauch an weiblichen Hausangestellten – insbesondere in kinderreichen Familien. Allseits ist bekannt, daß nur die wenigsten Mädchen freiwillig in einen Haushalt gehen, in dem Kinder sind, und weiterhin, daß auch in der Arbeitsfront Amtswalter sind, die diese Frage nicht verstehen und in keiner Weise den Hausfrauen helfen, sondern immer neue Rechte der Hausangestellten herausfinden.

Ich sehe die Gefahr als so groß an, daß der zweifellos vorhandene Wille sehr vieler Frauen, Kinder – und sogar viele Kinder – zu bekommen, an der bitteren Wirklichkeit, daß sie keine Mädchen bekommen und die gesamte Hausarbeit allein machen müssen, scheitern wird. Ich sehe hier zur Abhilfe und zugleich in Fortsetzung der Bereinigung der völkischen Verhältnisse im Osten und der Rettung wirklich gutrassigen nordisch germanischen Blutes folgende Möglichkeiten:

Mädchen polnischer oder ukrainischer Nationalität, die den Wertgruppen 1 und 2[1] entsprechen, werden herausgesucht und kommen nach Deutschland. Sie werden nicht gleichzeitig deutsche Staatsbürgerinnen, sondern bekommen zunächst ein eigenes „Tätigkeits- und Führungsbuch". Erst auf Grund einer bestimmten Tätigkeit, wenn sie – je nach Alter – drei bis fünf Jahre in tadelloser Form Dienstmädchen, Köchin und Kindermädchen bei einer Familie mit drei und mehr Kindern oder bei einer Familie, die ein Kind hat und wo die Mutter gerade ein zweites erwartet, gearbeitet hat, erhalten sie die deutsche Staatsangehörigkeit und zugleich die Berechtigung, von einem Deutschen geheiratet zu werden. Den Mädchen ist außerdem in Aussicht zu stellen, daß nach ihrem Benehmen und ihrer Haltung auch ihre Familie beurteilt würde, die dann später die Möglichkeit hätte, nach Deutschland zu kommen und eingedeutscht zu werden.

Die Vermittlung dieser wohl in die Tausende gehenden Anzahl von Dienstmädchen darf nicht durch die Arbeitsämter erfolgen, sondern muß den Dienststellen der Beauftragten des Reichskommissars für die Festigung deutschen Volkstums vorbehalten bleiben, die die Vermittlung selbstverständlich im Einvernehmen mit den Arbeitsämtern vornehmen.

Die Familien müssen sowohl bezüglich ihrer Eigenschaft, daß sie Kinder haben (siehe oben), als auch ihrer Eignung geprüft werden, solche Mädchen fremder Nationalität und guten Blutes durch Erziehung, Unterweisung, Nachhilfe im Sprechen für die rassisch begründete deutsche Volksgemeinschaft zu gewinnen.

Dies sind nur die Gedanken; die einzelnen Ausführungen bitte ich mir baldigst vom Chef der Sicherheitspolizei, Chef des Stabshauptamtes und Chef des Rasse- und Siedlungshauptamtes vorzuschlagen. Es würde damit folgendes erreicht:

1. Ein Teil der Dienstmädchennot in den kinderreichen Familien – und gerade bei den besten Familien – wäre behoben,
2. Das deutsche Volk würde in diesen Mädchen gutrassige und wertvolle spätere Mütter bekommen,
3. Diese gutrassigen und wertvollen Mütter würden der fremden Nation, der sie die fähigsten Kinder gebären, genommen.

Der Reichsführer-SS

---

[1] Die ersten beiden (von vier) „Wertungsgruppen" im sogenannten „Eindeutschungsverfahren" – an sich nach „rassischen" und „erbgesundheitlichen" Gesichtspunkten, de facto meist wohl nach der Sauberkeit der Wohnung (sauber = deutsch), der körperlichen Gesundheit u. ä.

3. Die Ehe (Q 109 – Q 113)

Alle Versuche der Frauenbewegung, die Ehe im Sinne der personalen Selbständigkeit und Würde der Frau neu zu bestimmen, wurden im Nationalsozialismus bekämpft. In Anlehnung an die restaurative-romantische Tradition wurden Begriffe wie Treue und Pflichterfüllung wieder aufgegriffen, mythisch im Sinne des Dienstes an der Volksgemeinschaft überhöht. Dabei wurden die Frauen dem „Schutz" des Staates überantwortet. Gedanken dieser Art finden sich, wie der Textauszug *„Gedanken über die Ehe im nationalsozialistischen Staat"* (Q 109) verdeutlicht, in den zahlreichen ideologischen Schriften zur Ehe während der NS-Zeit. Diese Eheideologie hatte zweifellos eine Anziehungskraft für Männer und auch für Frauen, die sich von dem Anspruch größerer Selbständigkeit überfordert fühlten. Allerdings darf diese Eheideologie nicht als eine für die ns Praxis verpflichtende Idee gewertet werden. Die ns Ehepraxis war, wie die Gesetzgebung zeigte, von anderen Elementen bestimmt (→ Q 27). Diese rassistische Gesetzgebung hat zu unzähligen Selbstmorden, zur Flucht und zu millionenfacher Vernichtung von ehelich verbundenen Menschen geführt.
Im Mittelpunkt zur ns Ideologie zur Ehe steht der Zuchtgedanke. Er ist mit all seinen politischen Implikationen (→ Q 31–32) konsequent von Reichslandwirtschaftsminister Walter Darré in seinem Buch „Neuadel aus Blut und Boden" entfaltet worden (Q 110). Die Heiratsgesuche aus Tageszeitungen zeigen, daß Männer im Sinne Darrés „nordische Gattinnen" suchten (Q 111). Daß dieser Zuchtgedanke in seiner eigenen Konsequenz die herkömmlichen Ehevorstellungen aufhob, ist den Nationalsozialisten nicht entgangen. Auf Grund dieses Widerspruchs sind sogar scheinbar progressive Gesetze erlassen worden, wie die „Erleichterung" der Scheidung, allerdings nur für „zeugungsunfähige" Frauen, das hieß vor allem für Frauen, deren Männer ihre „Gebärunfähigkeit" vor Gericht bezeugten. Im Krieg wurde aber die Ehe offen zu einem Hindernis bei der Durchführung der „Bevölkerungsschlacht" an der weiblichen Heimatfront erklärt (Q 112). Der folgende Text (Q 113) gibt eine Bemerkung Himmlers wieder, die er seinem finnischen Masseur Felix Kersten gegenüber geäußert hat.

Q 109

Gedanken über die Ehe im nationalsozialistischen Staat

Textauszug aus: Else Vorwerck, Gedanken über die Ehe im nationalsozialistischen Staat, in: Das deutsche Frauenbuch. hg. v. O. Lukas, Berlin 1942, S. 183–186

In jeder Frau unseres Volkes lebt ein natürliches, gleichsam instinktives Wissen um diese echte Liebe und Treue. Daher wird die Frau auch immer von der Ehe als der gesellschaftlich gegebenen Form der Liebesgemeinschaft verlangen, daß sie auf dem Bekenntnis zur Treue und dem Willen zur Dauer aufgebaut ist. Sie wird allen Bestrebungen, die an jenen Voraussetzungen rütteln, fremd gegenüberstehen.

Es sei hier nur kurz auf Ehereformvorschläge hingewiesen, wie sie auch in unserem Volk eine Zeitlang lebhaft erörtert wurden. Allen diesen Reformvorschlägen, wie Zeitehe, Kameradschaftsehe, Jugendehe, Stufenehe, fehlte die Voraussetzung der Treue der Ehegatten gegeneinander und der Verantwortlichkeit gegenüber dem Kinde. Wie gesagt, handelt es sich in der Ehegemeinschaft um tiefste seelische Vorgänge, und wer durch eine Eheschließung die Verantwortung für diese seelische Gemeinschaft auf sich nimmt, der kann nicht von vornherein mit dem Gedanken einer zeitlichen Begrenzung (Zeitehe, Jugendehe) oder einer Auswechslung des Partners (Kameradschaftsehe) spielen. Alle diese Erscheinungen gehörten der liberalistischen Zeit an, in der Egoismus, Triebhaftigkeit und seelische Verflachung so weit gediehen waren, daß geradezu das Leben selbst problematisch geworden war. Denn der letzte Grund jener Ehereformvorschläge war das Haltloswerden der Ehe infolge der beabsichtigten Kinderlosigkeit.

Die Frau sieht in Ehe und Mutterschaft die schönste Erfüllung ihrer Lebensaufgabe und zugleich ihre größte Leistung für die Volksgemeinschaft. Sie wird deshalb bei der Ausübung ihrer ehelichen und mütterlichen Pflichten das Gefühl haben, ihr Amt im Staate voll und ganz zu erfüllen und damit den Wunsch, in dieser ihrer Pflichterfüllung auch anerkannt zu werden. In ihrer volklichen Gliedhaftigkeit steht sie ebenbürtig neben dem Manne. Vor ihrem Gewissen trägt sie die Verantwortung für ihre Familie, für ihre Kinder genau so wie der Mann. Diese selbstverständliche Verantwortlichkeit und Übernahme der Pflichten wird auch die Grundlage für ein deutsches Eherecht sein. Erkennt der Staat der Ehefrau und Mutter die höchste Würde im Volke zu, so wird er ihr auch jeden Schutz angedeihen lassen.

Die Ehefragen haben durch die nationalsozialistische Ideenrichtung neuartige Beleuchtung erfahren. Mann und Frau haben wieder gelernt, daß eine Ehe nie und nimmer aus Egoismus und Materialismus oder unter den Zweckgesichtspunkten der Triebbefriedigung und der Bequemlichkeit geschlossen werden darf, sondern daß dieser Schritt die Übernahme größter Verantwortung bedeutet. Diese Verantwortung erstreckt sich auf den Ehegefährten in seinem vollen körperlichen und geistig-seelischen Menschentum, erstreckt sich ebenso auf das zu erwartende Kind und darüber hinaus auf die Zukunft unseres Volkes.

Q 110

Gattenwahl

Textauszug aus: Walter Darré, Neuadel aus Blut und Boden, München 1930, S. 199

. . .Es ergibt sich so die ganz einfache Forderung, daß unser Volk in züchterischen Dingen seine Männer vor allem nach ihren Leistungen bewerten sollte, ihnen aber anempfehlen müßte, sich bei der Wahl ihrer Frauen möglichst nach dem nordischen Auslesevorbild zu richten. Damit könnte sowohl der Leistungs- als auch der rassische Zuchtgedanke in sehr einfacher und zweifellos verwirklichungsfähiger Form in unser Volksempfinden eingegliedert und damit lebendig gemacht werden.

Gewiß soll man eine Frau nicht nur nach ihrem Rassewert beurteilen: Blonde Hülsen ohne Kern und Erbwert können wir nicht gebrauchen; wie derartiges erkannt werden könnte, ist auf S. 168 und S. 180 angedeutet worden. Aber man unterschätze auch nicht die Bedeutung des Körperlichen in rassenmäßiger Hinsicht bei der Auswahl der Ehefrau. Die Zucht auf Äußeres hat immerhin das Gute für sich, daß nicht zuviel durcheinander gekreuzt wird; also offensichtlich fremdes Blut, mit seinen völlig unberechenbaren Auswirkungen im Blutserbe der Nachkommenschaft und des Volkes, unserem Volke ferngehalten wird. In der Tierzucht haben wir hierfür ein durchaus überzeugendes Beispiel, indem in der Zucht der edlen Pferde – während der ganzen Zeit, als die reinen Lehrstuhlmeinungen über ähnliche Fragen heftig aufeinanderprallten – die Zucht auf Rasse und Äußeres gleichsam der ruhende Stützpunkt in der Erscheinungen Flucht war, welcher der Zucht Beständigkeit in der Erbmasse und damit auch in der Leistung rettete. – Ohne das überraschend sichere Gefühl für Ebenbürtigkeit in unseren alten Bauerngeschlechtern wäre dem deutschen Volke niemals jene Erbmasse erhalten geblieben, aus der im 18. und 19. Jahrhundert die Fülle bedeutender Köpfe erstand, die unserem Volk den Weltruf als das Volk der Denker und Dichter einbrachte.

Q 111

Nordische Gattin gesucht

Textauszug aus: Harald Focke, Uwe Reimer, Alltag unterm Hakenkreuz, Hamburg 1979, S. 21

Witwer, 60 Jahre alt, wünscht sich wieder zu verheiraten mit einer nordischen Gattin, die bereit ist, ihm Kinder zu schenken, damit die alte Familie in der männlichen Linie nicht ausstirbt.
Hamburger Fremdenblatt, 5. Dezember 1935

Zweiundfünfzig Jahre alter, rein arischer Arzt, Teilnehmer an der Schlacht bei Tannenberg, der auf dem Lande zu siedeln beabsichtigt, wünscht sich männlichen Nachwuchs durch eine standesamtliche Heirat mit einer gesunden Arierin, jungfräulich, jung, bescheiden, sparsame Hausfrau, gewöhnt an schwere Arbeit, breithüftig, flache Absätze, keine Ohrringe, möglichst ohne Eigentum.
Münchner Neueste Nachrichten, 25. Juli 1940

Q 112

Brief von Rudolf Hess an eine unverheiratete Mutter
Textauszug aus: Völkischer Beobachter, Weihnachtssonntag 1939

In dem Bewußtsein, daß die nationalsozialistische Weltanschauung der Familie die Rolle im Staat gegeben hat, die ihr gebührt, können in besonderen Notzeiten des Volkes besondere von den Grundregeln abweichende Maßnahmen getroffen werden. Gerade im Krieg, der den Tod vieler bester Männer fordert, ist jedes neue Leben von besonderer Bedeutung für die Nation. Wenn daher rassisch einwandfreie junge Männer, die ins Feld rücken, Kinder hinterlassen, die ihr Blut weitertragen in kommende Geschlechter, Kinder von gleichfalls erbgesunden Mädchen des entsprechenden Alters, mit denen eine Heirat aus irgendeinem Grunde nicht sofort möglich ist, wird für die Erhaltung dieses wertvollen nationalen Gutes gesorgt werden. Bedenken, die in normalen Zeiten ihre Berechtigung haben, müssen hier zurückstehen.

Q 113

Die Ehe – Feind der Fruchtbarkeit
Textauszug aus: Felix Kersten, Totenkopf und Treue, Hamburg 1953, Kapitel: Die Doppelehe, S. 223f.

Die steigenden Verluste an der Ostfront bereiteten Hitler, wie mir Himmler erzählte, große Sorgen, denn sie zehrten bereits an der Substanz des deutschen Volkes und müßten, wenn das deutsche Volk den eroberten Raum auch behaupten wolle, unbedingt wieder ersetzt werden. Der Führer habe sich deshalb entschlossen, unmittelbar nach dem Kriege eine tiefgreifende Änderung der jetzigen Ehegesetze vorzunehmen, die Doppelehe einzuführen. Ich persönlich bin der Ansicht, fügte Himmler hinzu, daß unsere Entwicklung dazu führt, mit der Einehe zu brechen. Die heutige Form der Ehe ist ein satanisches Werk der katholischen Kirche, die Ehegesetze selbst sind unmoralisch . . .

. . .Im Falle der Doppelehe wird die eine Frau für die andere der Ansporn sein, dem Ideal in jeder Beziehung nahezukommen.

. . .Da ein Mann im Normalfall unmöglich ein ganzes Leben lang mit einer Frau auskommen kann, zwingt man ihn zur Untreue und, um diese zu verdekken, zur Heuchelei. Die Folgen sind Zerwürfnisse innerhalb der Ehe, Abneigung der Ehegatten gegeneinander und im Endergebnis Kinderarmut. Millionen von Kindern, die der Staat dringend notwendig hätte, werden auf diese Weise nicht geboren. Auf der anderen Seite wagt der Mann mit derjenigen Frau, mit der er ein sogenanntes Verhältnis unterhält, keine Kinder zu zeugen, obwohl er es gern tun würde, weil ihn die doppelte Moral der sogenannten bürgerlichen Gesellschaft und ihr drohender Boykott davon abhält.

4. Die Familie (Q 114 – Q 118)

Unter dem statistischen Aspekt, der von allen weiteren Umständen absieht, ordnet sich die Familienentwicklung der nationalsozialistischen Zeit in die allgemeine Tendenz spät- oder hochkapitalistischer Industriegesellschaften ein: mehr Ehen und eine geringere Kinderzahl (vgl. Statistik). Dieser statistische Befund darf jedoch nicht dazu verleiten, die ns Politik der deutschen Großfamilie einfach als gescheitert, die allgemeine Familienentwicklung im Faschismus dagegen als „normal" zu bewerten.

Bevölkerung nach Familienstand

Jahr[a]	Bevölkerung insg. 1000	Davon (in %) ledig	verh.	verw.	gesch.
	Insgesamt				
1910	64926	58,7	35,8	5,3	0,2
1925	62411	52,9	40,8	5,9	0,4
1933	65218	49,2	43,9	6,1	0,8
1939	69314	46,2	46,6	6,2	1,0
1950[b]	50809	44,7	45,8	8,1	1,4
1970	60651	39,6	49,9	8,6	1,9
	Männlich				
1910	32040	60,9	36,2	2,8	0,2
1925	30197	54,6	42,2	2,9	0,3
1933	31686	51,2	45,1	3,1	0,6
1939	33911	48,3	47,8	3,1	0,7
1950[b]	23723	47,3	48,3	3,4	1,0
1970	28867	43,2	52,8	2,7	1,3
	Weiblich				
1910	32886	56,5	35,3	7,9	0,3
1925	32214	51,3	39,4	8,7	0,6
1933	33533	47,4	42,7	9,0	0,9
1939	35403	44,0	45,5	9,2	1,2
1950[b]	27086	42,5	43,6	12,2	1,7
1970	31784	36,4	47,3	13,9	2,3

[a]Jeweiliger Gebietsstand; 1939: Gebietsstand 31. 12. 1937; 1950 und 1970: Bundesrepublik.
[b]Saargebiet: 14. 11. 1951

(Petzina, Dietmar / Abelshauser, Werner / Faust, Anselm: Sozialgeschichtliches Arbeitsbuch III. Materialien zur Statistik des Deutschen Reiches 1914–1945, München 1978, S. 30)

Die Familienideologie weist vielfältige, widersprüchliche Züge auf. Sie ist auch, folgen wir den Schriften ihres Chefideologen Alfred Rosenberg, von einem tief verwurzelten Antifeminismus bestimmt. Dennoch gab es eine faschistische Familienideologie, die sich auf eine weit verbreitete Sehnsucht nach der „heilen Familie" stützen konnte und scheinbar frauenfreundliche Züge trug. Auf den ersten Blick erscheint sie als eine konsequente Weiterentwicklung der konservativen Familienideologie in der Tradition von W. H. Riehl. Zweifellos finden wir auch in diesen Schriften eine Verbindung zur deutschen, präfaschistischen Tradition der Familienideologie. Dennoch steigert sich in diesen Schriften zur *nationalsozialistischen Idee der Familie* (Q 114) die Irrationalität zu einer neuen Stufe der Irrationalität.
Folgenreicher als diese weit verbreitete irrationale Mythisierung der Familie war der sozial dikriminierende, rassistische und biologistische Kern der ns Familienideologie. Auch in der ns Propaganda und Erziehungsarbeit wird offen auf die selektive, rassistischen Momente der Frauen- und Familienideologie hingewiesen. Nicht Familiengründung schlechthin, sondern die Reproduktion des „wertvollen Erbguts", d.h. die Ausschaltung und Vernichtung des „artfremden" Lebens wurde angestrebt (Q 115, Q 116).
Diese nationalsozialistische Familienideologie entsprach der gewaltsamen, expansionistischen und sozialdarwinistischen Weltanschauung und Praxis des Faschismus. Sie gibt daher auch eher über das eigentliche Wesen der ns Familienideologie Aufschluß als die ideologischen Schriften, die den konservativen und erbbiologischen Familienideologien des 19. Jahrhunderts verhaftet sind.
Von der Zerstörung des Familienlebens durch das Spitzelsystem, durch die ns Arbeitspolitik und durch die Familien- und Ehegesetzgebung wurde zunächst von Widerstandsgruppen aus dem Ausland unter der ironischen Überschrift „Familienglück" berichtet (Q 117). Erst als die Auflösung der Familien durch den Krieg, Evakuierungen und Bombenangriffe evident wurde und somit auch die „Durchhaltebereitschaft" der Frauen gefährdet war, wurde auch der Reichssicherheitsdienst auf die Lage der Frauen und der Restfamilien aufmerksam (Q 118). Wiederum ist es die Angst des Regimes

um die Zuverlässigkeit der Frauen, die uns zu Quellen verhilft, die Einblick in die Belastungen und Nöte der Frauen ermöglichen, die oft im Widerspruch zu dem System für ihre Familie kämpfen. Die Familienfeindlichkeit des Regimes wurde in diesen letzten Kriegsjahren oft zur bestimmenden Erfahrung der deutschen Frauen. Über dreieinhalb Millionen deutsche Soldaten starben. In der Heimat hatten noch einmal soviel Menschen ihr Leben gelassen. Die ns Ideologie der Familie konnte ihnen nur als ein Hohn erscheinen. Über die familiären Erfahrungsweisen von Frauen und die Bedeutung der Familie als Basis einer heimlichen Gegenöffentlichkeit in diesen Jahren wissen wir noch wenig. Bezeugt ist dagegen der konsequente Zerstörungswille des Regimes den Menschen gegenüber, die Familie frei von Rassenvorurteilen als menschliche Lebensgemeinschaft verwirklichten. Stellvertretend für das Schicksal tausender Familien wird an die letzten Tage der Familie Klepper erinnert (Q 118). Der evangelische Theologe und Schriftsteller Jochen Klepper hatte vergeblich versucht, für seine Stieftochter Renate eine Ausreisegenehmigung nach Schweden zu erhalten. Klepper wußte, was der Stieftochter und seiner Frau Hanni, die einer alten jüdischen Familie entstammte, bevorstand: Deportation, KZ, Erniedrigungen, vermutlich ein grausamer Tod. Am 10. Dezember 1942 gingen alle drei Mitglieder der Familie Klepper gemeinsam in den Tod.

Q 114

Die nationalsozialistische Idee der Familie

Textauszug aus: Karl Beyer, Familie und Frau im neuen Deutschland, Berlin 1936, S. 7–10

Das deutsche Volk hat in der nationalen Revolution eine Verantwortung für die Familie und für die Frau übernommen.

. . .

Das deutsche Volk entschied sich im Schicksalsjahr 1933 gegen den Kommunismus und Bolschewismus. Dieser Entscheidung wird es, wenn es sich selbst ernst nimmt, treu bleiben. Dann wird es die einmalige Entscheidung erhalten in dauernder Entschiedenheit.

Was haben wir damals eigentlich gewollt, als wir uns so und nicht anders entschieden? Worauf kam es uns dabei eigentlich an? Nur wenn wir diese Frage in ihrem ganzen Ernst nehmen, können wir uns in der ursprünglichen Entscheidung halten und Entschiedenheit gewinnen. Und nur solche Entschiedenheit gibt uns einen Stand und Standpunkt.

Den Anstoß der Entscheidung der nationalen Revolution bildete die nationalsozialistische Idee und zwar insbesondere diejenige Seite dieser Idee, die sich gegen Bolschewismus und Kommunismus wandte. Diese Seite wird umschrieben durch die Worte „Rasse, Blut, Volk". Also ging es in der Entscheidung der nationalen Revolution wesentlich um die naturhaften Grundlagen des menschlichen Daseins im deutschen Bezirk.

Angerufen von dem Ruf der nationalsozialistischen Idee erwachte das deutsche Volk und sah nun mit Entsetzen vor sich das Ziel, auf das es bis dahin gedankenlos hintrieb, nämlich jenen wimmelnden Ameisenhaufen intelligenter, charakterloser, uniformer Arbeitstiere ohne persönliche Prägung, der seine konsequenteste Daseinsform im Kommunismus hat. Es ward sich dessen bewußt, daß es auf einen Zustand hinsteuerte, in dem der Mensch zum Maschinenteil deformiert und damit völlig entmenscht ist, einen Zustand, in dem der Mensch nicht mehr lebt, sondern nur noch wie ein Maschinenteil funktioniert. Auch der Kapitalismus führt in seiner letzten Konsequenz auf diesen Zustand hin, und das menschliche Leben wird unter einem konsequenten Kapitalismus kaum ein anderes sein als unter der Herrschaft des Kommunismus. Der Kapitalismus unterwirft sich allerdings nur die Arbeitskraft des Menschen, während er seine Liebe, seine Fürsorge, sein Miteinanderleben, seinen Glauben freiläßt, weil ihm dies alles gleichgültig ist. Der Kommunismus dagegen erfaßt mit seinem Totalitätsanspruch alles auf einmal, er mechanisiert den Menschen bewußt und konsequent bis in die letzten Schlupfwinkel seiner Seele. Aber indem der Kapitalismus, im Zwange seines eigenen Gesetzes, die Arbeitskraft des Menschen unbarmherzig bis aufs Letzte in Anspruch nimmt, läßt er von ihm schließlich nichts als ein Nevenbündel übrig, das nur noch irgendwelcher Erregungen fähig ist, aber für Glück und Leid, für Liebe und Zorn, für Überzeugung und Einsatz, für Tapferkeit und Stolz, für Ehre und Würde keine Kraft mehr aufbringt. Der Kapitalismus drängt also, ohne es zu wollen, auf denselben Endzustand hin, den der Kommunismus mit vollem Bewußtsein und mit klarer Berechnung der menschlichen Triebe planmäßig herauführen will. In der Endwirkung sind beide gleich, und es mag sein, daß der Kapitalismus notwendig in Kommunismus und der Kommunismus wieder in Kapitalismus umschlägt, nur ist der Kommunismus klarer, sinnfälliger, deutlicher.

Indem sich das deutsche Volk in der nationalen Revolution bewußt gegen den Kommunismus, als die unverhüllte, sinnfällige, deutliche Gestalt des völkischen Todes entschied, hat es sich zugleich damit gegen den Kapitalismus entschieden, in dem die gleiche Gestalt sich verhüllt und versteckt.

...

Der Kommunismus hat wie der Kapitalismus seine Moral, d.h. bestimmte Vorstellungen von den Pflichten der Menschen. Beide erkennen das Materielle an, beide verheißen für die materiellen Bedürfnisse der Menschheit zu sorgen. Dabei ist das Moralische dem Materiellen untergeordnet, das Moralische gilt als Mittel, das Materielle als Zweck. Kommunismus und Kapitalismus versprechen, daß die materiellen Bedürfnisse der Menschen befriedigt werden, wenn alle sich ihrer Moral unterwerfen. Beide stimmen darin überein, daß sie nichts als das Materielle und das Moralische anerkennen. Beide übersehen, daß es zwischen und neben und über beidem noch ein Drittes gibt, nämlich das Leben, jenes Leben, das zwischen Lust und Leid, zwischen Liebe und Haß, zwischen Schuld und Sühne schwingt, das Schicksal und Tragik kennt, das der Tapferkeit und des Stolzes, der Ehre und Würde fähig ist. Selbst wenn es dem Kommunismus oder Kapitalismus gelingen sollte, die materiellen Bedürfnisse der Menschen zu befriedigen und alle in das maschinenhafte

Regelwerk ihrer Moral einzuspannen, müßte doch unter ihrer Herrschaft das Leben absterben. Indem sich also das deutsche Volk gegen Kommunismus und Kapitalismus entschied, entschied es sich gegen den Tod und für das Leben.

In der Entscheidung für das Leben und gegen den Tod ließ sich das deutsche Volk bestimmen durch die Leitworte: „Rasse, Blut, Volk". Diese Worte müssen also irgendwie auf das Leben, auf die Quellen und Gesetze des Lebens hinweisen. Inwiefern kann und muß der Kampf gegen den Tod, gegen die Mechanisierung des Lebens grade unter diesen Leitworten geführt werden? Wie müssen wir diese Worte verstehen, damit sie Parole und Feldgeschrei in diesem Kampfe sein können?

Die Worte „Rasse, Blut, Volk" meinen etwas sehr Allgemeines, etwas Unbestimmtes und Unsichtbares, wenn sie nicht auf einen festen und sichtbaren Kern bezogen sind. Diesen Kern kann nur die Familie bilden. Lassen wir die Familie aus dem Blick, dann meinen wir mit diesen Worten etwas Abstraktes, Wirklichkeitsleeres, irgendeine formlose und gestaltlose Masse. Die Idee „Rasse, Blut, Volk" findet ihre erste und grundlegende Verwirklichung in der realen Familie.

Wollen wir uns nicht in vagen Allgemeinheiten bewegen, dann müssen wir sagen: Das deutsche Volk hat sich in der nationalen Revolution für die Familie entschieden. Um der Familie willen hat sich das deutsche Volk gegen Kommunismus und Kapitalismus gewandt. – Es kommt nun alles darauf an, daß das deutsche Volk sich in dieser Entscheidung hält und sich dauernd mit Entschiedenheit für seinen ursprünglichen Willen einsetzt.

Nehmen wir die Begriffe „Rasse, Blut, Volk" nur im Sinne einer naturwissenschaftlichen Biologie und nützlichen Bevölkerungspolitik, so verfehlen wir das Entscheidende. Auch der Kommunismus und Kapitalismus bedürfen einer wachsenden Bevölkerungszahl, auch sie können und müssen Geburtenrückgang bekämpfen, auch sie können und müssen Maßnahmen zur Förderung der Geburtenzahl ergreifen. Mit solchen Erwägungen und Maßnahmen allein kommen wir aus dem Bereich des Kommunismus und Kapitalismus mit keinem Schritt heraus. Auch der Kommunismus und Kapitalismus bedürfen hochqualifizierter Arbeiter. Auch sie können zu diesem Zweck Menschen besonderer Eignung durch geregelte Zuchtwahl heranzüchten und dazu die biologischen Erbgesetze benützen. Auch mit Erwägungen und Maßnahmen zur Verbesserung der Erbanlage kommen wir über Kommunismus und Kapitalismus mit keinem Schritt heraus.

Es muß etwas anderes sein, wofür sich das deutsche Volk 1933 entschied, denn sonst hätte es sich ja gar nicht gegen Kommunismus und Kapitalismus entschieden. Das eigentlich Entscheidende muß etwas anderes sein als das, was wir unter rein naturwissenschaftlichem Gesichtspunkt mit den Worten „Rasse, Blut, Volk" meinen.

Das eigentlich Entscheidende muß sein, daß menschliche Natur von Anbeginn und im Ursprung zugleich Geist ist, daß Natur und Geist, Blut und Geist, Leben und Geist im Wesen des Menschen nur abstrakt Getrenntes, aber konkret Verbundenes sind.

Grade im Wesen der Familie läßt sich die ursprüngliche Verbindung von Natur und Geist, von Blut und Geist besonders klar und deutlich aufzeigen. Ja nur

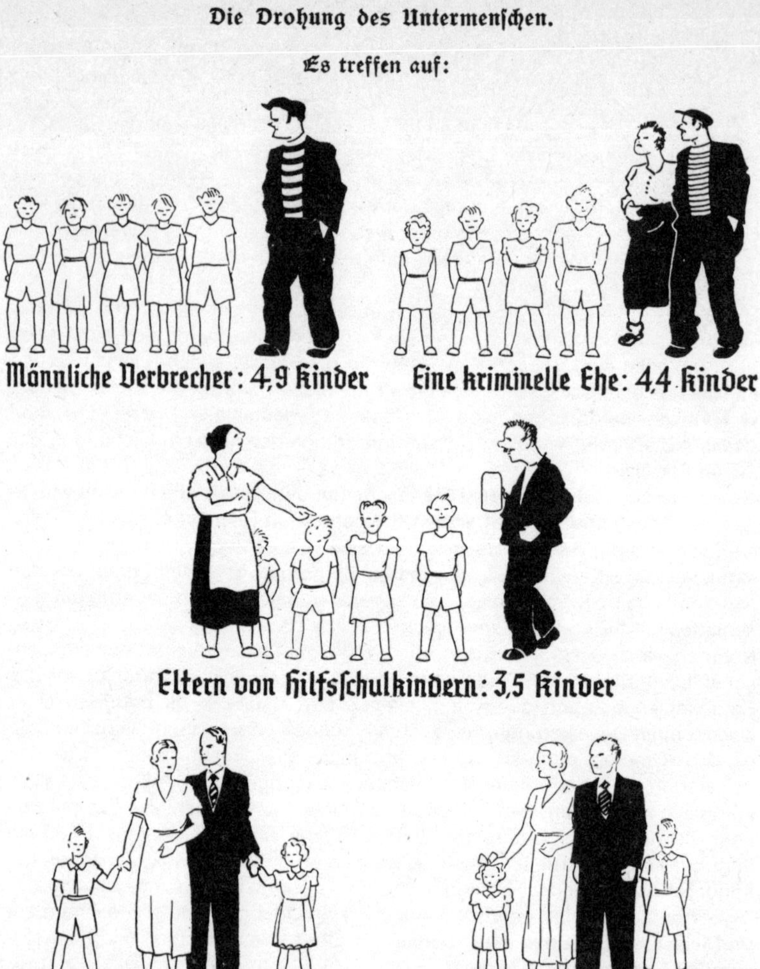

Zwischen „deutscher Familie“ und „Untermensch“ verlief nach Ansicht der Nazis die Front im „Geburtenkrieg“

Q 115

Die deutsche Familie

Bild aus: Gisela Bock: „Zum Wohle des Volkskörpers“ ... Abtreibung und Sterilisation im Nationalsozialismus, in: Journal für Geschichte, November 1980, 59

wenn wir diese Verbindung mit aller Schärfe erfassen, wissen wir, was eine Familie überhaupt ist.
Wäre die Familie nur ein beliebiges Zusammensein von Erzeugern und Erzeugten, wäre sie eine bloße Brut- und Hegegemeinschaft, wie sie vom rein naturwissenschaftlichen Standpunkt aus erscheint, dann lohnte es sich nicht, sich für sie einzusetzen, dann könnten wir sie ruhig zum alten Eisen werfen; ja, wenn wir so dächten, müßten wir sie zum alten Eisen werfen und durch die kommunistische Kollektivwirtschaft ersetzen, falls wir folgerichtig sein wollen. Es muß also in die naturhafte Gemeinschaft irgendein Geistiges hineinkommen, damit sie nicht bloße Brut- und Hegegemeinschaft ist, damit sie den Namen Familie verdient. Dieses Geistige kann aber nichts anderes sein als der geistige Artwille, das heißt der Wille der Erzeuger, daß ihre Art in den Erzeugten zur Vollendung komme.

Q 116
Eine Rechenaufgabe
Textauszug aus: A. Borner, Mathematik im Dienste der nationalsozialistischen Erziehung mit Anwendungsbeispielen aus Volkswissenschaft, Geländekunde und Naturwissenschaft, 1935, o.S.

„Aufgabe 97. Ein Geisteskranker kostet täglich RM 4,–, ein Krüppl RM 5,50, ein Verbrecher RM 3,50. In wievielen Fällen hat ein Beamter nur täglich etwa RM 4,–, ein Angestellter kaum RM 3,50, ein ungelernter Arbeiter noch keine RM 2,– auf den Kopf der Familie.
a) Stelle diese Zahlen bildlich dar. Nach vorsichtiger Schätzung sind in Deutschland 300 000 Geisteskranke, Epileptiker usw. in Anstaltspflege.
b) Wieviel Ehestandsdarlehen zu je RM 1000,– könnten – unter Verzicht auf spätere Rückzahlung – von diesem Geld jährlich ausgegeben werden?"

Q 117
Familienglück und Familienleben
Textauszug aus: Der deutschen Frauen Leid und Glück, Paris 1939, S. 28–32

Die Frau soll sich ganz der Familie widmen, soll Kinder gebären und mit ihrer Familie glücklich und im Wohlstand leben. Das waren die schönklingenden Versprechungen der Nazis. Jahrelang haben sie sich als die „Retter der deutschen Familie" ausgegeben und Märchen darüber verbreitet, daß der Bolschewismus, die Familie zerstöre . . . Während aber in der Sowjetunion der wachsende sozialistische Wohlstand das Familienleben sichert, werden im Dritten Reich durch Hitlers Kriegspolitik Familien gewaltsam auseinandergerissen und zerstört. Der Einfluß der Eltern auf die Erziehung ihrer Kinder wird immer mehr auszuschalten versucht. Über dem täglichen Leben der Frau lastet der Zwang und der Druck der „Wehrwirtschaft". Naziweisungen und Befehle verfolgen die Frau bis zum Kochtopf.
Viele Frauen achten am Eintopfsonntag auf jedes Geräusch vor ihrer Tür, weil sie befürchten müssen, daß die

Nazikochtopfschnüffler ihnen die von Hitler vorgeschriebenen Kochrezepte beibringen wollen. Nicht nach eigenem Geschmack, nicht nach freier Wahl darf die Frau kochen, sondern was gegessen werden darf, wird von Hitler diktiert. Jede neue Bestimmung und Anweisung des faschistischen Staates bedeutet einen neuen Angriff auf die Menschenwürde, die Freiheit und die Persönlichkeit der Frau und Mutter.

Hunderttausende Familienväter werden rücksichtslos in die Grenzgebiete geschickt und müssen Frau und Kinder zurücklassen. Viele Ehetragödien sind die Folge. Die Frauen wollten ihre Männer nicht fortlassen und brachten bei jeder sich bietenden Gelegenheit, ob bei der Abfahrt auf den Bahnhöfen oder bei den Behörden, ihren Unwillen gegen diese brutalen Zwangsmaßnahmen zum Ausdruck. Die Frauen sagen: „So sieht das vom Faschismus gepredigte Familienglück aus! Immer und immer wieder sind die Arbeiter die Dummen, die Reichen und die Bonzen werden von dieser Verschickung nicht betroffen, sondern leben ungestört im Überfluß."

Der Lohn der zum Festungsbau verschickten Männer ist so gering, daß sie davon ihren zurückgebliebenen Familien nichts schicken können. Sie erhalten mit geringen Ausnahmen die Stunde 60 Pfennige, das sind bei zehnstündiger Arbeitszeit pro Woche *brutto 36 Mark*. Zählt man hier die Abzüge, Steuern, Kranken-, Invaliden- und Erwerbslosenversicherung, DAF und WHW, die etwa 20 Prozent betragen, ab, dann bleiben oft nur *ca. 28 Mark übrig*. Davon gehen an Verpflegungskosten *17,50 Mark ab,* und es bleibt ihnen ein Rest von *11 Mark*. Mit diesen 11 Mark sollen alle übrigen Ausgaben bestritten werden: Rauchwaren, Toilettenartikel, das Glas Bier, gar nicht zu reden von der Befriedigung ihrer kulturellen Bedürfnisse. Zu der körperlich schweren Arbeit kommt noch, daß die Arbeiter oft in verdreckten Massenquartieren und in gegen Witterung ungeschützten Baracken hausen müssen. Und dann die Sorgen um Frau und Kinder! Man versprach den Männern Urlaub, doch es blieb ein Versprechen. Die Nazis erklärten: „Die Trennung von der Familie dauert nur eine kurze Zeit." Das war eine vorbedachte Täuschung.

Viele Festungsarbeiter griffen zur *Selbsthilfe* und besuchten die Familie auch ohne Erlaubnis. Viele wurden deswegen verhaftet, denn Sehnsucht nach den Kindern und Sorge um die Familie ist nach der Nazi-Auffassung nicht heldisch. Dort aber, wo Festungsarbeiter einheitlich auftraten, wie im Saarpfalzgebiet, drückten sie nicht nur eine Erhöhung ihrer Löhne durch, sondern erreichten auch, daß sie ihre Familien besuchen konnten. Die Nazibehörden wollen nämlich mit der Besuchssperre und dem in vielen Fällen verfügten Schreibverbot verhindern, daß die schikanöse Behandlung der zurückgebliebenen Familien unter den Festungsarbeitern bekannt wird. Die Reichsbahn transportiert jährlich auf Kosten der breiten Massen hunderttausende Nazifunktionäre unentgeltlich zu ihrem Rummel nach Nürnberg. Mit demselben Recht können die Frauen, deren Männer hunderte Kilometer weit entfernt von den Familien arbeiten, freie Fahrt zum Besuch ihrer Männer verlangen.

. . .

Die unwahren Behauptungen Hitlers in seiner Saarbrückener Rede, daß das ganze deutsche Volk, ob Mann oder Frau, ohne zu murren, *seinen kriegerischen Plänen folge,* werden durch Briefe von Frauen widerlegt

aus denen wir folgende Worte zitieren:
„Durch die Zwangsverschickung meines Mannes bin ich mit meinen Kindern in größter Not, mein Mann wurde mir fortgenommen, und Ich bekomme keine Unterstützung. Ich wandte mich an den Betrieb, in dem mein Mann gearbeitet hat, um einen Lohnausgleich zu erhalten. Denn von was soll ich leben mit meinen Kindern? Der Betriebsleiter sagte mir, daß mein Mann nicht mehr im Arbeitsverhältnis bei ihnen stände und der Betrieb keinerlei Verpflichtungen auf Lohnzahlungen mir gegenüber hätte. Nun stand ich wieder vor einem Nichts und wandte mich an das Wohlfahrtsamt, wo ich täglich pro Kopf 0,30 Mark erhielt. Aber damit kann ich doch nicht mit meinen Kindern auskommen, wir müssen leben und die Miete muß pünktlich bezahlt werden, sonst setzt man uns auf die Straße. Wenn meine Verwandten und Nachbarn nicht geholfen hätten, dann hätten wir tatsächlich hungern müssen. Vom Arbeitsamt erhielt ich Arbeit in einem Rüstungsbetrieb und bekomme 0,40 Mark die Stunde. Als ich den Beamten fragte, was denn aus meinen Kindern werden solle, antwortete er, daß sie solange im Waisenhaus untergebracht werden können.
Nicht genug, daß man mir meinen Mann fortnahm, so muß ich mich auch noch von meinen Kindern trennen, die ich ja nicht in die Welt gesetzt habe, daß sie im Waisenhaus verkümmern sollen; unser glückliches Familienleben ist dadurch völlig zerstört worden."
Eine andere Frau schreibt:
„Mein Mann ist schon vier Monate weg zu Befestigungsarbeiten. Von dem Tag an habe ich nichts mehr von ihm gehört. Ich habe mich deswegen schon an die Behörden gewandt, die mich wohl von einer Stelle zur anderen schickten, mir aber über den Verbleib meines Mannes keine Auskunft gaben. Ich bin in großer Sorge um ihn, denn er sollte bis zum 31. Oktober zurück sein. Warum kommt mein Mann nicht nach Hause, wo jetzt die Zeitungen doch schreiben, daß der Frieden gesichert ist? Wir brauchen doch keine Befestigungsbauten, denn wir wollen keinen Krieg. Ich kann mir nicht vorstellen, was man noch mit unsern Männern macht. Ob man sie überhaupt einmal wieder sieht?"
. . .
Aber nicht allein das Zwangsarbeitsgesetz zerreißt die Familienbande, sondern dazu kommt auch das neue faschistische *Ehegesetz vom 6. Juli 1938,* das am 1. August 1938 in Kraft gesetzt wurde. Es lehnt sich eng an das „Gesetz zum Schutz des deutschen Blutes und zum Schutz der deutschen Ehre" vom 15. September 1935 und an das „Ehegesundheitsgesetz" vom 18. Oktober 1935 an. *Dieses Gesetz drückt die Ehe auf die denkbar niedrigste Stufe.* Eine kinderlose Ehe wird als Fehlehe hingestellt. Auf den Gesundheitszustand der Frau wird gar keine Rücksicht genommen. Ist die Frau krank oder schwächlich und kann deswegen keine Kinder austragen, so ist der Mann nach dem Ehegesetz berechtigt, sich scheiden zu lassen. Sogar eine Frau, die bereits Kinder hat, kann von ihrem Manne geschieden werden, wenn sie nicht mehr gebären will oder kann. Ob mit all diesen Gesetzen der erstrebte Zweck erreicht wird, das ist noch sehr fraglich; denn durch Zwang kann auf die Dauer keine wirkliche Vermehrung der Bevölkerung erreicht werden. Aber sicher ist, daß diese Gesetze die Frauen vollkommen der Willkür des Staates (oder unverständiger

Männer) ausliefern und unzählige Ehen zerstören werden.
Ob sich Mann und Frau noch so gut verstanden haben, wenn eine Großmutter nicht dem Arierparagraphen entspricht, ist die Ehe ungültig. Treue und Eid gelten nichts mehr. Auflösung und Anarchie werden vom Hitlerfaschismus in die deutsche Familie getragen.
In einem Propagandaartikel des „Nordland" heißt es:
„Viele Männer möchten noch das dritte, vierte und fünfte Kind ernähren, *wollen* es aber nicht von ihrer Frau; viele prächtige und gesunde Mädchen würden aber freudig Mütter sein ... Könnte man hier nicht endlich weitherziger sein."
Bei dieser Formulierung haben bestimmt die Herren Militärkommandeure Pate gestanden, die den Krieg als ihren Beruf auserwählt haben und die Kinder der werktätigen Bevölkerung als Kanonenfutter benutzen wollen. Für sie ist die Ehe nicht eine freie Gemeinschaft zweier aufeinander abgestimmter Menschen, die das Glück ihrer Familie und ihrer Zukunft gestalten und darum gerne Kinder haben wollen; sondern im Dritten Reich wird die Ehe als Zuchtanstalt und die Frau als Gebärmaschine betrachtet.

Q 118

Familienleben im Krieg – Meldungen des Sicherheitsdienstes 1943
Textauszug aus: B. Beyer, Familienleben in Deutschland, Reinbek 1980, S. 486–487

Das Auseinanderreißen der Familien ohne Besuchsmöglichkeiten mit all ihren Begleiterscheinungen wird auf die Dauer sowohl von den Männern, besonders aber von den Frauen, als untragbarer Zustand empfunden. Einmal leide der Mann unter der Trennung, da niemand da sei, der für ihn sorge und die Wohnung pflege. Das Heimkommen nach schwerer Tagesarbeit in die kalte und einsame Wohnung, das Fehlen der liebenden Fürsorge und einer besseren Ernährung durch die Frau und vor allem das Fehlen des Kinderlachens nehme ihm die Lust und auch die Kraft zur Arbeit. Im besonderen könnte man in Arbeiterkreisen sehr häufig die Bemerkung hören, daß, wenn man Wert darauf lege, ihre Arbeitsfreude und Arbeitskraft zu erhalten, man ihnen die Ehefrauen am Orte belassen sollte ... Nicht minder seien auch die Ehefrauen einer starken seelischen Belastung ausgesetzt, denn ihrem inneren Bedürfnis entspreche es, im eigenen Heim zu leben, dieses pflegen und für den Mann und die Kinder kochen und sorgen zu können. Für sie sei das Bewußtsein, den Mann allein und unversorgt zu wissen, selber dazu aber als Gast unter fremden Menschen leben und sich jeden Gebrauchsgegenstand erbitten zu müssen, auf die Dauer unerträglich. Man weise öfter auch auf das sexuelle Problem und die Gefahr der Zerrüttung der Ehen hin. (Es liegen auch bereits Meldungen vor, nach denen das sittliche Verhalten der evakuierten Ehefrauen z. T. als alles andere als einwandfrei zu bezeichnen sei.) Als besonders starke und deshalb auf die Dauer unerträgliche Belastung wird jedoch im allgemeinen die Trennung von den Kindern bezeichnet. Die Sehnsucht der Eltern wie auch der Kinder zueinander würde an allen zehren.

Q 119

Die letzten Tagebucheintragungen

Textauszug aus: Jochen Klepper, Unter dem Schatten deiner Flügel. Aus den Tagebüchern der Jahre 1932–1942, Stuttgart 1956, S. 1132–1133

Noch ist eine Hoffnung, eine ganz schwache Hoffnung.
Renis Einreiseerlaubnis nach Schweden nannten Frick und Draeger (Präsident der Deutsch-Schwedischen Gesellschaft) ganz unfaßlich. Ist doch selbst Sven Hedin ein Antrag für einen Schützling von seiner schwedischen Regierung abgelehnt worden.
Wie, wie sich verhalten gegenüber den anderen Mischehen? –
Stürben Hanni und das Kind, Gott weiß, daß sich nichts in mir gegen seinen Willen auflehnte. Aber nicht d i e s.
Welche Verwandlung hat unser Leben nun von neuem erfahren – in einem einzigen Gespräch.
Hanni ist keiner Träne mehr fähig.

9. Dezember 1942 / Mittwoch

Wenn des Menschen Sohn kommen wird, meinst du, daß er auch werde Glauben finden auf Erden?
Lukas 18,8

Vormittags wurde Hanni zu Almqvist auf die Schwedische Gesandtschaft bestellt, um alle ihre Personalien einzutragen.
Nachmittags war ich bei Eichmann vom Sicherheitsdienst, nachdem Ministerialrat Draeger am Vormittag alles vorbereitet hatte. Er glaubte, Eichmann werde die Genehmigung erteilen; er wolle die Sache rasch betreiben. Auch Eichmann fragte nach der sofortigen Ausreise. Das deutet auf neue, drohende Maßnahmen. Morgen soll ich endgültigen Bescheid bekommen. Es muß noch festgestellt werden, ob sicherheitspolizeiliche Bedenken gegen Reni vorliegen.
E. „Ich habe noch nicht mein endgültiges Ja gesagt. Aber ich denke, die Sache wird klappen."
Unter Androhung sicherheitspolizeilicher Maßnahmen stehe ich nun unter strengem Schweigegebot über die nun folgenden Schritte im Falle der Ausreise.
Ich war nun in der Welt meiner Träume, es waren die Menschen, die Stimmen, die Räume –.
Dort, dort liegt die Macht.
Die Frage, ob Hanni im Lande bleibt, wurde gestellt. Ich: „Die Situation meiner Frau überblicke ich noch nicht."
E. „Eine gemeinsame Ausreise würde nämlich nicht gestattet."
Rätsel um Rätsel. Und das Ganze so unbegreiflich: ein Mann in meiner Lage bei Frick, beim Sicherheitsdienst –. Betrachtet man Hanni als Geisel für Reni? Würde man Hanni als meiner Frau verweigern, was man Renerle als meiner Stieftochter vielleicht zugesteht?
Morgen um drei bin ich wieder zur Sicherheitspolizei bestellt.
Da ich am Telefon jetzt so wenig sagen kann, kam Hilde, die sehr teilnimmt,

abends nach dem Dienst zu uns. Nun ist alles so nah, womit wir sie in der Adventszeit des vorigen Jahres schon so belasten mußten.
Diese stillen, stillen, dunklen, trüben Tage. So lind, so voller Trauer des Himmels.
„Wenn der Herr die Gefangenen Zions erlösen wird, so werden wir sein wie die Träumenden."
Noch ein Tag so qualvollen Wartens. Und doch geht alles so rasch –. Abends die arme Hilde bei uns zur Testamentsbesprechung.
Hannis armes Herz trauert noch immer um „Das ewige Haus".
Brigitte – Katharina.

10. Dezember 1942 / Donnerstag
Nachmittags die Verhandlung auf dem Sicherheitsdienst.
Wir sterben nun – ach, auch das steht bei Gott –
Wir gehen heute nacht gemeinsam in den Tod.
Über uns steht in den letzten Stunden das Bild des Segnenden Christus, der um uns ringt.
In dessen Anblick endet unser Leben.

---

5. Mutterschaft (Q 120 – Q 126)

Die Verwirklichung der Frauenemanzipation ist als Gradmesser der gesamtgesellschaftlichen Emanzipation zu sehen. Dabei gehört die Mutterschaft zu den verletzbaren Bereichen innerhalb dieser Emanzipationsbewegung. Das gilt vor allem auf dem Hintergrund der Annahme, daß „das Verhältnis des Mannes zum Weibe das natürlichste Verhältnis des Menschen zum Menschen (ist). In ihm zeigt sich also, inwieweit das natürliche Verhalten des Menschen menschlich ... geworden ist" (MARX). Diesen Prozeß einer humanen Emanzipation der Frauen, den der deutsche Faschismus insgesamt rückgängig zu machen gesucht hat, ist in besonderer Weise durch die Mißachtung der Mutterschaft der Frauen im Nationalsozialismus gestört worden.
In der Brutalisierung, der Perversion und der totalen Ausbeutung der Mutterschaft erreicht der Antifeminismus des deutschen Faschismus den höchsten Grad seiner Inhumanität. Dieser Vorgang der staatlich erzwungenen Entmenschlichung wird in den folgenden Texten dokumentiert.
Die Pflicht zur „Mutterschaft" begründete im faschistischen Staat erst die „Rechte" der Frauen. Diese Pflicht läßt sich nicht mehr mit

repressiven Bestimmungen des bürgerlichen Familienrechts, noch mit den Begriffen einer traditionell autoritären Familienideologie fassen. Der ns Staat versuchte zunächst mit einer eigenen Ideologie der Mütterlichkeit, seine rassistischen und bevölkerungspolitischen Ziele durchzusetzen und sie gleichzeitig zu verschleiern. Die Frau, das „Rassengewissen ihres Volkes", die „Hüterin des Lebens", rückte in den Mittelpunkt einer die Realität verstellenden Weltanschauung (Q 120).

Schon in der Weimarer Zeit sind Mütterlichkeit, Mutterschaft und Muttertum als Wortgebilde zu finden, um von der konkreten Lage der Mütter abzulenken (K. HAUSEN, 249ff.) Der systematische Ausbau der Muttertage und der Mutterehrungen erfolgte jedoch erst im Nationalsozialismus (Q 121). Durch die Auszeichnung deutscher Mütter mit dem Ehrenkreuz der Deutschen Mutter hoffte das Regime, Frauen zur absoluten Opferbereitschaft zu verpflichten. Diese propagandistischen Versuche mißlangen. Nicht nur die Geburtenzahl blieb konstant. Frauen haben in ihrer Mehrzahl keineswegs willig dem Führer ihre Söhne geschenkt. Die sinnlosen Verluste an Menschenleben im Krieg haben vielmehr zu einer Systemablehnung der Mütter geführt, die ab 1942 vom Regime mit ängstlicher Aufmerksamkeit beobachtet wurde. Auch der Kindermord als ein immanentes Moment des Systems entging, wie wir heute wissen, den Müttern nicht (Q 122).

Obgleich formal alle Befehlsgewalt bei Hitler lag, darf sein persönlicher Einfluß auf die einzelnen Entscheidungen nicht überschätzt werden. Dennoch sind seine, im privaten Kreis geäußerten Gedanken zur Rolle der Mütter im Staat aufschlußreich (Q 123). Hitler hing keineswegs einem kleinbürgerlichen Traum einer Familienidylle an. Seine persönliche Ansicht deckte sich vielmehr mit den zynischen, brutalen und wahnhaften Rassenvorstellungen, die die Praxis des Regimes auszeichneten. Denn das in Hitlers Gesprächen vorherrschende, sozialdarwinistische Konzept der Rassenauslese und Rassenvernichtung bestimmte von Anbeginn die nationalsozialistische antisemitische Weltanschauung und Politik.

Die sozialpolitischen Maßnahmen zur Besserung der Situation der Frauen als Mütter sind zu Recht als „lächerlich" (MASON) bezeichnet worden. In der Wohnungsfrage, in der Witwenrente und in anderen sozialen Bereichen blieben die Leistungen des ns Staats weit unter denen der Weimarer Republik. Auch in der Mutterschaftsgesetzgebung hat der ns Staat es unterlassen, Erleichterungen für die Frauen zu schaffen. Die besonders ausgebeutete Lage der Frauen in ihrer doppelten Eigenschaft als Mutter und als Arbeiterin ist sowohl von Anhängerinnen des Regimes wie Angelika Meister (Q 124), als auch von Frauen im Widerstand (Q 125) gesehen worden.

Lea Grundig, Schwangere II, 1936
Blatt 6 der Folge „Frauenleben“
(*Aus:* Widerstand statt Anpassung, Berlin (West) 1980)

Im deutschen Faschismus wurden gerade die Frauen zu Garanten der Überlebenschancen des Volkes bestimmt. Die Politik dieses Systems hatte aber gerade das Überleben auf den Krieg und auf die systematische Vernichtung von Menschen aufgebaut. Frauen haben in ihrer Mehrzahl die zwangsweise Produktion von Menschen innerhalb dieses Vernichtungssystems verweigert, soweit sie noch über diesen letzten Raum ihres Frauseins und ihrer Menschlichkeit selbst verfügen konnten. Frauen als Mütter waren aber für das System letztlich Material, Material, das neues Material, Söhne für den Krieg, produzieren oder als Menschenmaterial (Q 126) in anderer Weise verwertet werden sollte.
An der Situation der Frauen in ihrer besonderen Eigenschaft als Mütter ist, wie eingangs erwähnt, erkennbar, in welchem Maße der ns Staat versuchte, den begonnenen Prozeß der menschlichen Gestaltung des Verhältnisses zwischen Frauen und Männern rückgängig zu machen. Die dem Regime gesetzte Grenze muß aber auch deutlich gemacht werden. Sie wird vor allem am Widerstand der Frauen gegen dieses System sichtbar.

Q 120

Frauen – Hüterinnen des Lebens . . .

Textauszug aus: Hanna Rees, Frauenarbeit in der NS-Volkswohlfahrt, Berlin 1938, Zentralverlag der NSDAP, S. 4–5, 8–9

Hüterin des Lebens . . .

„Gerade die Frau, als Wahrerin blutmäßig und seelisch deutscher Art, ist dazu berufen, an der Lösung der Aufgaben teilzuhaben, die sich der Nationalsozialismus auf dem Gebiet der Volksgesundheit und der Besinnung eines Volkes auf seine arteigenen Kräfte gestellt hat."

Gertrud Scholtz-Klink

Zwei Kräfte sind es, die, dem tiefsten Wesen der menschlichen Natur entspringend und im Lebenskampf einander ergänzend, zusammenwirken: der harte Wille des Mannes, dem Dasein das Äußerste seiner Werte auf Biegen und Brechen abzuringen, und das „ewige" Verlangen der Frau, alles, was in dieser Welt des Kampfes zu unterliegen droht, in den Schutzbereich ihres mütterlichen Herzens zu ziehen und behütet und beschützt wieder erstarken zu lassen.
Ja, es möchte scheinen, als habe die Natur ihr strenges, unerbittliches Gesetz der Auslese auf diese Weise selbst mildern und einschränken wollen, damit es sich nicht lebensfeindlich gegen den eigenen gesunden Sinn wende und nicht wertvolles Leben zugrunde gehen ließe, nur weil ihm im Augenblick des Versagens ein wenig von der hilfreichen Liebe gefehlt hat, mit der Frauen alles lebendige Wesen der Schöpfung umgeben.

In diesem Punkte unterscheiden sich Frauen nur durch den Grad der Stärke, mit dem jene Kraft in ihnen wirksam ist. Was für die eine beherrschend im Mittelpunkt des Lebens steht, das tritt bei der andern nur gelegentlich in plötzlicher Gefühlsaufwallung hervor. Wie verschieden – und im letzten Grunde doch alle gleich – Frauen auf den Anruf ihrer Mütterlichkeit antworten, zeigt oft schon ihr Verhalten bei der Begegnung mit einem trostbedürftigen Kinde. Die eine streicht ihm im Vorübergehen flüchtig über den Kopf, die zweite läßt sich teilnehmend von der Ursache des Kummers berichten, die dritte umfaßt sogleich mit aufmerksamem Blick die ganze kleine Gestalt – körperliche Verfassung, Ernährungszustand, Kleidung ... Und nur eine unter hundert vielleicht geht teilnahmslos vorbei und gibt damit zu erkennen, daß es nicht ratsam ist, der Stärke ihres Frauentums allzufest zu vertrauen.

Welch unermeßliche Kraftquelle ein Volk an dem so leicht zu weckenden, immer sprungbereiten Helferwillen seiner Frauen besitzt, hat die Geschichte wieder und wieder bewiesen, wenn hereinbrechende Notzeit den gesammelten Einsatz forderte und plötzlich eine einzige, geschlossene Leistung sichtbar wurde. Über Jahrzehnte und Jahrhunderte hinweg ist die Erinnerung daran in Dankbarkeit und Verehrung wachgeblieben. Doch von da bis zu der praktischen Nutzanwendung, die die Staatsführung aus solcher Erfahrung hätte ziehen können, war ein weiter Weg, für den alle Voraussetzungen fehlten. So war es immer nur ein Teil mütterlicher Frauenkraft, der über den Familienkreis hinaus dem Volkswohl zugute kam – beschränkt auf jene Frauen, die das Helfenwollen und Helfenmüsse als Berufung in sich tragen, während die große Menge, die des Aufrufes bedarf, nicht über die Teilnahme hinausgelangte, die allgemein menschliches Mitgefühl bedingt ...

...

Wirkungsraum im neuen Reich und Zukunftshoffnung

Der Nationalsozialismus, der in der Lösung der sozialen Probleme nicht nur die Voraussetzung jedes nationalen Strebens sieht, sondern im Hochziel eines erneuerten Volkes das sozialistische und das nationale Ideal in eines verschmilzt –, mußte aus seinem eigenen Gesetz heraus sich allen mütterlichen Kräften verbünden und die natürlichen Lebensträgerinnen und -pflegerinnen zur Mitarbeit verpflichten. In dem Augenblick, da sozialistisches Wollen sich mit dem höchsten vaterländischen Gedanken zu einer Einheit verband und so zur tragenden Staatsidee wurde, trat auch die volkspflegerische Frauenarbeit aus einer zwar geachteten, aber für das allgemeine Bewußtsein etwas im Hintergrund des Volkslebens bleibenden Stellung in das Licht einer neuen Betrachtung. Ihre Bedeutung wuchs zu einer der wichtigsten Aufbaukräfte im Staate, die berufen sind, an erster Stelle erfüllen zu helfen, was als drängende, bewegende Sehnsucht und Erwartung den Aufbruch des Volkes in die neue Zeit kämpft hat. Daraus ergeben sich Aufgaben von so großer, weittragender Verpflichtung, daß sich für Fähigkeit und Tüchtigkeit, Arbeitswillen und Opferbereitschaft immer neue Einsatz- und Entfaltungsmöglichkeiten eröffnen und selbst noch das kleinste Helferamt beglückenden Sinn erhält.

Diejenigen aber, die geglaubt hatten, daß der Überwindung menschlichen Leides auf Erden von der Allmacht selbst Grenzen gesetzt seien, müssen erkennen, daß der durch die Sendung des Führers kundgetane Wille mehr von uns fordert: ein unablässiges Aufwärtsstreben mit allen Mitteln menschlicher Er-

Bild entnommen aus: Mädchen in der Hitlerjugend, Köln 1980, 27

kenntnis zu besseren, lichteren Daseinsformen und bis zur Vollendung dessen, was uns als Volk zu erreichen bestimmt ist. So groß ist nun die bewegende, bis in religiöse Tiefen hinabreichende Kraft dieses Gedankens, daß auch die Millionen derer ergriffen werden, die bisher von den über ihre Lebensdauer hinausgehenden Schicksalsfragen der Nation unberührt geblieben sind. Plötzlich horchen sie auf und fragen erschrocken nach dem Sinn des Lebens und nach einer höheren Pflicht. Frauen und Müttern, die kaum jemals über die Enge ihres Daseins hinausgedacht haben, weitet sich der Blick für völlig neue Gesichtspunkte, unter denen sie die Welt und ihr eigenes Leben anschauen. Voller Ernst und Eifer spüren sie den Wegen des Blutes nach, dessen Träger sie sind, betrachten in strenger Selbstprüfung Licht und Schatten des eigenen Seins und sehen mit einer neuen, wissenden, verantwortungsbewußten Liebe Leib und Seele ihrer Kinder. Und was ihnen früher „Volk" hieß, im Sinne einer nach Millionen zählenden Masse deutschsprechender Menschen, das ist ihnen nun ein heiliger Begriff, der nicht nur in Ausnahmezeiten, wenn die brennendste Not es verlangt, sondern als Gesetz für Lebenszeit die höchsten Opfer fordern darf.
Damit aber verfügt eine Staatsführung, die es sich zum Ziele gesetzt hat, die besten Anlagen in ihrem Volke zu entwickeln und es so zur Erfüllung seines göttlichen Auftrages zu bringen, über Möglichkeiten, wie sie anderwärts kein Schwärmer hätte erträumen können. Möglichkeiten, die es gelingen lassen werden, im Laufe von Generationen „ein Meer von Tränen in Freude zu verwandeln".

Q 121

„Das Kind adelt die Mutter" – das Ehrenkreuz der deutschen Mutter

Textauszug aus: Margret Lück, Die Frau im Männerstaat, 1979, S. 124 und G. L. Mosse, Der nationalsozialistische Alltag, Königstein/Taunus 1978, S. 69f.

Voraussetzung der Verleihung

Das Ehrenkreuz der Deutschen Mutter können Mütter erhalten, falls
a) die Eltern der Kinder deutschblütig und erbtüchtig sind,
b) die Mutter der Auszeichnung würdig ist,
c) die Kinder lebend geboren sind.

Artikel 3. Einteilung des Ehrenkreuzes

Das Ehrenkreuz der Deutschen Mutter wird in drei Stufen verliehen, und zwar
a) die dritte Stufe Müttern von vier und fünf Kindern
b) die zweite Stufe Müttern von sechs und sieben Kindern,
c) die erste Stufe Müttern von acht und mehr Kindern . . .

Das Ehrenkreuz trägt die zukunftsfrohe Inschrift: „Das Kind adelt die Mutter".

Berlin, 24. Dezember

„Die deutsche kinderreiche Mutter soll den gleichen Ehrenplatz in der deutschen Volksgemeinschaft erhalten wie der Frontsoldat, denn ihr Einsatz von Leib und Leben für Volk und Vaterland war der gleiche wie der des Frontsoldaten im Donner der Schlachten." Mit diesen Worten hat der Hauptdienstleiter für Volksgesundheit in der Reichsleitung der Partei, Reichsärzteführer

Dr. Wagner, bereits auf dem Parteitag der Arbeit im Auftrage des Führers die Schaffung eines Ehrenzeichens für die kinderreiche deutsche Mutter angekündigt.
3 Millionen deutscher Mütter werden nunmehr am Tage der deutschen Mutter 1939 erstmalig in feierlicher Weise die neuen Ehrenzeichen durch die Hoheitsträger der Partei verliehen bekommen. Jahr für Jahr werden diese Feiern sich dann am Muttertag, am Ordenstag der kinderreichen Mütter, wiederholen. Die Jugend vor allem, sie soll zur Ehrfurcht vor den Müttern des Volkes angehalten werden. So wird sich die Ehrung der kinderreichen deutschen Mutter nicht nur auf den Muttertag und auf die Ordensverleihung beschränken. Auch im öffentlichen Leben wird die kinderreiche Mutter in Zukunft den Platz einnehmen, der ihr zukommt.
Durch die Grußpflicht sämtlicher Mitglieder der Jugendformationen der Partei wird der Jungnationalsozialist ihr die Achtung erweisen.
Darüber hinaus aber werden die Trägerinnen des Mütter-Ehrenkreuzes in Zukunft alle jene Bevorzugungen genießen, die uns gegenüber den verdienten Volksgenossen, gegenüber Kriegsbeschädigten und Opfern der nationalsozialistischen Erhebung bereits Selbstverständlichkeit geworden sind, als da sind Ehrenplätze bei Veranstaltungen der Partei und des Staates, Vortrittsrecht an Behördenschaltern, Verpflichtung der Schaffner zu bevorzugter Platzanweisung in Eisen- und Straßenbahn. Dazu kommt eine Altersversorgung, bevorzugte Aufnahme in Altersheimen für alleinstehende Altmütter, eventuell in eigens in Großstädten zu errichtenden Altersheimen oder in besonderen Abteilungen der schon bestehenden Heime.
Völkischer Beobachter", 25. 12. 1938

Q 122

„Direkte Ausmerzung unerwünschten Volkstums"
Eidesstattliche Erklärungen der Oberschwester der Anstalt von Hadamar
Textauszug aus: Medizin ohne Menschlichkeit, hrsg. von A. Mitscherlich und F. Mielke, Frankfurt 1960, S. 212

Im Mai 1943 wurden Mischlinge (Halbjuden) – alles Kinder – nach der Anstalt Hadamar gebracht. Die Anzahl der Kinder kann ich nicht genau beziffern, aber nach meinem besten Wissen waren 15 bis 20 Mädchen dabei. Fast alle diese Kinder waren gesund. Einige hatten Hautausschläge. Diese Kinder wurden alle durch Injektionen getötet. Als ich im Oktober 1943 von einem 24-Tage-Urlaub nach Hadamar zurückkam, wurde mir gesagt, daß all diese Kinder weg wären.

Q 123

Hitler äußert sich zur Rolle der Frauen im Staat
Textauszug aus: Henry Picker, Hitlers Tischgespräche, Stuttgart 1963, S. 188–189

Wenn es einmal einen Männerstaat gibt, geht es wieder bergab mit der Menschheit. In der Vorzeit gab es sicher mehr Staaten mit dem Mutterrecht:
An dem Verlust an Männern stirbt ein

Volk nicht aus. Nur, wenn es an Frauen fehlt! Nach dem Dreißigjährigen Krieg wurde weithin die Vielweiberei wieder gestattet: Durch das illegitime Kind ist die Nation wieder in die Höhe gekommen. Gesetzlich kann man das nicht regeln. Aber solange man zweieinhalb Millionen hat, die alte Jungfer werden müssen, darf man das außereheliche Kind nicht ächten!

Ein Mädchen, das ein Kind besitzt und dafür sorgt, ist für mich einer alten Jungfer überlegen. Das gesellschaftliche Vorurteil ist im Weichen begriffen. Die Natur setzt sich wieder durch. Wir sind da schon am besten Wege. Von vielen Mädeln, Kellnerinnen vor allem, habe ich oft erst nachträglich erfahren, daß sie Kinder hatten. Es ist rührend zu sehen, wie es das ganze Glück so eines Mädels ist, für Kinder sorgen zu können. Kriegt ein Mädel kein Kind, so wird es hysterisch oder krank. Auffallend ist, daß fast alle Völker mehr Frauen als Männer haben.

Wenn man nicht soviel gesundes Leben sehen würde um sich herum, müßte man zu einem absoluten Lebensverächter werden. Würde ich nur die oberen Zehntausend sehen, so wäre ich es. Daß ich es nicht bin, verdanke ich allein dem Umgang mit der viel gesünderen breiten Masse. Auf dem Lande geht es soweit, daß der Vorwurf gegen einen Pfarrer, daß er Umgang hat, auf das Volk gar nicht wirkt ... Wenn der mit seiner Kathl einen Umgang hat, ist das ganze Dorf beruhigt: Die Kinder, die anderen Frauen haben eine Ruh! Beim Hirn kann er's auch nicht herausschwitzen! sagen die Frauen.

Das Verlogenste sind die oberen Zehntausend. Ich habe da die unglaublichsten Sachen erlebt. Leute haben beanstandet, weil sie einen nicht ehelichen Umgang hatten, während sie selbst geschiedene Frauen geheiratet haben! Einen Herrn habe ich, als er ähnlich verfuhr, sogar erst an seine eigene Geschichte erinnert. Man muß sich vorstellen, wie wenigen die Ehe die Erfüllung dessen ist, was von der Natur gewollt wurde: die Erfüllung der großen Lebenssehnsucht. Das größte Glück ist, daß sich die zwei finden, die von Natur zueinander gehören. Aber es sind so viele Momente, die Leute zusammenführen oder sie hindern zusammenzukommen. Wieviele Mädels stecken im Kloster, weil sie den nicht bekommen haben, den sie haben wollten. Soweit sie nicht versprochen sind, werden doch zwei Drittel aller Mädel in unseren Klöstern unglücklich Liebende gewesen sein. Wie wenigen Menschen ist praktisch die Möglichkeit gegeben, ihr Lebensrecht durchzusetzen!

...

Wenn uns dieser Krieg eine Viertel-Million Tote und 100 000 Verkrüppelte kostet, sind sie uns in dem Geburtenüberschuß wiedergeschenkt, den das deutsche Volk von der Machtübernahme an aufweisen kann. Sie werden uns in vielfacher Zahl wiedererstehen in den Siedlungen, welche ich dem deutschen Blut im Osten schaffe."

Q 124
Mutterschutz
Textauszug aus: Angelika Meister, Jahresberichte der Gewerbeaufsichtsbeamten III, 1937, S. 71f. und
Angelika Meister, Die deutsche Industriearbeiterin. Ein Beitrag zum Problem der Frauenarbeit, Jena 1939, S. 140

Die Dauer des Wochengeldbezuges vor der Entbindung wird auf zwei weitere Wochen erstreckt, wenn die Schwangere während dieser Zeit keine Beschäftigung gegen Entgeld ausübt und vom Arzt festgestellt wird, daß die Entbindung voraussichtlich innerhalb 6 Wochen stattfinden wird. Irrt sich der Arzt, so hat die Schwangere gleichwohl Anspruch auf das Wochengeld von dem in dem ärztlichen Zeugnis angenommenen Zeitpunkt bis zur Entbindung.
Oft aber besteht ein wirtschaftlicher Zwang für die Frauen, so daß sie noch innerhalb der Schutzfrist, häufig bis unmittelbar zu den ersten Anzeichen der eintretenden Entbindung, der Erwerbsarbeit nachgehen. Berücksichtigt man, daß das Krankengeld gegenwärtig 50 Prozent des Verdienstes ausmacht und die Schwangere dieses Geld aber auch dann erhält, wenn sie weiterhin dem Erwerb nachgeht, also eine Einnahme von 100 Prozent Arbeitslohn und 50 Prozent (als Krankengeld) = 150 Prozent Einkommen hat bei Ausübung ihrer Erwerbstätigkeit, dagegen bei deren Einstellen innerhalb 4 bzw. 6 Wochen vor der Entbindung nur eine Einnahme von ¾ des Grundlohnes, also nur die Hälfte des obigen Einkommens erzielt, und die oft gegebene wirtschaftliche Lage der Frauen und ihrer Familien, so erklärt sich, weshalb diese Frauen häufig bis kurz vor der Entbindung, oft bis zum letzten Tage, arbeiten. Nach einem Bericht der Gewerbeaufsichtsbeamten hatten z.B. in Köln 30 v. H. von 471 Arbeiterinnen bis zum letzten Tage gearbeitet. In Glochau betrug diese Zahl ⅔, das andere Drittel stellte die Arbeit 2 bis 3 Wochen vorher ein. Dagegen gingen Arbeiterinnen der Zigarettenindustrie und der Kleider- und Wäschekonfektion oft 4 bis 5 Monate vor der Entbindung zur Heimarbeit über, da sie hier sich die Arbeit nach Belieben einrichten können.
Die Tatsachen zeigen, daß die wirtschaftliche Sicherung die erwerbstätigen Mütter nicht ausreichend zu schützen vermag. Im Gegenteil, die auf zwölf Wochen erweiterte Schutzfrist wurde in ihrer Wirkung geschwächt durch die Möglichkeit der Zahlung des Wochengeldes neben dem Lohn. Um eine Umgehung der Schutzbestimmungen zu verhindern, müßte das Wochengeld für die Schwangeren auf die volle Höhe des Arbeitslohnes heraufgesetzt werden mit der Bedingung der Einstellung der Erwerbsarbeit.

Bericht des deutschen Arbeitsdienstes
... Rund 300000 Kinder werden zur Zeit jährlich nur deswegen nicht geboren, weil die elenden Wohnverhältnisse den Eltern den Mut nehmen ... 6 Millionen Wohnungen müssen gebaut werden, und zwar ausreichend große. Dafür sind etwa 60–80 Milliarden RM erforderlich, also nicht viel weniger als 1934–1939 für Rüstung und Westwall aufgebracht wurden.
(nach E. Aleff, Das Dritte Reich, Hannover 1979, S. 111)

Q 125
Hitler braucht Soldaten
Textauszug aus: Der deutschen Frauen Leid und Glück, Paris 1939, S. 19–21, 33, 35–36

Mit dem *Mutterschutz* für Betriebsarbeiterinnen sieht es im Dritten Reich ebenfalls sehr schlecht aus, trotz der vielen schön klingenden Reden der Naziführer. Die Frauenwalterin eines Berliner Betriebes, wo 2500 Frauen beschäftigt sind, erklärte bei Gelegenheit selbst, daß die im Mutterschutzgesetz vorgesehene Schonzeit nicht eingehalten wird, da die Frauen bis zu ihrer Niederkunft arbeiten. Sie tun es aus Not, weil die Löhne der Männer nicht ausreichen und jeder Lohnausfall ein schweres Opfer ist.
Dieser himmelschreiende Zustand hat tiefe Ursachen. Das Mutterschutzgesetz legt ein absolutes Beschäftigungs- und Kündigungsverbot für die Zeit von sechs Wochen vor und sechs Wochen nach der Niederkunft fest. Vor der Entbindung soll für diese Zeit von sechs Wochen die Hälfte des Grundlohnes bezahlt werden. Diese Bestimmungen sollen in jeder Betriebsordnung verankert sein. Wenn nun die nationalsozialistische Presse schreibt, daß es „erfreulicher Weise schon einige Betriebsführer gibt“, die den vollen Lohn weiter zahlen – ein Beispiel, auf das die Arbeiterinnen in anderen Fabriken sich zur Unterstützung ihrer Forderungen berufen sollten –, so muß man fragen: Warum bleibt dies der Freiwilligkeit der Unternehmer überlassen, warum werden sie nicht durch *Gesetz* dazu gezwungen? Die Arbeiterinnen werden ja auch nicht gefragt, wenn es heißt, „freiwillige“ Abgaben und Spenden zu entrichten, und das spüren sie ganz empfindlich an der Lohntüte. Sollten doch die schwerreichen Betriebsführer auf diese Weise wenigstens etwas zu der „wichtigsten bevölkerungspolitischen Aufgabe“, der Geburtenzunahme, beitragen; denn ihre Püppchen von Frauen haben wieso wenig Lust und Neigung, selbst mit gutem Beispiel bei der Verwirklichung des Lieblingswunsches des „Führers“ voranzugehen. Das ist eben so, weil die Hitlerregierung die Regierung ist, hinter der alle Kapitalisten stehen und weil sie noch nie so ausbeuten und so Profit machen konnten, wie unter der Naziherrschaft.
Zum Mutterschutz gehört weiter, daß schwangere Frauen nicht in gesundheitsschädlichen Betrieben arbeiten dürfen, und daß sie von schwerer Arbeit entlastet werden. Schwangere Frauen müssen eine leichtere Arbeit bei gleichen Lohnbedingungen erhalten und Sitzgelegenheiten haben. Ebenso wichtig ist, in jedem Betrieb auf Kosten des Unternehmers Kinderkrippen mit geprüftem Pflegepersonal einzurichten, damit die junge Mutter ihr Kind im Betrieb stillen kann und auch in der späteren Zeit es nicht fremden Leuten auf zufällige oder teuere Pflege zu überlassen braucht.
. . .
Schon im Mutterleib werden die Kinder durch schlechte Ernährung und schwere körperliche Arbeit gefährdet. Kommt dann ein Kind zur Welt, und es ist nach Ansicht der nationalsozialistischen Erbbiologie in den ersten Jahren seines Lebens „nicht tauglich“, dann wird es sterilisiert.
Die „Deutsche medizinische Wo-

chenschrift" schlägt vor, daß die Hälfte der Kinder, die in Wohlfahrtinstituten betreut werden, sterilisiert werden sollen. 40000 unschuldige Kinder würden damit auf den Operationstisch gebracht und für das ganze Leben zu unglücklichen Geschöpfen gemacht. Von Mutterglück und Mutterfreuden kann keine Rede mehr sein. Den Frauen wird wohl diktiert, recht viel Kinder in die Welt zu setzen; wie sie aber ernährt werden sollen, danach wird nicht gefragt. Es wäre angebrachter, wenn man den Männern einen den Lebensverhältnissen angepaßten Lohn bezahlen würde. Das wäre tatsächlich zum Wohle für Mutter und Kind, und Zwangsmaßnahmen zur Geburtenförderung wären überflüssig.

Die Nazis behaupten immer wieder, daß im Dritten Reich *alles* zum Wohle für Mutter und Kind geschehe. Bei unserer Untersuchung stellte sich aber etwas anderes heraus. Das Hilfswerk „Mutter und Kind" wird von der NSV betreut und geleitet. Aus der Bilanz des Winterhilfswerks 1936/1937 haben wir errechnet, daß es in Deutschland 15550000 Mütter und Kinder der werktätigen Bevölkerung gibt, denen geholfen werden müßte. Für ihre Unterstützung wurden von der NSV 54597470 Mark zur Verfügung gestellt. Ließe man von dieser Summe den Müttern und Kindern eine Hilfe zukommen, so würden 15,5 Millionen Mütter und Kinder der ärmsten Volksschichten pro Kopf und Tag durch die NSV *je einen einzigen Pfennig* bekommen.

. . .

Schon oftmals ist es vorgekommen, daß Mädels vom Landdienst und von der Landhilfe schwanger nach Hause geschickt wurden. Dann mögen die Eltern sehen, wie sie fertig werden. Machen die Eltern den Mädels Vorwürfe, so passiert es nicht selten, daß ihnen ihre eigene Tochter zur Antwort gibt: „Hitler will es doch so haben, daß wir Kinder kriegen." So wirkt die nationalsozialistische Erziehung und Propaganda sich unter der Jugend aus! Da meldet die nationalsozialistische „Frauenwelt" mit „Stolz", daß in einem Dörfchen bei Köln ein 12 ½jähriges Mädchen Zwillinge geboren hat. Der Vater war 14 Jahre alt. In einer Versammlung von Aerzten nannte man die steigende Zahl von Geburten bei minderjährigen Müttern eines der „interessantesten Merkmale einer neuen Zeit". „Eine neue Zeit", die im Zeichen der Kanonen und Tanks und der Hetze gegen andere Völker und Rassen steht. Und wohin wird diese „neue Zeit" Deutschland führen . . .?

Millionen blühende junge Menschen fanden im letzten Weltkrieg den Tod. „Mutter!" war ihr letztes Wort, bevor ihr Mund für immer schwieg. Hitler will diese Kindesliebe zur Mutter und alle privaten Gefühle zerstören, weil er Soldaten braucht, die blindlings für die Interessen der Reichen in Krieg und Tod gehen.

Q 126

Frauen – Menschenmaterial

Auszug aus einem Briefwechsel der zur IG Farben gehörenden Firma Bayer mit der Lagerleitung von Ausschwitz.

Textauszug aus: Wolfgang Wimmer, Die Sklaven. Eine Sozialgeschichte der Gegenwart, Reinbek 1979, S. 227–228

„Bezüglich des Vorhabens von Experimenten mit einem neuen Schlafmittel würden wir es begrüßen, wenn Sie uns eine Anzahl von Frauen zur Verfügung stellen würden . . ." „Wir erhielten Ihre Antwort; jedoch scheint uns der Preis von RM 200,– pro Frau zu hoch. Wir schlagen vor, nicht mehr als RM 170,– pro Kopf zu zahlen. Wenn Ihnen das annehmbar erscheint, werden wir Besitz von den Frauen ergreifen. Wir brauchen ungefähr 150 Frauen . . . „Wir bestätigen Ihr Einverständnis. Bereiten Sie für uns 150 Frauen in bestmöglichstem Gesundheitszustand vor, und sobald Sie uns mitteilen, daß sie soweit sind, werden wir diese übernehmen . . ." „Erhielten den Auftrag für 150 Frauen. Trotz ihres abgezehrten Zustandes wurden sie als zufriedenstellend befunden. Wir werden Sie bezüglich der Entwicklung der Experimente auf dem laufenden halten . . ." „Die Versuche wurden gemacht. Alle Personen starben. Wir werden uns bezüglich einer neuen Sendung bald mit Ihnen in Verbindung setzen."

Literaturhinweise

V. Die Arbeit der Frauen im Haus

Gertraude Kittler: Hausarbeit. Zur Geschichte einer „Natur-Ressource", München 1980 (eine Einführung in die Problematik der Zeit des deutschen Faschismus wird allerdings nicht eigens behandelt).
Eva Senghaas-Knobloch: Weibliche Arbeitskraft und gesellschaftliche Reproduktion, in: Leviathan, Zeitschrift für Sozialwissenschaft, 4/1976, S. 543–559.
Silvia Kontos/Karin Walser: . . . weil nur zählt, was Geld einbringt – Probleme der Hausfrauenarbeit, Gelnhausen 1979.
A. Tröger: Die Dolchstoßlegende der Linken: „Frauen haben Hitler an die Macht gebracht", in: Frauen und Wissenschaft, Berlin, Courage Verlag 1977, S. 324–355.

Die Hausgehilfin
Da es noch keine einschlägige Literatur gibt, sei auf *Uta Ottmüller:* Zur Sozialgeschichte der doppelten Ausnutzung von Dienstmädchen im deutschen Kaiserreich, Verlag Frauenpolitik 1978 verwiesen.

Ehe und Familie
Barbara Beuys: Familienleben in Deutschland. Neue Bilder aus der deutschen Vergangenheit (Kapitel „Angriff auf die Familie, S. 472–491), Hamburg 1980.

Mutterschaft
Karin Hausen: Mütter zwischen Geschäftsinteressen und kultischer Verehrung. Der „Deutsche Muttertag" in der Weimarer Republik, in: Sozialgeschichte der Freizeit, hrsg. v. G. Huck, Wuppertal 1980, S. 249–280.
Maria-Antonietta Macciocchi: Jungfrauen, Mütter und ein Führer. Frauen im Faschismus, Berlin 1978 (hier wird nur die ideologische Seite hervorgehoben).

Gisela Bock: Frauen und ihre Arbeit im Nationalsozialismus, in: Frauen in Geschichte, Düsseldorf 1979, S. 115ff. (G. Bock weist eindeutig nach, daß die nationalsozialistische Frauenpolitik rassistisch und gegen alle Formen der Abweichung und des ‚Asozialen' gerichtet war, d.h. daß sie nicht wie noch T. Mason feststellte, als „populistisch" zu bezeichnen ist. Das Regime sprach nicht „zu allen deutschen Bürgern", auch nicht wenn wir für Bürger und Bürgerinnen die Bestimmungen der Nürnberger Rassengesetze anwenden.)
Gisela Bock: „Zum Wohle des Volkskörpers ...". Abtreibung und Sterilisation im Nationalsozialismus, in: Journal für Geschichte, November 1980, S. 58–65.
Rainer Pommerin: Sterilisation der Rheinlandbastarde: Das Schicksal einer farbigen deutschen Minderheit 1918–1937, Düsseldorf 1979.
Gisela Bock: „Keine Arbeitskräfte in diesem Sinne": Prostituierte im Nazi-Staat, in: P. Biermann, „Wir sind Frauen wie andere auch". Prostituierte und ihre Kämpfe, Reinbek 1980, S. 70–106.
Frauen und Mütter. Beiträge zur 3. Sommeruniversität von und für Frauen 1978, Berlin 1979 (nur gelegentlich Bezug auf den deutschen Faschismus).

VI. Der Widerstand der Frauen gegen den Faschismus

„Der aus Überzeugung oder um des Glaubens oder des Gewissens willen gegen die nationalsozialistische Gewaltherrschaft geleistete Widerstand war ein Verdienst um das Wohl des Deutschen Volkes und Staates“, so heißt es im Bundesentschädigungsgesetz zur Entschädigung für die Opfer der nationalsozialistischen Verfolgung (verabschiedet vom Deutschen Bundestag am 18. 9. 1953). Die Auseinandersetzung mit dem Widerstand gegen den Nationalsozialismus hat sich mit all seinen Ausdruckformen zu beschäftigen. Es kann nicht ausreichen, den Widerstand gegen den Faschismus vorwiegend an militärisch-politischen Aktivitäten (20. Juli) abzulesen. Bedacht werden muß ebenso der Widerstandskampf sozialdemokratischer Gruppen, der Kampf der KPD um eine Einheitsfront und ein breites Kampfbündnis gegen den Faschismus, die bürgerliche Opposition, der christliche Widerstand, der Widerstandskampf der Opfer des Faschismus in Zuchthäusern und Konzentrationslagern. Eine Fülle von Publikationen, Dokumenten und Zeugnissen belegt inzwischen die Breite des Widerstandspotentials in der damaligen deutschen Bevölkerung. Es ist vermutet worden, daß die einseitige Betonung des Widerstandes der Männer des 20. Julis im Zusammenhang stehe mit einem Geschichtsverständnis, das eine gesellschaftliche Veränderung nur durch militärisch-elitäre Aktionen sich vorzustellen in der Lage sei. „Mit der Unterbewertung des Massenwiderstandes tritt eine Geschichtskonzeption hervor, die dem Volk nur eine passive, bestenfalls begleitende Rolle in der Geschichte zuweist ...“ (PEUKERT, 350), die sich historisch so nicht mehr halten läßt. Es gab sicher keinen Massenwiderstand, aber eine Zusammenarbeit der verschiedenen vorhandenen Widerstandsorganisationen, – zu spät erfolgten solche Versuche –, hätte dem Nationalsozialismus ein schnelleres Ende bereitet: „Ein Erfolg des Attentats auf Hitler, die Bildung einer nichtnationalsozialistischen Reichsregierung und das Zusammengehen mit dem organisierten Widerstand

hätten zur Beendigung des Krieges vor dem totalen Zusammenbruch geführt und damit die Rettung von Hunderttausenden, ja Millionen Menschen in Deutschland und in den besetzten Ländern bedeutet. Das Scheitern des Attentats war nicht zuletzt darauf zurückzuführen, daß die Planung weitgehend in den Händen einer elitär denkenden und konservativ gesinnten Gruppe von Offizieren lag, die den Weg zu einem Kampfbündnis mit der seit 1933 aktiven antifaschistischen Widerstandsbewegung nicht fand" (ALTMANN, BRÜDIGAM u.a., 265).
Die Tradierung verengter historischer Erfahrung von Widerstand kann in der politischen Auseinandersetzung heute und in der Bildungsarbeit (vgl. die im Anhang dokumentierte Empfehlung zur Behandlug des Widerstandes in der NS-Zeit im Unterricht) zur verhängnisvollen Haltung politischer Passivität führen, gefährlich deswegen, weil „der Staat ... im Rechtssinne gedacht werden (muß) als der freie Zusammenschluß der sittlich freien und selbstverantworteten Bürger, die ihn bilden" (20. Juli 1944, 210). Setzen sich die Träger der Staatsgewalt über die selbst zu verantwortende Ordnung hinweg, wird der Staat zum „Unrechtstaat, dann ist jedermann zum äußersten Widerstand berufen und aufgerufen." (Ebda., 211) Nur das Offenhalten bzw. die Erweiterung des historischen Widerstandsspektrums bewirkt eine angemessene Kenntnis der Widerstandstätigkeit während des Nationalsozialismus, die mit einem mündigen politischen Urteil und Verhalten korrespondieren kann.
Rückte, diese bedenkend, in neuerer Zeit der Arbeiterwiderstand in das erweiterte Interesse der Forschung, so bemüht sich dieser Beitrag darum, den spezifischen Anteil der Frauen am Widerstand gegen den Faschismus zu erfassen und zu dokumentieren. Damit kann sich einmal die Kenntnis über den Umfang des Widerstandes erweitern. Wichtiger erscheint aber die Arbeit an einem qualitativen Widerstandsbegriff, der der Spezifik weiblicher Widerständigkeit stärker nachgeht. Die Akzentuierung der Repräsentanz von Frauen am Widerstand gegen den Faschismus erfolgt aus der Überlegung heraus, daß Frauen, genau so wie Männer, Widerstand geleistet haben. „Man kann mit ziemlicher Sicherheit annehmen, daß der Anteil der deutschen Frauen am Widerstandskampf in den Jahren 1933–1945 bei etwa 20 Prozent lag" (ELLING, 72). Frauen aller Schichten beteiligten sich daran, wenn auch aufgrund unterschiedlicher Motivation und, – hier liegt die Besonderheit des weiblichen Widerstands –, mit unterschiedlichen Mitteln. Diese Mittel erscheinen oft so

schlicht und unauffällig, so sehr mit dem Alltag und seinen Sinnfälligkeiten verwoben, daß sie bisher nicht als Widerstandspotential erkannt worden sind und in den gängigen Widerstandsauffassungen keine Erwähnung finden. Im Gegenteil, „es ist selbstverständlich, daß nicht jeder ... beanspruchen kann, als Zeuge edler Gesinnung auf den Schild gehoben zu werden. Auch wer wegen gelegentlicher Äußerungen der Kritik oder der Empörung als ‚volksverhetzendes' oder defaitistisches Element dem Todesurteil verfiel, wird nicht ohne weiteres zum Widerstand zu rechnen sein. Darüber sollte kein Mißverständnis bestehen" (ROTHFELS, 18). Frauen haben sich aufgrund ihres begrenzteren Wirkungsbereichs, der nicht zuletzt durch den von den Nationalsozialisten verordneten Rückzug aus dem öffentlichen Leben bedingt war, weder mit spektakulären Umsturzplänen befaßt noch Attentate verübt. Die Beobachtung Reinhard Manns ist für sie zutreffend, daß Widerstandsformen gruppen- und schichtenspezifisch sind (MANN, 49). Da, wo sich Frauen der Unterschichten dem organisierten Widerstand anschlossen, ist ihre Widerstandstätigkeit genau so faßbar wie die ihrer männlichen Mitstreiter. Dokumente werden diesen Frauenwiderstand belegen können. Es soll aber darüber hinaus versucht werden, in den Bereich des unentdeckten Widerstandes der anonymen, auf sich selbst verwiesenen Frau vorzustoßen, die ihr Widerstandsverhalten mitunter nicht an vorgegebenen und männlich vorgelebten oppositionellen Formen orientieren konnte. In dem Sinne bekundet die am aktiven Widerstand beteiligt gewesene Maria Deeg: „nicht nur die Frauen, die aktiv Widerstand leisteten, waren Widerstandskämpfer, sondern all die Tausende, deren Männer, Söhne und Töchter in Haft waren und die standhaft ihr schweres Schicksal trugen" (ELLING, 103).
Es muß betont werden, daß kleine Nachweise von Widerstand vom Terrorregime genau so geahndet wurden wie groß angelegte Aktionen. „Einen oppositionellen Standpunkt einzunehmen, geschweige denn ihn öffentlich zu vertreten, verlangte nicht nur eine Art von persönlichem Heldentum, das unter den Voraussetzungen moderner Gesellschaftsordnung in allen Ländern ein seltenes Phänomen geworden zu sein scheint, sondern bedeutet zugleich die ernsteste Gefährdung für Familie und Freunde" (ROTHFELS, 20).
Was den Widerstand im Verborgenen kennzeichnet, der aus der weiblichen Lebenssphäre erwuchs, soll folgender Bericht von Walter Bartel charakterisieren: „Ich weiß aus dem Studium von Akten des Volksgerichtshofes, daß Tausende von Menschen wegen ...

kleiner Solidaritätsbeweise zu schweren Strafen verurteilt wurden. Lassen Sie mich hier ein sehr positives Beispiel berichten. In den 50iger Jahren kam eine große Gruppe ehemaliger französischer Häftlinge, die längere Zeit in das KZ Buchenwald verschleppt waren, in die DDR. Ein Teil dieser Gruppe bat in ein thüringisches Dorf geführt zu werden. Ein Autobus brachte sie dorthin, und sie haben solange gesucht, bis sie das betreffende Haus fanden und riefen nach der Bauersfrau. Als diese schon ältere Frau kam, lagen sie sich in den Armen. Was hat die Frau getan? Das Dorf befand sich in der Nähe eines Außenkommandos des KZ Buchenwald. Sie hat jeden Tag einen Topf voll mit Pellkartoffeln hingestellt, nur Pellkartoffeln, mehr konnte sie wahrscheinlich nicht geben. Die Franzosen sagten, das waren Diamanten. Man konnte sie nicht besser beschenken als mit diesen Kartoffeln. Sie haben ihnen den Hunger etwas gestillt, aber vor allem bekamen sie die Einsicht, daß nicht alle Deutschen Faschisten sind" (PEUKERT 1980, 97).
An diesen Bericht knüpft Bartel die Überlegung, daß jedes einzelne Beispiel von Widerstand und Solidarität ein Beweis dafür sei, „daß deutsche Menschen trotz Todesgefahr ihr Herz, ihr Gewissen und ihre Überzeugung höher vertreten als die Gefahr durch den faschistischen Terrorapparat" (Ebda.).
Diese Form weiblichen Widerstands ist in erster Linie nicht politisch motiviert. Das unmittelbare, persönliche, emotionale Betroffensein, das Gefühl von Sympathie, von Mitleid, die Erfahrung von Unrecht sind auslösende Momente für Widerständigkeit, die in einen allzu glatten Ablauf des faschistischen Räderwerks eingriff. Wenn diesem oft anspruchslosen Tun, das überdies meist individueller, vereinzelter Erfahrung entsprang, dennoch der Rang einer Widerständigkeit zuerkannt wird, so deswegen, weil in einem Terrorstaat schon Akte der Zivilcourage in die Dimension des Politischen hineinragen und sich im Rahmen des Politischen vollziehen. Widerstand ist nicht aus sich heraus begründbar, sondern kann nur im Zusammenhang mit der politisch-gesamtgesellschaftlichen Situation des totalen Staates beurteilt und gewürdigt werden. Die Gesetzgebung und terroristische Praxis des NS-Staates beweisen zu genüge, daß auch kleine Widersetzlichkeiten als staatsbedrohende Handlungen interpretiert und dem entsprechend verfolgt wurden.
Neben dieser spezifischen Form des weiblichen Widerstandes sollen andere Aktivitäten nicht unerwähnt bleiben. Berücksichtigt werden Dokumente des bürgerlichen und des organisierten Arbeiterin-

nenwiderstandes, aus denen der Wunsch nach der Beseitigung des Faschismus und die aktive Teilnahme an Maßnahmen zu seiner Beseitigung deutlich werden. Der Widerstand der arbeitenden weiblichen Frau findet ebenfalls seinen Ausdruck in den Quellen. Die arbeitende weibliche Bevölkerung befand sich in der fatalen Lage, ohne gewerkschaftlichen Schutz bisherige Errungenschaften der Arbeiterbewegung zu verteidigen und Zumutungen des Regimes abzuweisen. Beispiele zeigen, daß Widerstand in den Fabriken mitunter Erfolg hatte, aber er beinhaltete auch das volle Risiko der eigenen physischen Vernichtung.
Zum Schluß werden Dokumente aufgeführt, die dem Widerstand in den Konzentrationslagern betreffen. Auch hier gelang es Frauen unter barabarischen Bedingungen, über sich hinaus zu wachsen und Zeugen zu werden für Menschlichkeit, Mut und Würde. Sie haben sich nicht dem Diktat des Terrors gefügt, auch wenn sie gerade durch ihre Unbeugsamkeit ihr persönliches Schicksal besiegelten und der „Vernichtung" anheimfielen. Da das Grauen an diesen Stätten alle einbezog, wurde das Spektrum des Frauenwiderstandes auch auf Ausländerinnen ausgedehnt.
An den vorliegenden Zeugnissen und Quellen läßt sich kein eindeutiges Widerstandsschema der Frauen ablesen. Gewissermaßen vor Ort leisteten sie ihre Gegen-Arbeit, je nachdem, wo das Leben, ihre persönliche Situation, der Beruf, ihr politisches Engagement sie hingeführt hatten. Wir erleben Frauen selten bei sogenannten groß angelegten Aktionen, aber ihre Einsatzbereitschaft, ihr politisches Gewicht und ihr Opfermut sind deswegen nicht gering zu achten und verlangen der Nachwelt Bewunderung und Dank ab.

Empfehlung zur Behandlung des Widerstandes in der NS-Zeit im Unterricht – Beschluß der Kultusministerkonferenz vom 4. Dezember 1980

Die Kultusminister und Senatoren der Länder bekräftigen die Notwendigkeit, im Geschichtsunterricht sowie in der politischen Bildung grundlegende Kenntnisse und Einsichten über die nationalsozialistische Gewaltherrschaft zu vermitteln.
Für die Auseinandersetzungen mit dem Nationalsozialismus, den Ursachen und Wirkungen seiner Herrschaft, hat die zeitgeschichtliche Forschung neue und verbesserte Grundlagen geschaffen. Sie betreffen auch den Widerstand gegen die nationalsozialistische Gewaltherrschaft, dessen vielfältige Erscheinungsformen heute differenzierter und umfassender gesehen und gewürdigt werden können als noch vor Jahren. Sichtbar ist heute, daß es nicht nur den systematischen und programmatischen Widerstand politischer Gruppen gegeben hat (z. B. Goerdeler-Kreis, Kreisauer Kreis, Neubeginnen etc), son-

dern auch einen weitverbreiteten Widerstand im Volk, der sich in Formen der Nichtanpassung, der Verweigerung im Einzelfall, oft der passiven Resistenz geäußert hat. Sichtbar ist auch, daß es unterschiedliche weltanschauliche und politische Motive waren, die zum Widerstand geführt haben. Der Widerstand kann nicht auf einen einzigen Nenner gebracht, er darf deswegen auch nicht von einer einzigen Seite betrachtet oder gar vereinnahmt werden. Gemeinsam ist jedoch allen Erscheinungen des Widerstandes der Ausgangspunkt: Die Auflehnung gegen den totalen Zugriff der NS-Politik auf das Alltagsleben; die moralische Empörung gegen Rechtsbrüche; die Parteinahme für Verfolgte; der Versuch, in einem total gelenkten Staat ein Minimum an moralischer Verantwortung, sei es auch nur im engsten Kreis von Familie, Gemeinde, Kirche, aufrechtzuerhalten; mit zunehmender Kriegsdauer auch das Bewußtwerden der Sinnlosigkeit und des mörderischen Charakters dieses Krieges.

Für die Schule bedeutet dies, daß sie versuchen muß, den Widerstand in den Gesamtzusammenhang der nationalsozialistischen Herrschaft und Politik zu stellen. Hier sind auch die Widerstandsbewegungen außerhalb Deutschlands und die Aktivitäten von Emigranten im Exil zu würdigen. Neben prinzipieller Opposition muß auch die situationsbedingte Teilopposition berücksichtigt werden. Neben die Darstellung führender Figuren des Widerstandes muß die des Alltagslebens im Dritten Reich treten. Zur Behandlung des Widerstandes bietet sich das lokalgeschichtliche und regionalgeschichtliche Umfeld besonders an. Zu zeigen ist, daß die Kapitulation vor der Diktatur oft nicht mit spektakulären Einbrüchen, sondern mit den kleinen Feigheiten des Alltags begonnen hat; daß sich aber auch gerade im Alltag stiller Widerstand findet, ohne den ein Bild des Lebens im Dritten Reich nicht vollständig wäre. Zu zeigen ist aber auch, wie Angst und Anpassung entstehen konnten und vielen den Mut nahmen, das Unrecht zur Kenntnis zu nehmen oder gar dagegen zu handeln.

Die Behandlung des Widerstandes gegen die nationalsozialistische Gewaltherrschaft in Schule und politischer Bildung hat das Ziel, Erinnerungen wachzuhalten, geschichtliche Grundkenntnisse zu vermitteln und das politische Urteil zu schärfen. Dadurch soll sie bei jungen Menschen demokratische Werthaltungen befestigen und entsprechende Verhaltensweisen aufbauen. Die Untersuchung des Widerstandes soll die Achtung vor den Menschenrechten, die politische und moralische Verantwortlichkeit und das Eintreten für eine Ordnung stärken, in der verschiedene politische und weltanschauliche Richtungen im demokratischen Verfassungskonsens nebeneinander und miteinander bestehen können. In den Kräften des Widerstandes, so verschieden sie waren, zeigt sich ein gemeinsamer Wille zur moralischen Selbstbehauptung auch in einer aussichtslosen politischen Lage. In der Vergegenwärtigung des Widerstandes in Unterricht und politischer Bildung liegt daher ein Schlüssel für die Zukunft unserer demokratischen Ordnung.

Literaturhinweise

Peter Altmann Heinz Brüdigam u.a.: Der deutsche antifaschistische Widerstand 1933–1945, Frankfurt 1978[7]
Hanna Elling: Frauen im deutschen Widerstand 1933–45, Frankfurt 1978
Eugen Kogon: Der SS-Staat, das System der deutschen Konzentrationslager, München 1979[4]
Reinhard Mann: Was wissen wir vom Widerstand? – Datenqualität, Dunkelfeld und Forschungsartefakte, in: Christoph Kleßmann, Falk Pingel (Hrsg.), Gegner des Nationalsozialismus, Frankfurt, New York 1980, S. 35ff.
Detlev Peukert: Ruhrarbeiter gegen den Faschismus, Frankfurt 1976
Ders.: Zur Rolle des Arbeiterwiderstandes im „Dritten Reich“, in: Christoph Kleßmann, Falk Pingel (Hrsg.), Gegner des Nationalsozialismus, Frankfurt, New York 1980, S. 73ff.
Hans Rothfels: Die deutsche Opposition gegen Hitler, Frankfurt 1961
20Juli 1944: Ein Drama des Gewissens und der Geschichte, Dokumente und Berichte, Frankfurt 1961

1. Aus der Widerstandstätigkeit bürgerlicher Frauen (Q 126–Q 129)

Sophie Scholls Widerstandstaten bieten ein Beispiel für die Bedeutsamkeit der bürgerlichen antifaschistischen Opposition. Sie wurde am 9. Mai 1921 in Fochtenberg/Württemberg geboren. Nach dem Abitur arbeitete sie als Kindergärtnerin, wurde dann aber zum Arbeitsdienst und Kriegshilfsdienst eingezogen. Von 1942 an studierte sie in München Biologie und Philosophie. Zusammen mit ihrem Bruder Hans schloß sie sich einer studentischen Widerstandsgruppe an, die aus humanitär-religiöser Motivation heraus das faschistische System ablehnte und bekämpfte. Die Weiße Rose druckte Tausende von Flugblättern und verteilte sie im süddeutschen Raum (Q 127, 128). In konspirativer Arbeit weniger geschult als andere Widerstandsgruppen, wurde Sophie mit ihrem Bruder am 18. Februar 1943 verhaftet, als sie Flugblätter in den Lichthof der Universität warfen. Am 22. Februar 1943 wurden die Geschwister durch den Volksgerichtshof verurteilt und hingerichtet (Q 126).
Der gekürzte Bericht *Ledwina Lechners* gewährt Einblick in die Widerstandstätigkeit einer Dominikanerin (Q 129).

Q 126

Aus der Urteilsbegründung des Volksgerichtshofs im Prozeß gegen Mitglieder der „Weißen Rose"

Textauszug aus: Gewalt und Gewissen, Willi Graf und die „Weiße Rose" – Eine Dokumentation, Freiburg u. a. 1963, S. 107 ff.

„Der Angeklagte Hans *Scholl* hat seit Frühjahr 1939 Medizin studiert und steht – dank der Fürsorge der nationalsozialistischen Regierung – im achten Semester. Zwischendurch war er im Frankreichfeldzug und vom Juli bis November 1942 an der Ostfront im Sanitätsdienst tätig.
Als Student hat er die Pflicht vorbildlicher Gemeinschaftsarbeit. Als Soldat – er ist als solcher zum Studium kommandiert – hat er eine besondere Treuepflicht zum Führer. Das und die Fürsorge, die gerade ihm das Reich angedeihen ließ, hat ihn nicht gehindert, in der ersten Sommerhälfte 1942 Flugblätter der ‚Weißen Rose' zu verfassen, zu vervielfältigen und zu verbreiten, die defaitistisch Deutschlands Niederlage voraussagen, zum passiven Widerstand der Sabotage in Rüstungsbetrieben und überhaupt bei jeder Gelegenheit auffordern, um dem deutschen Volk seine nationalsozialistische Lebensart und also auch seine Regierung zu nehmen . . .
Von Rußland im November 1942 zurückgekehrt, forderte Scholl seinen Freund, den Mitangeklagten Probst auf, ihm ein Manuskript zu liefern, das dem deutschen Volk die Augen

öffne! Einen Flugblattentwurf wie gewünscht lieferte Probst dem Scholl auch tatsächlich Ende Januar 1943. In Gesprächen mit seiner Schwester Sophie *Scholl* entschlossen sich beide, Flugblattpropaganda im Sinne einer Arbeit gegen den Krieg und für ein Zusammengehen mit den feindlichen Plutokratien gegen den Nationalsozialismus zu treiben. Die beiden Geschwister, die ihre Studentenzimmer bei derselben Wirtin hatten, verfaßten gemeinsam ein Flugblatt ‚An alle Deutsche'. In ihm wird ... der Befreiungskrieg gegen das ‚nationalsozialistische Untermenschentum' angesagt und werden Forderungen im Sinne liberaler Formaldemokratie aufgestellt. Außerdem verfaßten die Geschwister ein Flugblatt ‚Deutsche Studentinnen und Studenten' (in späteren Auflagen ‚Kommilitoninnen und Kommilitonen'). Sie sagen der Partei den Kampf an, der Tag der Abrechnung sei gekommen, und scheuen sich nicht, ihren Aufruf zum Kampf gegen den Führer und die nationalsozialistische Lebensart unseres Volkes mit dem Freiheitskampf gegen Napoleon (1813) zu vergleichen und auf ihn das Soldatenlied ‚Frisch auf, mein Volk, die Flammenzeichen rauchen' anzuwenden!!!

Die Flugblätter haben die Angeklagten Scholl teilweise mit Hilfe eines Freundes, des Medizinstudenten Schmorell ... verbreitet:

1. Schmorell fuhr nach Salzburg, Linz, Wien und warf dort 200, 300 1200 adressierte Flugblätter für diese Städte und in Wien außerdem 400 für Frankfurt am Main in Briefkästen;

2. Sophie Scholl warf in Augsburg 200 und ein andermal in Stuttgart 600 in Postbriefkästen.

3. Nachts streute Hans Scholl zusammen mit Schmorell Tausende in Münchener Straßen aus.

4. Am 18. Februar legten die Geschwister Scholl 1500 bis 1800 in der Münchener Universität in Päckchen ab und Sophie Scholl warf einen Haufen vom 2. Stock in den Lichthof.

Hans Scholl und Schmorell haben auch am 3., 8. und 15. Februar 1943 nachts an vielen Stellen Münchens, so vor allem auch an der Universität, Schmieraktionen mit den Inschriften ‚Nieder mit Hitler', ‚Hitler, der Massenmörder', ‚Freiheit' durchgeführt ... Die Auslagen – im ganzen ungefähr 1000 Mark – haben die Angeklagten selbst bestritten.

Probst hat auch sein Medizinstudium im Frühjahr 1939 begonnen und steht jetzt als zum Studium kommandierter Soldat im achten Semester. Er ist verheiratet und hat drei Kinder ... Er ist ein ‚unpolitischer Mensch', also überhaupt kein Mann! Weder die Fürsorge des nationalsozialistischen Reiches für seine Berufsausbildung noch die Tatsache, daß nur die nationalsozialistische Bevölkerungspolitik ihm ermöglichte, als Student eine Familie zu haben, hinderten ihn, auf Aufforderung Scholls ‚ein Manuskript' zu schreiben, das den Heldenkampf in Stalingrad zum Anlaß nimmt, den Führer als militärischen Hochstapler zu beschimpfen, in feigem Defaitismus zu machen, und das dann, in Aufrufform übergehend, zum Handeln im Sinne einer, wie er vorgibt, ehrenvollen Kapitulation unter Stellungnahme gegen den Nationalsozialismus auffordert ...

Wer so, wie die Angeklagten getan haben, hochverräterisch die innere Front und damit im Kriege unsere Wehrkraft zersetzt und dadurch den Feind des Reiches begünstigt (§ 5 Kriegssonderstrafordnung und § 91b StGB), erhebt den Dolch, um ihn in den Rücken der Front zu stoßen! ... Wer so handelt, versucht gerade

jetzt, wo es gilt, ganz fest zusammenzustehen, einen ersten Riß in die geschlossene Einheit unserer Kampffront zu bringen. Und das taten deutsche Studenten, deren Ehre allzeit das Selbstopfer für Volk und Vaterland war!
Wenn solches Handeln anders als mit dem Tode bestraft würde, wäre der Anfang einer Entwicklungskette gebildet, deren Ende einst – 1918 war. Deshalb gab es für den Volksgerichtshof zum Schutze des kämpfenden Volkes und Reiches nur eine gerechte Strafe: die Todesstrafe. Der Volksgerichtshof weiß sich darin mit unseren Soldaten einig!
Durch ihren Verrat an unserem Volke haben die Angeklagten ihre Bürgerehre für immer verwirkt."

Q 127
Aus einem Flugblatt der Weißen Rose
Textauszug aus: Inge Scholl, Die weiße Rose, Frankfurt 1952, S. 100f.

... Wer hat die Toten gezählt, Hitler oder Goebbels – wohl keiner von beiden. Täglich fallen in Rußland Tausende. Es ist die Zeit der Ernte, und der Schnitter fährt mit vollem Zug in die reife Saat. Die Trauer kehrt ein in die Hütten der Heimat, und niemand ist da, der die Tränen der Mütter trocknet. Hitler aber belügt die, deren teuerstes Gut er geraubt und in den sinnlosen Tod getrieben hat.
Jedes Wort, das aus Hitlers Munde kommt, ist Lüge. Wenn er Frieden sagt, meint er den Krieg, und wenn er in frevelhaftester Weise den Namen des Allmächtigen nennt, meint er die Macht des Bösen, den gefallenen Engel, den Satan. Sein Mund ist der stinkende Rachen der Hölle, und seine Macht ist im Grunde verworfen. Wohl muß man mit rationalen Mitteln den Kampf wider den nationalsozialistischen Terrorstaat führen; wer aber heute noch an der realen Existenz der dämonischen Mächte zweifelt, hat den metaphysischen Hintergrund dieses Krieges bei weitem nicht begriffen. Hinter dem Konkreten, hinter dem sinnlich Wahrnehmbaren, hinter allen sachlichen logischen Überlegungen steht das Irrationale, d.i. der Kampf wider den Dämon, wider den Boten des Antichrist. Überall und zu allen Zeiten haben die Dämonen im Dunkeln gelauert auf die Stunde, da der Mensch schwach wird, da er seine ihm von Gott auf Freiheit gegründete Stellung im Ordo eigenmächtig verläßt, da er dem Druck des Bösen nachgibt, sich von den Mächten höherer Ordnung loslöst und so, nachdem er den ersten Schritt freiwillig getan, zum zweiten und dritten und immer mehr getrieben wird mit rasend steigender Geschwindigkeit. – Überall und zu allen Zeiten der höchsten Not sind Menschen aufgestanden, Propheten, Heilige, die ihre Freiheit gewahrt hatten, die auf den einzigen Gott hinwiesen und mit seiner Hilfe das Volk zur Umkehr mahnten. Wohl ist der Mensch frei, aber er ist wehrlos wider das Böse ohne den wahren Gott, er ist wie ein Schiff ohne Ruder, dem Sturme preisgegeben, wie ein Säugling ohne Mutter, wie eine Wolke, die sich auflöst.
Gibt es, so frage ich dich, der du ein Christ bist, gibt es in diesem Ringen um die Erhaltung deiner höchsten Güter ein Zögern, ein Spiel mit Intrigen, ein Hinausschieben der Entscheidung in der Hoffnung, daß ein anderer die Waffen erhebt, um dich zu verteidigen? Hat dir nicht Gott selbst die Kraft und den

Mut gegeben, zu kämpfen? Wir müssen das Böse dort angreifen, wo es am mächtigsten ist, und es ist am mächtigsten in der Macht Hitlers ...

Q 128

Flugblatt der Weißen Rose

Textauszug aus: P. Altmann u. a., Der deutsche antifaschistische Widerstand 1933–1945, Frankfurt 1978[2], S. 202

Kommilitoninnen! Kommilitonen!

Erschüttert steht unser Volk vor dem Untergang der Männer von Stalingrad. Dreihundertdreissigtausend deutsche Männer hat die geniale Strategie des Weltkriegsgefreiten sinn- und verantwortungslos in Tod und Verderben gehetzt. Führer, wir danken dir!

Es gärt im deutschen Volk: Wollen wir weiter einem Dilettanten das Schicksal unserer Armeen anvertrauen? Wollen wir den niedrigen Machtinstinkten einer Parteiclique den Rest der deutschen Jugend opfern? Nimmermehr!

Der Tag der Abrechnung ist gekommen, der Abrechnung unserer deutschen Jugend mit der verabscheuungswürdigsten Tyrannis, die unser Volk je erduldet hat. Im Namen der ganzen deutschen Jugend fordern wir von dem Staat Adolf Hitlers die persönliche Freiheit, das kostbarste Gut des Deutschen zurück, um das er uns in der erbärmlichsten Weise betrogen hat.

In einem Staat rücksichtsloser Knebelung jeder freien Meinungsäusserung sind wir aufgewachsen. HJ, SA, SS haben uns in den fruchtbarsten Bildungsjahren unseres Lebens zu uniformieren, zu revolutionieren, zu narkotisieren versucht. „Weltanschauliche Schulung“ hiess die verächtliche Methode, das aufkeimende Selbstdenken und Selbstwerten in einem Nebel leerer Phrasen zu ersticken. Eine Führerauslese, wie sie teuflischer und bornierter zugleich nicht gedacht werden kann, zieht ihre künftigen Parteibonzen auf Ordensburgen zu gottlosen, schamlosen und gewissenlosen Ausbeutern und Mordbuben heran, zur blinden, stupiden Führergefolgschaft. Wir „Arbeiter des Geistes“ wären gerade recht, dieser neuen Herrenschicht den Knüppel zu machen. Frontkämpfer werden von Studentenführern und Gauleiteraspiranten wie Schuljungen gemassregelt, Gauleiter greifen mit geilen Spässen den Studentinnen an die Ehre. Deutsche Studentinnen haben an der Münchner Hochschule auf die Besudelung ihrer Ehre eine würdige Antwort gegeben, deutsche Studenten haben sich für ihre Kameradinnen eingesetzt und standgehalten. Das ist ein Anfang zur Erkämpfung unserer freien Selbstbestimmung, ohne die geistige Werte nicht geschaffen werden können. Unser Dank gilt den tapferen Kameradinnen und Kameraden, die mit leuchtendem Beispiel vorangegangen sind!

Es gibt für uns nur eine Parole: Kampf gegen die Partei! Heraus aus den Parteigliederungen, in denen man uns politisch weiter mundtot halten will! Heraus aus den Hörsälen der SS- Unter- oder Oberführer und Parteikriecher! Es geht uns um wahre Wissenschaft und echte Geistesfreiheit! Kein Drohmittel kann uns schrecken, auch nicht die Schliessung unserer Hochschulen. Es gilt den Kampf jedes einzelnen von uns um unsere Zukunft, unsere Freiheit und Ehre in einem seiner sittlichen Verantwortung bewussten Staatswesen.

Freiheit und Ehre! Zehn lange Jahre haben Hitler und seine Genossen die bei-

den herrlichen deutsche Worte bis zum Ekel ausgequetscht, abgedroschen, verdreht, wie es nur Dilettanten vermögen, die die höchsten Werte einer Nation vor die Säue werfen. Was ihnen Freiheit und Ehre gilt, haben sie in zehn Jahren der Zerstörung aller materiellen und geistigen Freiheit, aller sittlichen Substanz im deutschen Volk genugsam gezeigt. Auch dem dümmsten Deutschen hat das furchtbare Blutbad die Augen geöffnet, das sie im Namen von Freiheit und Ehre der deutschen Nation in ganz Europa angerichtet haben und täglich neu anrichten. Der deutsche Name bleibt für immer geschändet, wenn nicht die deutsche Jugend endlich aufsteht, rächt und sühnt zugleich, seine Peiniger zerschmettert und ein neues, geistiges Europa aufrichtet.
Studentinnen! Studenten! Auf uns sieht das deutsche Volk! Von uns erwartet es, wie 1813 die Brechung des Napoleonischen, so 1943 die Brechung des nationalsozialistischen Terrors aus der Macht des Geistes.
Beresina und Stalingrad flammen im Osten auf, die Toten von Stalingrad beschwören uns!
„Frisch auf, mein Volk, die Flammenzeichen rauchen!" Unser Volk steht im Aufbruch gegen die Verknechtung Europas durch den Nationalsozialismus, im neuen gläubigen Durchbruch von Freiheit und Ehre!

Q 129

Bericht Ledwina Lechner

Textauszug aus: Hanna Elling, Frauen im deutschen Widerstand 1933–45, Frankfurt 1978, S. 117f.

Als fünftes von acht Kindern wurde ich am 20. März 1913 als Tochter der römisch-katholischen Eheleute Franz Lechner und Dorothea geb. Klein in Rodalben geboren.
Unsere Eltern erzogen uns streng nach religiös sittlichen Grundsätzen und waren uns durch ihr eigenes korrektes, echt christliches Leben ein leuchtendes Beispiel, richtungweisend für unser Leben.
Ich trat im April 1926 als Kandidatin im Lehrerinnenseminar der Dominikanerinnen in Speyer ein. Nach erfolgreichem Abschluß des Studiums im März 1932 ließ ich mich im August 1932 als Dominikanerin einkleiden und in das Noviziat aufnehmen. Im August 1933 legte ich meine Profeß ab, obwohl Hitler inzwischen die Macht ergriffen hatte und man ahnte, daß für Kirche und Klöster keine rosige Zukunft bevorstand.
Schon früh hatte uns Vater über Hitler und seine Ideen aufgeklärt. Ein Erlebnis ist mir besonders in Erinnerung geblieben: Es war im Mai 1928, als wir uns auf die Fahrt nach München begaben. In Augsburg sah ich auf dem Bahnsteig Männer in braunen Uniformen. Ich fragte Vater, ob das Soldaten seien. Seine Antwort: „Nein, das sind Nazis." Und dann erklärte er mir, daß das „keine Leute von unserer Gesinnung" seien. Für mich war sein Ausspruch richtungweisend und ausschlaggebend für meine Haltung in all den kommenden Jahren, wo ich mit zunehmender Reife und aus eigener Beobachtung den Nationalsozialismus erkannte und ablehnte.
Im September 1933 kam ich nach Blickweiler und war in der Volksschule tätig bis 1937. Am 1. 4. 1937 wurden wir klösterlichen Lehrerinnen durch Nazigesetz aus dem öffentlichen Dienst entlassen. Ich wirkte weiter in Blickweiler als

Organistin und Chorleiterin, verwaltete die Pfarrbücherei und erteilte Religionsunterricht. Schon im ersten Jahr meiner Tätigkeit in Blickweiler, also 1933, organisierte ich die Jugend im Bund der Katholischen Pfadfinder. In dieser Zeit arbeitete ich rege mit Änne Meier, zur Zeit Baltersweiler, zusammen, die damals Gaufeldmeisterin war für die Stämme Saar-Pfalz-Baden. Bis 1935 vor der Rückgliederung arbeiteten wir ziemlich ungestört; aber dann setzte der Kampf ein. Wir hielten die Jugend zusammen, so daß der BDM in Blickweiler lange nicht Fuß fassen konnte. Das erregte den Ärger der Parteileitung und besonders der BDM- und HJ-Führer. Man verlangte von mir, ich solle die Mädchen überreden, auch Mitglied des BDM zu werden; ich lehnte das natürlich ab. Man warb bei den Mädchen – ohne Erfolg. Nun bespitzelte man uns und hetzte. Auf Plakaten wurde eingeladen zum BDM, „auch wenn gewisse erzieherische Elemente die Mädchen zurückhalten wollten". Erzieherische Elemente – damit meinte man mich.
Bald trat die Gestapo auf den Plan, verhörte und wollte die Banner beschlagnahmen. Ich hatte sie rechtzeitig „der Kirche als Eigentum vermacht". Und so scharte sich auch weiterhin die Jugend um ihre Christus- und Lilienbanner, wenn auch nur im kirchlichen Raum. Die katholischen Jugendverbände waren zwar verboten, aber sie existierten trotzdem weiter. Ich führte die Gruppen als Singe- und Bibelkreise. Wir lasen bei unseren Zusammenkünften eifrig die Mölders- und Galenbriefe, die Rundbriefe des Bundes und die Weisungen, die uns durch unsern geistlichen Führer (Kuraten) zukamen. So waren wir über Wesen und Ziele des Nationalsozialismus immer gut orientiert und hielten um so treuer zu unsern Idealen.
So wie ich die Banner vor dem Zugriff der Gestapo rettete, war ich auch mit der Pfarrbücherei der Gestapo zuvorgekommen. Als sie kam und die Bücherei beschlagnahmte, auch versiegelte, standen fast nur alte Bücher in den Regalen; alle anderen waren „ausgeliehen". Ich hatte sie zuverlässigen Leuten zur Aufbewahrung übergeben.

---

2. Frauen im organisierten Widerstand
a) Die Schulze-Boysen/Harnackorganisation (Q 130–Q 137)

Eine bedeutende Widerstandsgruppe, zu der auch 18 Frauen zählten, entfaltete von 1938 an ihre Tätigkeit und stand unter Führung von Harro Schulze-Boysen und Arvid Harnack. Bekannt wurde sie unter dem Namen „Rote Kapelle". Zu ihr zählten vorwiegend Künstler und Akademiker, die ihre Widerstandstätigkeit mit der Herstellung und Verbreitung von illegalen Schriften verband. Bemüht um die Beendigung des Krieges, leitete die Gruppe militärische Informationen an die Sowjetunion weiter. Konkreten Einblick in die umfangreiche Arbeit dieser Widerstandsgruppe gewährt eine Überlebende (Q 130). Von August 1942 bis 1943 wurden viele Mitglieder gefangengenommen, darunter auch Frauen, die anschließend zum Tode verurteilt wurden (Q 131–Q 136).

Cato Bontjes van Beek, geboren am 14. November 1920 in Bremen und am 5. August in Berlin-Plötzensee hingerichtet, war von Beruf Keramikerin. 1939 zog sie nach Berlin, um in der Keramikwerkstatt ihres Vaters mitzuarbeiten. Dort schloß sie sich der kommunistischen Widerstandsgruppe u. a. um Harro Schulze-Boysen und Arvid Harnack an. Sie vervielfältigte mit Heinz Strelow und John Gaudenz illegale Schriften und Flugblätter, in denen zum Sturz des Nationalsozialismus aufgerufen wurde. Zur Beurteilung Cato Bontjes van Beeks vgl. auch Q 130.

Libertas Schulze-Boysen, geborene Eulenberg, geboren 1913, war Schauspielerin und Schriftstellerin. Sie arbeitete zusammen mit ihrem Manne, Harro Schulze-Boysen, Offizier im Reichsluftfahrtministerium, an Widerstandsaktionen gegen den Nationalsozialismus und wurde am 22. Dezember 1942 gehängt.

Hilde Coppi wurde am 30. Mai 1909 in Berlin geboren. Sie nahm zusammen mit ihrem Mann Hans als Mitglied der Schulze-Boysen/Harnackorganisation an anifaschistischen Geheimtätigkeiten teil. Am 12. September wurde sie von der Gestapo in Berlin verhaftet. Am 27. November kam der Sohn Hans zur Welt. Gnadengesuche wurden abgewiesen und das Todesurteil am 5. August 1943 in Berlin-Plötzensee vollstreckt, nachdem Hans Coppi schon am 22. Dezember 1942 hingerichtet worden war.

Q 130

Aus einem Interview mit Elfriede Paul

Textauszug aus: Hanna Elling, Frauen im deutschen Widerstand 1933–45, a.a.O., S. 140ff.

Ende 1938 wurde ich vom Magistrat aus dem Schulärztedienst und dem Fürsorgedienst entlassen. Da war für mich alles aus, ich stand praktisch auf der Straße. Durch diese Arbeitslosigkeit wurde ich gezwungen, eine Praxis zu gründen, und zwar in Berlin-Wilmersdorf. Diese Praxis ist das wesentlichste Merkmal meiner politischen Tarnung geworden. Dort konnte ich illegal arbeiten mit Freunden, die ich vorher schon kannte. Das war entscheidend.

Meine illegale Tätigkeit begann, als mich Kurt Schumacher besuchte. Ich kannte Kurt Schumacher von früher. Wir waren schon vor 1933 miteinander befreundet. Wenn ich in Berlin war, besuchte ich ihn. Ich fuhr von Hamburg aus öfter nach Berlin, wo ich ja auch studierte. Kurt Schumacher war der

Sohn eines politisch aktiven Gewerkschaftsfunktionärs der Gewerkschaft Textil, Bekleidung, Leder. Vater Schumacher war Kommunist, Kurt Schumacher kommunistisch erzogen. Mutter Schumacher machte mit. (Sie lebt heute noch.)
Mit Kurt Schumacher stand ich ständig in loser Verbindung. Er war inzwischen verheiratet, mit Elisabeth. Mit beiden bestand ganz lose freundschaftliche, kameradschaftliche, ideologische Harmonie. Aber es war von politischer Arbeit noch nicht die Rede.
In der Zwischenzeit hatte auch Harro Schulze-Boysen Kurt Schumacher kennengelernt, und Kurt hatte ihm von mir erzählt. Er sagte so ungefähr: „Um Elfriede Paul müßt ihr euch mal kümmern, von ihr höre ich gar nichts mehr."
Anfang 1936 schickten sie Walter Küchenmeister zu mir. So haben wir uns kennengelernt. Das war ganz dramatisch. Ich hatte, um Geld zu verdienen, ärztlichen Nachtdienst übernommen für meine Wohn- und Arbeitsgegend, Kurfürstendamm, Hohenzollerndamm. Eines Abends, als meine Sprechstundenhilfe schon am Aufräumen war, erschien ein dunkler, junger, sehr nervöser Mann, der sich als Dr. Schwarz vorstellte. Ich fuhr ihn an: „Dr. Schwarz, wieso sind Sie hier, es ist mir doch gesagt worden, ich solle ihren Dienst übernehmen." Er wurde noch unsicherer und sagte endlich, er wolle mir Grüße von Kurt Schumacher übermitteln. Ich sagte darauf: „Das hättest du doch gleich sagen können." Wir waren dann gleich mittendrin. Er erzählte mir, daß er mit Kurt und Harro gesprochen habe. Sie wollten mich zu aktiver politischer Arbeit gewinnen. Ich sagte zuerst – ich sei BDM-Ärztin und mache sowieso schon, was ich irgend könne. Hier in meiner Praxis habe es sich schon herumgesprochen, es kämen Genossen zu mir in die Praxis. „Was wollt ihr also?" Er erklärte mir dann, daß sie sich ausgedacht hätten, sehr klug ausgedacht, daß in einer ärztlichen Praxis viel Pulbikum aus- und eingehe, und es nicht auffalle, wenn Leute kommen. Deshalb wurden von jetzt an fast jeden Abend bei mir Versammlungen gemacht.
Da waren Schumachers dabei, Elisabeth nicht immer, aber Kurt immer, Harro Schulze-Boysen, Walter Küchenmeister. Und von Zeit zu Zeit kam – ich muß betonen, daß es 1938 noch Entlassungen aus Konzentrationslagern gab – Walter Husemann. Er war in Buchenwald gewesen und hatte dort die Bibliothek aufgebaut, eine Funktion, die immer politische Häftlinge innehatten, weil es die Gebildetsten aus der Arbeiterschaft oder Intellektuelle waren.
Er kam mit noch geschorenem Kopf zu uns und stand unter Polizeitaufsicht. Walter Husemann war unser Verbindungsmann zu einer anderen Gruppe, in der er gearbeitet hat, es war die Betriebsgruppe eines Berliner Betriebes für Apparatebau.
Zu unseren Treffs brachte Harro Schulze-Boysen Zeitschriften, bebilderte und geheime Materialien aus seinem Ministerium mit. (Er arbeitete in der Nachrichtenabteilung des Reichsluftfahrtministeriums.) Wir sprachen darüber und über die Flugzeugtypen der einzelnen Länder. Der Krieg war ja für uns schon eine politische Selbstverständlichkeit. Spanien war die Vorübung. Wir erfuhren auch sehr viel durch Walter Husemann aus der Arbeit in den Konzentrationslagern. Wir erfuhren sehr viel von Harro über den Spanienkrieg. All das verarbeiteten wir zu Flugblättern.
Meine Wohnung war sehr groß, und die Tarnung bestand einfach darin, daß ich die Wohnung zur Verfügung stellte und alles geschehen ließ, was die Ge-

nossen dort machen wollten, u.a. eben auch Flugblätter entwerfen. Harro, und Walter schrieben die Texte, auch Walters politische Gedichte wurden dann vervielfältigt. Elisabeth war Grafikerin. Sie bekam Anweisung, wie sie das Geschriebene fotokopieren und verkleinern mußte. Wir haben diese Texte zum Teil bis auf Briefmarkengröße – wenn es Gedichte oder Lieder waren – verkleinert und vervielfältigt.

Wir hatten Verbindung zu Studenten, die nachts mit besonderen Schreibmaschinen unsere Materialien schrieben, sie kopierten und vervielfältigten. Ich hatte nachher noch die Aufgabe – das ist aber der Gestapo gar nicht bekannt geworden –, in meiner Wohnung, wenn es notwendig war, diese Vervielfältigungen durchzuführen, zu kouvertieren, zu frankieren, vorher aus dem Adressenbuch Persönlichkeiten herauszufinden, von denen wir annehmen konnten, daß sie aufnahmebereit und auch aufnahmefähig waren.

Diese kouvertierten und frankierten Sendungen brachte ich dann mit meinem Wagen in entfernte Postbereiche und warf sie in verschiedene Briefkästen. Das alles tat ich zusammen mit anderen Genossen. Ich kann mich erinnern, daß ich mit Kurt Schumacher einmal eine Nacht gearbeitet habe. Wir taten das natürlich unter strengen Vorsichtsmaßnahmen.

Wir waren ja nie allein in der großen Gefahr. Ich muß ehrlich sagen, wir waren uns natürlich der Gefahr bewußt, und wir wußten, wenn unsere Arbeit schon früher entdeckt worden wäre, wären wir schon längst verhaftet worden. Es wäre auch schon in jener Phase unserer Arbeit zu Todesurteilen gekommen – trotzdem war es für uns eigentlich eine selbstverständliche Arbeit, wir mußten sie machen, denn wer anders sollte sie in Deutschland, in dem faschistischen Deutschland, machen als die organisierten Kommunisten. Natürlich hat unsere Gruppe dafür gesorgt, daß alle Texte, die hergestellt wurden – auf der einen Ebene in der Gruppe Kuckhoff-Harnack mit Adam Kuckhoff als Schriftsteller und Arvid Harnack als Informant, in unserer Gruppe mit Walter Küchenmeister als Schriftsteller und Harro Schulze-Boysen als Informationsbringer – als hochwichtige Informationen in die Bevölkerung gebracht wurden. Die Texte dienten immer dazu, die Bevölkerung aufzuklären über die Gefahr, die Hitler bedeutete: daß seine ganze Tätigkeit Mord und Terror war und das deutsche Volk in den Krieg führen würde. Diese Materialien wurden zum Teil auch als Flugbltter in etwas größerem Format hergestellt und an Bahnhöfen an die Wände geklebt, vor allen Dingen an Litfaßsäulen. Das geschah nachts, damit morgens die Arbeiter, wenn sie in die Frühschicht gingen, darüber staunten: „Was hängt da Neues?“ So hatten diese Plakate große Breitenwirkung.

Die Klebeaktionen wurden von Studentinnen und Studenten durchgeführt, darunter mehr Mädchen als Jungen. Die Mädchen kamen aus Harros Kursen für Studenten. Er war nebenamtlicher Dozent an der Berliner Universität. Dort wirkte er auf junge Menschen so, daß sie ihm Vertrauen schenkten, ihm dann auch zur Seite standen und Hilfe in der illegalen Arbeit leisteten. Das Tragische ist ja, daß sehr viele junge Menschen, besonders sehr viele junge Frauen, wegen solcher Arbeiten, wie auf der Schreibmaschine nachts Flugblätter zu tippen, hingerichtet worden sind. Da war Cato Bontjes van Beek, da war die Zahnarzthelferin Marie Terwiel, da war Liane Berkowitz und die streng katholisch gläubige Bibliothekarin Eva Maria Buch. Und alle sind hingerichtet worden, einzig und allein für diese Tätigkeit.

In der Gruppe Schulze/Boysen-Harnack haben viele Frauen mitgearbeitet. Hilde Coppi, Libertas Schulze-Boysen, Oda Schottmüller und andere waren meine Patienten. Erika von Brockdorff habe ich erst später in der Zelle kennengelernt. Aus der illegalen Arbeit kannte ich sie nicht. Oda Schottmüller dagegen habe ich kennengelernt. Sie war sehr eng befreundet mit Kurt und Elisabeth Schumacher. Libertas Schulze-Boysen habe ich ebenfalls kennengelernt, sie war Hausfrau und meine Patientin.
Hilde Coppi war nicht nur meine Patientin, sondern zählte mit ihrem Mann Hans zu meinen Paddelfreunden. Sie hatten auch Paddelboote, wir trafen uns am Wochenende und zelteten. Lotte Schleif habe ich gekannt. Sie war eine alte Genossin, eine kämpferische Genossin. Von Beruf war sie Bibliothekarin, Tochter eines nationalistisch eingestellten Rektors, Schwester eines SS-Mannes. Und sie hat großartige illegale Arbeit geleistet, schon bevor ich sie kennenlernte. Sie war befreundet mit Rudolf Bergtel, der heute noch lebt. Er war Arbeiter, es war damals sehr selten, daß eine Intellektuelle mit einem Arbeiter befreundet war.
Nur am Rande unserer engeren illegalen Arbeit in der Gruppe, die bei mir zu Hause abens zusammenkam, befanden sich Libertas Schulze-Boysen, Oda Schottmüller und Elisabeth Schumacher, mit der wir auch unsere Probleme im engeren besprechen konnten. Das waren die Frauen, die nachher verhaftet und auch hingerichtet wurden; mit ihnen hatte ich draußen vor der Verhaftung enge kameradschaftliche, freundschaftliche und politische Bindungen, ohne daß ich weiß, was ihre illegale Funktion seinerzeit war.
Ich bin später in der Schweiz – ich war ja in der Schweiz, um Walter Küchenmeister rüberzubringen – nit Schweizer Genossen in Verbindung getreten (Wolfgang Langhoff spielte dabei eine große Rolle). Wir hatten heftige Diskussionen, ich möchte beinahe sagen, Auseinandersetzungen über die Frage, warum wir unsere Gruppe so klein gehalten haben. „Wir können es nicht verstehen“, sagten die Schweizer Genossen, „warum nicht das Volk wie ein Mann gegen Hitler aufgestanden ist.“ Die erste Reise in die Schweiz war im Jahre 1938, dann war ich noch einmal 1940 drüben und dann 1941. Das war in Verbindung mit der illegalen Arbeit. Ich nahm Berichte mit in die Schweiz. Sie wurden dort mit meinen Berichten für die illegale Arbeit verwendet. Kontakt hatte ich in der Schweiz mit Wolfgang Langhoff und mit der Abschnittsleitung in der Schweiz, dazu zählte der Genosse Hans Teubner.
Eines Tages kam die Bildhauerin Ilse Schaeffer zu mir und sagte: „Du hast doch Verbindung zur Schweiz. Kannst du einen Genossen, der aus dem Moor geflohen ist, in die Schweiz bringen?“ Ich sagte: „Sicher kann ich das, das habe ich sogar schon vorbereitet!“ Denn ich hatte, als ich in der Schweiz war, den Genossen gesagt: „Es kann passieren, daß der eine oder anere zu euch kommen muß, bereitet alles vor.“ Ich sagte zu Kurt Schumacher: „Hör zu, jetzt ergibt sich für uns eine sehr ernste Aufgabe. Du gehst als Tourist mit Rudi bis zur Grenze. Und da läßt du ihn losgehen, das andere mache ich.“ Lotte Schleif hatte ihn in ihrer Wohnung am Kaiserdamm versteckt, eine großbürgerliche Gegend. In den oberen vier Stockwerken wohnten bürgerliche Leute, Lotte versteckte Rudi mindestens eine Woche, wenn nicht länger. Sie mußte zum Dienst, sie war ja Bibliothekarin. Ihr Bruder war SS-Mann. Das war alles sehr gefährlich. Jetzt haben wir den Kurt ausstaffiert mit Bergstiefeln, mit Tiroler Hütchen und mit Rucksack. Dabei hat Elisabeth großartige Arbeit

geleistet. Kurt und Rudi fuhren als Wanderer mit Fahrkarte in die Schweiz. Zunächst bis zur Grenze, und das ist sehr waghalsig gewesen. Kurt war Bergsteiger, aber der Rudi, der aus Börgermoor kam, war doch eine Last für ihn. Rudi hat später berichtet, wie sie als Bergwanderer im Zug nach Bregenz gefahren sind und die Gespräche belauscht haben, wie sie selbst auch beäugt wurden und sich nun immer richtig verhalten mußten. Das war schwer. Trotzdem konnte Kurt nach seiner Rückkehr berichten, daß Rudi gut angekommen ist und mit der Partei Kontakt bekam, aber zunächst – wie alle anderen, die illegal in die Schweiz einreisten – interniert wurde.

Vor Beginn des Krieges gegen die Sowjetunion war unsere Hauptaufgabe die Aufklärungsarbeit unter der deutschen Bevölkerung, deren große Teile durch die Goebbels-Propaganda so verblendet waren, daß sie nicht daran glaubten, Hitler sei die größte Gefahr für Deutschland. Als dann der Krieg ausbrach, waren wir gewissermaßen darauf vorbereitet, unsere Widerstandsfähigkeit auf eine beschleunigte Beendigung des Krieges einzustellen. Wir wollen ja der Roten Armee indirekt helfen zu siegen, und wir haben deswegen vorwiegend militärische Daten über die Stärke der faschistischen Armee übermittelt, aber natürlich in den Funksprüchen auch viele andere wichtige Dinge durchgegeben, die wir vorher der deutschen Bevölkerung durch die Flugblätter und durch Briefe mitteilen konnten.

Unsere Funksprüche gingen nach Moskau. Als Funker war u. a. Oda Schottmüller tätig, die in ihrem Atelier die Möglichkeit hatte, Sender aufzustellen. Auch Erika von Brockdorff hat beim Funken mitgearbeitet. Sie hatte das Funkgerät in ihrer Wohnung.

Wie kamen wir dazu, so direkt in den Dienst der sowjetischen Kriegsführung eingebaut zu werden? Das haben wir erst später im Prozeß erfahren. Durch die Verhöre, durch unsere Verbindungen untereinander in den Gefängnissen haben wir erst erfahren, daß wir zu einer ganz großen Organisation gehörten, die auch im Westen ihre Mitarbeiter hatte, z. B. in Brüssel, in Amsterdam, in Südfrankreich. Erst hinterher erfuhren wir auch, daß wir als deutsche Gruppe von der Gestapo als „Rote Kapelle“ bezeichnet wurden. Der Name selbst stammt also von der Gestapo.

Unsere Widerstandsorganisation nennt sich Schulze-Boysen/Harnack. Arvid und Mildred Harnack selbst habe ich nicht gekannt. Zu ihrer Gruppe gehörten Adam und Greta Kuckhoff. Sie wohnten nicht weit von uns; wir lernten uns durch eine Lesung aus Kuckhoffs Roman kennen.

Am 16. September 1942 wurde ich in unserer Wohnung verhaftet . . .

Q 131

Drei Briefe von Cato Bontjes van Beek aus dem Gefängnis

Textauszüge aus: Letzte Briefe zum Tode Verurteilter 1939–1945, hrsg. v. Piero Malvezzi und Giovanni Pirelli, München 1962, S. 74 ff.

Untersuchungsgefängnis Alexanderplatz,
von Zelle zu Zelle.
Dezember 1942 – Ende Januar 1943

Mein lieber Rainer![1]

Was bist Du doch für ein famoser lieber Junge. Dein Brief hat mich so glücklich gemacht, ich möchte ihn immer bei mir tragen und den Abschiedsbrief von Heinz Strelow auch. Sollte ich wirklich sterben, Rainer, so sei nicht allzu traurig, vergiß mich nicht!
Eine Bitte habe ich an Dich, sei Du vernünftig und beginne nichts Falsches. Ich meine damit, Du sollst kein Märtyrer sein. Es hat keinen Sinn, Du wirst so nötig gebraucht. Du hast so viele gute Eigenschaften und es ist auch in Dir sonst ein Reichtum an Liebe. Rainer, das ist das Höchste und das Schönste, was der Mensch besitzt.
Ich denke sehr viel an Otto Gollnow, er ist der Einzigste, dessen Urteil nicht so ausfiel, wie es der Oberst beantragte. Er ist auch so voll von Liebe. Er sagte mir zum Abschied, daß er von Heinz Strelow und mir die Gewißheit mit nimmt ins Leben, der Mensch ist gut. Wir beide würden immer bei ihm sein. So möchte ich auch immer bei Dir sein, denn ich liebe Dich so, als seiest Du mein Bruder. Vielleicht wirst Du meinen Bruder Tim auch einmal sehen. Geh zu meiner Mutter, das mußt Du mir versprechen.
Ich liebe das Leben und die Menschen unendlich und darum gehe ich ohne einen Groll aus dem Leben und gar Haß. Vielleicht sterben Heinz Strelow und ich zu fast der gleichen Stunde. Das wäre schön, denn wir beide gehören zusammen und darum waren diese drei Tage so wunderbar und ich glaube immer noch an ein Wunder, das mich dem Leben wieder schenkt. Denk an Deinen Vater, lieber Rainer, und begebe Dich nicht unnütz in Gefahr. Lebe Du weiter, lieber Rainer, suche das Schöne in der Kunst und in jedem Menschen und lerne mit dem Herzen zu denken.
Der alte Gott schütze Dich; einen lieben Gruß von

Deiner Cato

---

[1] Rainer Küchenmeister, fünfzehnjährig eingekerkert, Sohn von Walter Küchenmeister

---

Q 132

Mein lieber Rainer!

Ja, das war ein Schlag ins Gesicht, dieser Antrag vom Oberst. Aber Rainer, ich bin so sehr vom Leben überzeugt, ich liebe die Menschen so unendlich, daß ich gar nicht daran glaube, daß es wahr wird. Von dieser Liebe zu den Menschen habe ich auch in meinem Schlußwort gesprochen. Es war mir auch nie zuvor klar, wie ich Deutschland liebe. Ich bin kein politischer Mensch, ich will nur eins sein und das ist ein *Mensch!* Nennt man dies nun, dem Tod ins Auge sehen, es verpflichtet zu so vielem. Ich habe nicht um mein Leben gebettelt. Rainer, dort hat sich der Mensch gezeigt, was er ist. Nicht bei der Beweisaufnahme, sondern eben bei seinem Schlußwort. Ich werde das nie vergessen, sollte ich leben bleiben, jedes andere Urteil ist mir egal. Nur leben will ich, leben! Das ist mein Wunsch.
Um meinen Freund Strelow habe ich große Angst. Ich habe Deinem Vater bestellt, was für einen prachtvollen Sohn er in Dir hat. Ich habe in der Nacht vom

13. zum 14. von Dir geträumt und Strelow so viel erzählt von Dir und wie gern ich Dich habe.

Einen Kuß! Deine Cato

Q 133

Berlin, Alexanderplatz, 2. März 1943

Meine liebste Mama,

jetzt sind es schon 6 Wochen her seit dem Urteil und ich lebe immer noch. Hätte man mich in den ersten Tagen geholt, wäre ich willig gegangen, aber nun ist der große Lebenswille mit Macht wieder in mir ausgebrochen und fast kann ich es mir nicht mehr vorstellen, daß es morgen, übermorgen oder in ein paar Wochen vielleicht doch aus sein soll. Jetzt sind meine Gedanken so viel hier auf dem Boden und mit Spannung verfolgen wir die Geschehen der Welt und alles ist von einer großen Hoffnung beseelt. Vielleicht haben wir alle Glück; sei es nun durch Gnadengesuche oder aus sonstigen Anlässen. Du wirst wissen, daß das Urteil am 18. Januar gefällt wurde. Mit welchen Hoffnungen bin ich zur Verhandlung gegangen! Heinz war der erste, der vernommen wurde, und dann kam ich. Es war so aufregend und anstrengend, während der ganzen übrigen Verhandlung dabei zu sein – wir waren vier Frauen und fünf Männer. Heinz und ich kannten nur einen Mann flüchtig und wir beide bildeten einen Komplex für uns, da wir mit den anderen nichts zu tun hatten.

Als ich am Abend des ersten Verhandlungstages in meiner Zelle war, wußte ich, daß es viel ernster ist, als ich angenommen hatte, und ich schätzte, daß der Oberst-Kriegsgerichtsrat – der als Staatsanwalt fungierte – vielleicht 10 bis 15 Jahre beantragen würde für mich und daß das Gericht mir 5 bis 8 Jahre geben würde. Ich glaubte sehr, sehr hoch zu schätzen und Du kannst Dir die Überraschung vorstellen, als der Ankläger für uns alle – außer einem 18jährigen Mädchen – die Todesstrafe beantragte. Wir waren alles ganz junge Menschen, ein 19jähriges Mädchen im siebten Monat schwanger, ihr 21jähriger Mann, ein 19jähriger Student, ich 22 Jahre knapp, das andere Mädchen war 26 und ihr Freund, ein Professor für Sprachwissenschaft von der Universität in Marburg, 40 Jahre, und Heinz 27 Jahre.

Wunderbar waren die Schlußworte jedes einzelnen, wir waren alle zutiefst erschüttert.

Traurig ist es nur, daß ich gar nicht weiß, wofür ich sterben soll. Zehn, ja selbst fünf Jahre Zuchthaus wären sinnlos gewesen im Vergleich zur Tat. Aber durch diese hohe Strafe bekommt es irgendwie eine Verklärung und damit tröste ich mich.

Möge dieser Brief eines Tages zu Dir gelangen! Ich wäre dem Vermittler sehr, sehr dankbar. Ich glaube und hoffe weiter bis zuletzt und spüre Deine Liebe und die Liebe aller Lieben, und das gibt mir viel Kraft.

Sei umarmt und geküßt von Deiner Dodo

Q 134

Brief von Cato Bontjes van Beek an ihre Mutter

Textauszug aus Helmut Gollwitzer, Käthe Kuhn, Reinhold Schneider (Hrsg.), Du hast mich heigesucht bei Nacht, Abschiedsbriefe und Aufzeichnungen des Widerstandes 1933–1945, München 1954, S. 70

9. Februar 1943

Meine liebe, liebe Mama, ganz schnell will ich Dir einen Gruß schicken. Ob er Dich erreicht? Es wäre wunderbar.

Ich weiß nicht, ob Du mein Urteil weißt. Es ist das allerhärteste – ich bin zum Tode verurteilt! . . . Wenn Du mich sehen würdest, hättest Du nicht den Eindruck, als sei ich eine zum Tode Verurteilte. Ich denke so selten nur daran, meine Gedanken sind absolut in der Zukunft und ich glaube auch ganz, ganz fest, daß all das nicht eintreffen wird . . . Ich warte und warte und bin sonst sehr wohlgemut. Man merkt es mir nicht an, daß ich dieses harte Urteil bekommen habe. Meine liebste Mama, auch Du und Ihr alle müßt mit mir hoffen – es wird schon nicht so kommen. In den ersten Tagen nach dem Urteil hatte ich eine ganz merkwürdige Stimmung. Ich war völlig zum Sterben bereit – wofür, das wußte ich allerdings auch nicht –, der Tod an sich war nichts Grauenvolles für mich und das ist er auch heute nicht. Es gibt keinen Tod, das weiß ich ganz genau. Ich werde mit Euch sein, in und um Euch, sollten meine Hoffnungen vergebens sein und ich müßte doch sterben. Ich kann darüber ganz klar nachdenken. Der Gedanke an Euern Schmerz, das ist das Schrecklichste. Für mich hat alles tatsächlich immer noch ein mildes Gesicht und innerlich bin ich gänzlich frei von Haß oder Groll gegen irgendeinen Menschen. Eine ganz große Leichtigkeit habe ich in mir und die nimmt mir alles Schwere.

Ich umarme Euch alle und küsse Euch vielmals. Noch lebe ich, es wird sicher nicht so kommen. Es ist so unfaßbar.

Immer Deine Dich liebende Dodo

(Aus einem Kassiber, gefunden in abgegebener Wäsche)

Q 135

Brief der Libertas Schulze-Boysen aus dem Gefängnis

Textauszug aus: Helmut Gollwitzer, Käthe Kuhn, Reinhold Schneider (Hrsg.), Du hast mich heimgesucht bei Nacht, a.a.O., S. 74

Ja, mein Liebling, meine starke, einzige Mamuschka!

Was ich in diesen letzten Tagen erleben durfte, ist so groß und wunderbar, daß es Worte kaum mehr schildern können . . .

Ich weiß jetzt auch um die letzten Dinge des Glaubens und ich weiß, daß Du in dem Bewußtsein unserer *ewigen Verbundenheit* stark bist und froh.

Dein Engel, der den Bösen erstickt (Du schicktest ihn mir zum Geburtstag), steht vor mir . . . Wenn ich Dich um eines bitten darf: Erzähl allen, allen, von mir. Unser Tod muß ein Fanal sein.

Ihr, Du, mein Schwesterlein, mein Brüderlein, die Kinderchen – Ihr, die Ihr so nahe seid, in Euch lebe ich ja weiter und sage Euch mit dem tiefen Ernst der Stunde:

Ich fand meine Vollendung, *meinen eigenen Tod,* mir hätte keine größere Gnade zuteil werden können als dies. Und: macht es mir „Drüben" nicht schwer mit Tränen, freut Euch mit mir.

Ich habe es gut. *Dein* Kind

Q 136

Hilde Coppi, zwei Briefe an die Familie aus dem Gefängnis

Textauszug aus: Helmut Gollwitzer, Käthe Kuhn, Reinhold Schneider (Hrsg.), Du hast mich heimgesucht bei Nacht, a.a.O., S. 213

Meine Mutter, meine herzgeliebte Mutti!

Nun ist es bald so weit, daß wir Abschied nehmen müssen für immer. Das Schwerste, die Trennung von meinem kleinen Hans, habe ich hinter mir. Wie glücklich hat er mich gemacht! Ich weiß ihn gut aufgehoben in Deinen treuen, lieben Mutterhänden, und um meinetwillen, Mutti, versprich es mir, bleibe tapfer. Ich weiß, daß Dir das Herz brechen möchte, aber nimm es fest, ganz fest in Deine beiden Hände. Du wirst es schaffen, wie Du es immer geschafft hast, mit dem Schwersten fertig zu werden, nicht wahr, Mutti? Der Gedanke an Dich und das Herzeleid, das ich Dir zufügen muß, war und ist mir der unerträglichste; daß ich Dich allein lassen muß, in dem Alter, wo Du mich am nötigsten brauchst. Kannst Du mir das je, jemals verzeihen! Als Kind, weißt Du, wenn ich immer so lange wach lag, beseelte mich der eine Gedanke: vor Dir sterben zu dürfen. Und später hatte ich den einen Wunsch, der mich ständig bewußt und unbewußt begleitete: ich wollte nicht, ohne ein Kind zur Welt gebracht zu haben, sterben. Siehst Du, diese beiden großen Wünsche haben sich erfüllt, also somit mein Leben. Ich gehe nun zu meinem großen Hans. Der kleine Hans hat – so hoffe ich – das Beste von uns als Erbe mitbekommen. Und wenn Du ihn an Dein Herz drückst, ist Dein Kind immer bei Dir, viel näher, als ich Dir jemals sein kann. Der kleine Hans – so wünsche ich – soll hart und stark werden mit einem offenen, warmherzigen, hilfsbereiten Herzen und den grundanständigen Charakter seines Vaters. Wir haben uns sehr sehr lieb gehabt. Liebe leitete unser Tun. „Wer immer strebend sich bemüht, den können wir erlösen."

Meine Mutter, meine einzige gute Mutter und mein kleines Hänschen, all meine Liebe ist immer ständig um Euch, sei tapfer, wie ich es auch sein will.

Immer

Deine Tochter Hilde

Q 137

Textauszug aus: Letzte Briefe zum Tode Verurteilter 1939–1945, hrsg. v. Piero Malvezzi und Giovanni Pirelli, a.a.O., S. 77f.

Meine liebe Mama, lieber Papa, Kurt und Gerda!

Jetzt gehe ich den Weg, den ich mir wünschte, mit meinem großen Hans zusammengehen zu können. Aber ich hatte ja erst eine Aufgabe zu erfüllen, unser aller Gemeinsames, unseren kleinen Hans in die ersten Lebensmonate zu leiten. Vielleicht bleibt von dem Stolz und der Freude, mit der ich es tat, und

die er mit der Muttermilch zu sich nahm, etwas an ihm haften und aller unser Hoffen und Wünschen für ihn. Ihr werdet ihm Begleiter sein für den Anfang seines Lebens; daß Ihr all Eure Liebe über ihn ausstreuen werdet, weiß ich; ebenso, daß Ihr versuchen werdet, ihm Vater und Mutter nach Möglichkeit zu ersetzen. Um eines aber bitte ich Euch inständig und bei allem, was Euch lieb und teuer ist: Verlaßt meine Mutter nicht, später nicht, nie-niemals, sie braucht Eure Liebe, Euren Beistand, Eure Hilfe am nötigsten, bin ich doch tatsächlich ihr Ein und Alles gewesen. Der kleine Hans wird ihr über vieles hinweghelfen, aber nicht über alles, und Euch wird es ebenso gehen. – Eben erhalte ich noch Eure lieben Briefe, Muttis und Deinen, Mama. Wie freue ich mich, wieviel Freude Ihr jetzt schon an unserem kleinen Sohn habt. Nun nehme ich Euch beide an die Hand, wenn ich die letzten Schritte tue. Dann wird es leichter. Für all Eure Liebe und Sorge um uns danken wir Euch. Wieviel schöner wäre es gewesen, wenn wir Euch den Kummer hätten ersparen können. Aber es sollte nicht sein.
An alle, alle, die uns gern haben, letzte herzliche Grüße. Seid tapfer, haltet den Kopf hoch und werdet, soweit es angeht, glücklich mit unserem kleinen Hans, der einer großen und glücklichen Liebe entsprossen ist. Wir haben uns auch heute noch sehr lieb und diese Liebe überlassen wir Euch.

Eure Hilde

---

b) Der organisierte sozialistisch-kommunistische Widerstand (Q 138–Q 146)

Die am 28. 2. 1933 erlassene „Notverordnung zum Schutze von Volk und Staat“ hob das Grundrecht der Unverletzlichkeit der persönlichen Freiheit auf (Artikel 14 der Weimarer Verfassung) und bildete die Voraussetzung für die Ausschaltung politischer Gegner, die in sogenannte Schutzhaft genommen wurden. Von den Verhaftungen waren zunächst vor allem Kommunisten betroffen. Am 22. Juni 1933 wurde auch die Sozialdemokratische Partei verboten (vgl. Kap. 1.5). Die nationalsozialistischen Terrormaßnahmen fürhten damit zur illegalen Fortführung der Parteitätigkeit, die nun einer gezielten antifaschistischen Linie folgte und damit Widerstandsarbeit leistete. Dabei wurden besonders Frauen auf ihre Unterdrücktheit hin angesprochen (Q 138) und ergriffen selbst die Initiative (Q 139, Q 140). Frauen unterer Schichten taten sich dabei besonders hervor, worauf *Hanna Goetz,* Frau des in Stuttgart lebenden Wilhelm Goetz, sehr eindringlich in einem Schreiben hinweist (Q 141). Die Frauenrolle des Faschismus, die reine Funktionalierung der weibli-

chen Bevölkerung je nach den Bedürfnissen des Regimes bei Mißachtung jeder persönlichen Würde ist immer wieder Gegenstand von Opposition und Empörung und findet sich in den Quellen wieder. Aus der Fülle der Beispiele für aktive Widerständigkeit im Rahmen von Organisationen kann nur eine kleine Auswahl vorgelegt werden. In den meisten Fällen überlebten Frauen ihre konspirative Tätigkeit nicht, so daß Berichte anderer über sie herangezogen werden mußten (Q 143).
Aktiv beteiligt waren Frauen auch an der Organisation solidarischer Widerstandsaktionen zwischen verschiedenen Gruppierungen. Frauen initiierten ein gemeinsames antifaschistisches Vorgehen zwischen Katholiken und Kommunisten (Q 146); Kommunistinnen riefen alle Antifaschisten zum gemeinsamen Kampf gegen den NS-Staat auf (Q 139). Der Bericht *Lina Haags* (Q 142) ist besonders bemerkenswert, als er auf den Konflikt einer Kommunistin zwischen der in ihren Augen männlich-abstrakten Idee des Widerstandes und ihrem fraulich-menschlichen Bedürfnis nach Rettung ihres Mannes und ihrer Familie aufmerksam macht (vgl. Abschn. 4).

Q 138

Die faschistische Knechtung der Frau und unsere Frauenarbeit

Textauszug aus: Wilhelm Florins Bericht auf der Brüsseler Konferenz der Kommunistischen Partei Deutschlands, bei Moskau, 3. bis 5. Oktober 1935. Wiedergabe nach: Dokumente der revolutionären deutschen Arbeiterbewegung zur Frauenfrage 1848–1974, hrsg. v.d. Forschungsgemeinschaft „Geschichte des Kampfes der deutschen Arbeiterklasse um die Befreiung der Frau", Leipzig 1975, S. 129ff.

Genossen! Die ganze Rede Hitlers in Nürnberg vor den Frauen der NSDAP war darauf zugelegt, die Frauen in Deutschland von den Fragen des täglichen Kampfes, von der doppelten Ausräuberung der Frau abzulenken. Die „Deutsche Bergwerkszeitung", das Organ der Industriellen am Rhein und Ruhr, schrieb in ihrer Ausgabe vom 15. Mai 1935: „Die Frauenarbeit zeichnet sich durch große Beweglichkeit und Anpassungsfähigkeit aus, die zusammen mit ihrer größeren Billigkeit ihre bevorzugte Stellung in der Wirtschaft erklären." Die „Bergwerkszeitung" sagt also: „Die Frauenarbeit hat eine bevorzugte Stellung in der Wirtschaft."Die Behauptung, daß die Zahl der arbeitenden Frauen in Deutschland geringer geworden ist, ist nicht richtig. Das Gegenteil ist der Fall. Wir müssen sehen, daß die Rolle der Frau im Produktionsprozeß größer wird und nicht geringer. Wenn Hitler sagt, daß die Frau in Deutschland nicht Soldat zu werden braucht, so hat er gleichzeitig ein Gesetz geschaffen, das die Rolle der Frau im Produktionsprozeß während des Krieges charakterisiert.

Genossen! Diese Schreibweise der „Bergwerkszeitung" ist die Theorie des Faschisten Krupp. Ob das „willige" und „billige" Arbeitshände bleiben, wie die faschistiche „Bergwerkszeitung" schreibt, hängt von der Entfaltung des Freiheitskampfes der Massen ab, hängt davon ab, welche Schlußfolgerung wir ziehen für die Arbeit unter den Frauen in der Arbeitsfront und den NS-Frauenschaften. Selbst die formale Gleichberechtigung der Frau, wie sie in der Weimarer Aera bestand, wurde vom Faschismus zerstört. Die reaktionären Schlagworte – die Frau gehört an den Kochtopf, die einzige gesellschaftliche Aufgabe der Frau ist die Mutterschaft – waren die Beleitmusik zur Ausschaltung der Frau aus der aktiven Politik und der stärkeren Herausdrängung aus den staatlich-kommunalen Stellen und akademischen Berufen. Das passive Wahlrecht der Frau ist noch geblieben, aber im Hitlerischen Reichstag gibt es keine einzige Frau. Minderes Recht hat die Frau als Ehepartner, minderes Recht auch über ihre Kinder. Diese Zustände haben zur Opposition der Frauen in der NSDAP geführt. Das zeigt z. B. die Absetzung der Frauenleiterin der NSDAP in Hamburg. Wir haben auf diese Fragen nicht genügend reagiert und nicht den Kampf gegen die politische Rechtlosigkeit der Frau aufgenommen. Wir sprachen bisher selten davon, daß der Faschismus die Frauen als Menschen minderen Wertes behandelt, und wir kämpften nicht mit den richtigen Methoden dagegen. Wir kümmerten uns wenig um die Besonderheiten der Frauenausbeutung und reagierten schlecht auf die Eigenheiten der Maßnahmen in Betrieben mit vorwiegend weiblicher Belegschaft.
Wir verhielten uns passiv, obwohl die Frauen mit sechs und acht Mark Wochenlohn nach Hause gehen. Wie im Betrieb, so stellten wir auch in der Arbeitsfront[1] die Fragen mechanisch nur allgemein, als gäbe es keine besonderen Frauenfragen.
In unserer Partei gab es die Einstellung, daß wir keine Frauenorganisationen brauchen, weil es keine besonderen Frauenfragen gibt. Das war auch so ein Schematismus, so eine falsche Fragestellung.
Wir wissen, daß das nicht stimmt. Der Schutz der Frau vor übermäßig schwerer Arbeit, der Schutz der schwangeren Frau, die Sicherung der Kinder während der Arbeitszeit, die Beziehungen zum Haushalt usw. tauchen überall als ungelöste Fragen auf.
In der NSV[2] ist ein Boden für den Kampf um Kinderfürsorge, um Teuerungsbeihilfen. Und warum können wir dort und in den Frauenschaften[3] nicht zeigen, welche furchtbaren Kriegsschrecken durch den barbarischen Faschismus über Frauen und Kinder heraufbeschworen werden und nach irgendwelchen verlogenen Friedensphrasen Hitlers oder anderer Naziführer legal Petitionen der Mütter einzureichen? Dem Friedensgerede Hitlers zustimmend, können die Frauen erklären und es durch ihre Unterschrift bekräftigen: „Auch wir sind der Auffassung, daß unsere Söhne für die Schlachtbank zu schade sind" usw. Hier ist der Boden, um auch demonstrativ Forderungen legal aufzustellen und zu propagieren.

---

[1] Deutsche Arbeitsfront (DAF): nach der Zerschlagung der Gewerkschaften 1933 gebildete Organisation, in die die Arbeiter zwangsweise eintreten mußten.

[2] NSV: Nationalsozialistische Volkswohlfahrt, der NSDAP angeschlossen.

[3] NS-Frauenschaft: im Oktober 1931 gegründet.

Die Arbeiterfrau, die unser Flugblatt weitergibt, die tapfer zu ihrem Mann hält, wenn die Gestapo ihn in ihre Folterhöhlen verschleppt, sie hat ihre Liebe zur Sache des Proletariats tausendfach bewiesen.
Wir haben viele Funktionärinnen, die auf führender Parteistelle verhaftet, kein Wort des Verrats über ihre Lippen brachten und erschlagen wurden; Frauen, die willensstark und fest mit verschlossenem Mund nach viehischen Folterungen brauner Banden ins Grab gingen.
Die Frau des Mittelständlers, die gläubige Katholikin, die Sozialdemokratin, sie alle beweisen täglich ihre rührende Solidarität mit dem Kampf der Arbeiterklasse, ob sie den Illegalen Quartier geben, Spenden für die Eingekerkerten sammeln oder im Betrieb zusammenhalten. Hier müssen wir durch unsere Arbeit ein Versäumnis wiedergutmachen: *alle politischen und wirtschaftlichen Fragen der Frau besser stellen, ihnen helfen und energisch die Frauenmassen als aktive Teilnehmer in der antifaschistischen Volksfront mobilisieren.*
In Berlin haben Teuerungs- und Butterdemonstrationen stattgefunden. Während in der Sowjetunion das Kartensystem, das dort einen ganz anderen Charakter hatte, abgeschafft wurde – führt der Faschismus Butterkarten ein. In dieser Situation beginnen die Frauen schon mit Demonstrationen. Das soll uns sagen, daß wir dort vieles unterschätzt haben. In der Tat war es so, daß in unserer Partei manchmal Ansichten aufgetaucht sind wie: Mit Frauen unter diesen harten und schweren Bedingungen zu arbeiten, das geht nicht. Aber diese Ansichten sind falsch und müssen von uns bekämpft werden.

Q 139

Kommunistinnen bei Siemens

Textauszug aus der Tarnschrift: Brief deutscher Mädels aus dem Dritten Reich, Metz 1934 (Schriftenreihe der proletarischen Einheit), S. 17ff.

Berlin, den 30. 8. 34.

Liebe Elli!

Heute will ich Dir Deinen Brief vom 23. beantworten. Uebrigens hast Du hier gleich ein Beispiel, wie es mit den Versprechungen von wegen Wiedereinstellung in den Betrieb aussieht, die man den Mädels gemacht hat. Meine Freundin erzählte mir, daß eine Schulkameradin von ihr, die beim Arbeitsdienst war und einen Arbeitspaß erhalten hat, trotzdem auch keine Arbeit bekommt.
Wir haben jetzt zu Hause grosse Sorgen. Ich müsste für den Winter einen Mantel haben und Otto muss alles neu haben. Seine Sachen sind ihm alle zu klein geworden und aus Vaters Jacken kann Mutter nichts mehr machen, weil die schon zu stark abgetragen und geflickt sind. Nun steht die grosse Frage, wie Geld beschaffen. Vater ist noch immer zu Hause und die Wohle lehnt alle Anträge, ja selbst die auf Stiefelsohlen ab.
Ich habe nun doch versucht, eine Tagesstelle im Haushalt zu kriegen. Habe mir die Füsse wund gelaufen, aber es ist nichts zu machen. Ueberall wo ich war, suchten sie Mädels für „schlicht um schlicht", d.h. für etwas Taschen-

geld. Na, ich danke! Das ist doch überhaupt kein Leben, da soll man nicht die Wut bekommen. Du kannst sagen was Du willst, aber die Kommunisten haben ganz Recht gehabt. Und willst Du denn auch noch immer in Deinem BdM bleiben? Schwör bloss Du nicht auch auf Euren Hitler, wie das hier viele Nazis tun. Die sagen immer: Na ja, Göring und Göbbels sind ja bestimmt nichts wert, aber Hitler ist bestimmt ein ehrlicher Idealist. Der kann bloss nicht so wie er will. Weisst Du, meiner Ansicht nach ist Hitler nicht um ein Haar besser. Zu den ganzen Mordtaten der SA hat er Ja und Amen gesagt. Seine eigenen Kameraden hat er niederschiessen lassen. Und jetzt, wo er gar Reichspräsident ist, kann ihn doch keiner mehr hindern, zu tun was er will. Und tut er denn was für die Armen? Uns geht's doch immer schlechter, und die früher die Taschen voll hatten, die reichen Geldsäcke, denen gehts so gut wie nie, und denen ist kein Haar gekrümmt worden! Aber ehrliche Arbeiter, die das Beste für das Volk wollten, hat man zu Tausenden . . . Weisst Du, ich könnte Dir Dinge erzählen . . . Aber, na, ich will nicht wegen „Greuelmärchen" ins Gefängnis kommen! Denk mal bloss an Thälmann, der ist doch ein einfacher Arbeiter gewesen, der weiss wie es dem Arbeiter und Angestellten geht, und der nur für seine Ueberzeugung gekämpft hat, den wollen sie auch umbringen. An dem müssen wir uns ein Beispiel nehmen. Du würst jetzt sagen, die Anni ist ja eine richtige Kommunistin geworden. Ja, Elli, wenn Du das denkst, dann hast Du Recht. Meine Freundin von Siemens hat mich überzeugt, dass wir Mädels uns nicht abseits stellen dürfen. Wir müssen mithelfen, dass diese Hitler-Gesellschaft beseitigt wird. Zuerst habe ich gesagt, dass wir Mädels doch nichts ausrichten können. Da hat sie mich aber schön angefaucht. Diese verdammte Auffassung hat man uns schon von klein an eingeimpft, sagte sie. Sie hat mich dann darauf hingewiesen, dass Ihr bei Euch im Lager auch etwas erreicht habt, weil Ihr aufgetrumpft und zusammengehalten habt. Und ich habe selbst gerade gestern ein Beispiel dafür erlebt, das mir auch zeigte, dass sie Recht hat.

Der Freund von diesem Siemens-Mädel sollte nämlich gestern in die Landhilfe nach Pommern verschickt werden. Da hatten alle die sich kannten verabredet, ihre Mädels, und die Verheirateten ihre Frauen mitzubringen. Fünfhundert Landhelfer sollten fahren, vom Stettiner Bahnhof. Ich ging natürlich auch mit. Der ganze Bahnhof war schwarz von Menschen. Es war grosser Krach. Einige Frauen, alle noch ganz jung, nicht älter als ich, riefen: „Erst habt Ihr gesagt, wir sollen heiraten, jetzt holt Ihr uns unsere Männer weg. Wir lassen uns wieder scheiden." Einige riefen: „Nieder mit dem System!" Die Angestellten vom Arbeitsamt waren nicht im Stande, die Landhelfer in den Zug hineinzubringen. Der Zug musste ohne die Landhelfer abfahren. Die Landhelfer wurden nach Hause geschickt. Wahrscheinlich wird man ihnen nun auch ihre Unterstützung weiterzahlen, obwohl man gedroht hat die Unterstützung zu streichen. Elli, ich war ganz begeistert. Wenn wir nur alle so einig wären, hätten wir das Nazipack schon längst zum Teufel gejagt. Ihr müsst bei Euch im Lager auch Vertrauensleute wählen, die Mädels, die sich am wenigsten gefallen lassen, und zu denen Ihr Vertrauen habt. Die sollen immer Eure Wünsche vorbringen und Ihr müsst sie dabei natürlich unterstützen. Lasst Euch man nichts gefallen! Lehnt den militärischen Drill ab! Verlangt Erhöhung Eures Lohnes (Überhaupt ein Hohn, zu den zwanzig Pfennig Lohn zu sagen).

Nun Schluss für heute! Ich habe mit dem Siemens-Mädel gesprochen, und sie will versuchen, Dir Verbindung mit einem Mädel aus Russland zu verschaffen. Sie sagt, dass sie was in Aussicht hat.
Herzliche Grüsse

Deine *Anni* . . .

Deshalb tut eins not:

In Erkenntnis unserer gemeinsamen Not, unseres gemeinsamen Schicksals müssen wir alle fest, ganz fest zusammenhalten, und wo wir einander vielleicht noch fernstehen, da gebietet die schwere, bitterernste Zeit, daß wir uns zusammenfinden. Mag die eine im BdM sein, die andere in einem katholischen Mädchen- oder Jungfrauenverein, oder früher einmal in der SAJ gewesen sein, wir alle sind Schicksalsgefährtinnen. Die gleiche Not, die muß und wird uns zu gemeinsamer Tat zusammenführen, sei's im Betrieb, sei's im Arbeitslager, sei's in der Landhilfe, sei's im Warenhaus oder im Büro.
Ihr werdet euch beim täglichen Kampf gegen eure Bedrücker selbst davon überzeugen, daß wir Jungkommunisten auch Recht haben, wenn wir noch einmal betonen, was wir euch schon gesagt haben:
Um die gerechten Forderungen des schaffenden Volkes zu befriedigen, müssen wir mithelfen, den Faschismus zu stürzen. Um den Frieden zu erhalten, um den blutigen Raubkrieg zu verhindern, müssen wir helfen, damit der Faschismus zerschlagen wird. Um unser Volk vor dem Verfall, vor der Barbarei zu bewahren, müssen wir helfen den Faschismus zu zertrümmern.

Und darum sagen wir den Kameradinnen vom B.d.M.:

Wollt ihr den Aufstieg unseres Volkes, wollt ihr den wahrhaften Sozialismus, wollt ihr ein Vaterland, das ihr lieben und euer eigen nennen könnt – dann helft, den finsteren, volksverderbenden Hitlerfaschismus stürzen, helft die Rätemacht, die wahre Volksherrschaft errichten!

Unseren schaffenden katholischen Schwestern sagen wir:

Wenn ihr wahr sein wollt und der Wahrheit dienen, könnt ihr dann anders als gegen den Hitlerfaschismus kämpfen, der all seine Versprechungen so schamlos brach und noch bricht? Wenn ihr gut sein und der Nächstenliebe dienen wollt, könnt ihr dann anders als helfen, die Bedrücker unseres Volkes zu stürzen? Wenn ihr frei sein wollt und nur der Freiheit dienen, könnt ihr dann ander als helfen, diejenigen zu stürzen, die alle Freiheitskämpfer und sogar eure eigenen Organisationen und die Ausübung eures reliösen Bekenntnisses verfolgen? Wenn ihr deutsch sein wollt und dem deutschen Volke dienen, könnt ihr dann anders als mithelfen, diejenigen wegzufegen, die unser Volk schänden, die das Wort Vaterland nur im Munde führen, um ihre gewinnsüchtigen Ziele zu verstecken, um aus blutigen Kriegen Riesengewinne einzuheimsen? Wenn ihr, katholische Schwestern, ein Volk von Brüdern und Schwestern, euer Volk in Freiheit und Wohlfahrt erleben wollt, legt mit Hand an zum Sturze der Bedrücker, erkämpft mit uns das Reich der Freiheit, unser deutsches Sowjetvaterland!
Euch allen, den Kameradinnen vom BdM, den Kameradinnen aus den katholischen und evangelischen Organisationen, sagen wir weiter:
Schweigt nicht, wenn ihr Zweifel habt, sprecht euch mit euren Kameradinnen aus. Ringt und kämpft um die Wahrheit! Und was ihr als wahr erkannt habt,

habt ihr die Pflicht weiter zu sagen, in eurem Feundeskreis, in eurer Mädelschaft, in eurem Verein. Tagtäglich muß die Wahrheit von Mund zu Mund verkündet werden!

Allen sozialdemokratischen, allen ehemals freigewerkschaftlich organisierten Mädels sagen wir nur eins:

uns darf jetzt nichts mehr, gar nichts mehr trennen.
Mögen wir noch in vielen politischen Fragen auseinandergehen, wir erstreben doch alle das eine große Ziel! Immer größer werden die Verbrechen der Hitlerregierung, immer schneller treibt der Faschismus zu einem neuen Völkermorden, immer mehr wütet er gegen die kämpfende Arbeiterjugend. Laßt uns endlich überall, im Betrieb, in Stadt und Land, die Hände reichen zum gemeinsamen Kampf, zum Kampf gegen das neue Schandgesetz zur Entlassung der Jugend, zum Kampf für die Befreiung Ernst Thälmanns und allen politischen Gefangenen, zum Kampf gegen den drohenden Krieg, für die Schaffung wirklich freier Gewerkschaften in allen Betrieben, zur Verteidigung der Interessen der Arbeiterjugend. Nicht über die Vergangenheit wollen wir mit euch rechten, wir wollen nur eins: gemeinsam uns wehren, gemeinsam kämpfen!
Wir und ihr, wir müssen in engster Kampfverbundenheit bahnbrechend sein und alles, was freiheitlich ist unter deutschen Mädels, in kühnem, sieghaftem Schwung mitreißen.

Q 140
Der Güter höchstes ist die Freiheit
Textauszug aus: Der deutschen Frauen Glück und Leid, Paris 1939 (Editions Prométhée), S. 50ff.

Der Güter höchstes ist die Freiheit – wir deutschen Frauen besitzen sie nicht. Wir dürfen unsere Meinung nicht sagen. Die Freiheit sitzt in den Konzentrationslagern und Zuchthäusern. Alles im „Dritten Reich" ist Zwang, Furcht, Heuchelei und Lüge; seine Gesetze greifen brutal in unser Leben ein. Es gibt nichts mehr, was wir nach eigenen Wünschen und Ermessen in unserem Leben bestellen können. Rechte? Die deutschen Frauen besitzen keine. Freiheit? Wir haben sie weniger als der Vogel im Käfig! Wenn wir nur einen Tag unserem Herzen richtig Luft machen könnten, wir würden laut hinausschreien, was uns bedrückt und unglücklich macht! Aber in uns allen ist die Freiheit lebendiger denn je. Täglich macht sie sich bemerkbar; bei den Gesprächen der Frauen vor der Haustür, im Laden, auf den Bauernhöfen, in den Betrieben, überall, wo schaffende deutsche Frauen beisammen stehen. Im Luftschutz, in der NSV, in der NS-Frauenschaft regt es sich. Frauen verständigen sich, wie sie ihren Friedens- und Freiheitswillen auch in der Sklavensprache, die der faschistische Zwang schafft, zum Ausdruck bringen können.
Frieden – das ist der wahre Volkswille. Nur eine Politik des Friedens kann uns und unseren Männern ein besseres Einkommen sichern. Zu einem glüclichen Familienleben gehören gesunde Wohnungen. Nicht Luxusbauten für die schwerreichen Nazibonzen, nicht Renommierpaläste, Kasernen und Flugplätze, sondern gute und billige Volkswohnungen! Statt Kriegsrohstoffe, ausreichende billige Lebensmittel und Futtermittel für die Bauern, sowie Roh-

stoffe für die Handwerker. Nicht Kriegskochrezepte, sondern gutes Fleisch, gute Butter und Eier brauchen wir! Wir wollen Herren in unserer eigenen Küche sein! Genug mit der Kochtopfschnüffelei! Freie Berufswahl und gute Berufsausbildung statt Zwangsarbeit für uns Frauen! Unserer Entscheidung muß es überlassen bleiben, ob wir in den Betrieb gehen oder nicht! Weg mit der Sklavenarbeit für Frauen!

Wir wollen mitentscheiden am Geschick des deutschen Volkes. Wir wollen Anteil haben an einer wahren Kunst und Kultur. Nur eine freie Kunst kann eine wahre Kunst sein. Die Zwangsbesuche in den Nazitheatern widern uns an. Die Nazikultur ist eine „Kultur" der Verherrlichung des Krieges. Die Nazikunst ist eine „Kunst" der Erziehung zum Töten und Zerstören. Welch eine Schande für Deutschland sind die Rassenhetze und die Jugendpogrome. Brand, Plünderungen und Mord hausen in den deutschen Städten, alle Begriffe von Sitte und Anstand in unseren Kindern zerstörend. Mit Ekel wendet sich eine jede wahre deutsche Frau und Mutter von den Taten des Raubes und der Zerstörung ab, die unter dem Motto des Rachefeldzuges gegen die Juden betrieben werden.

In jenen Novembertagen standen wir sprachlos vor Entsetzen vor den zerstörten Millionenwerten, den demolierten Läden und ihrem vernichteten Inhalt und erlebten mit tiefem Mitleid und Protest die Verhaftung zehntausender unschuldiger Menschen. Die „Führer" und Minister, die im November 1938 solche Grausamkeiten befahlen und unschuldige Menschen wie wilde Tiere jagten, müssen statt des Herzens einen Stein in der Brust haben. Frauen und Kinder aus den Wohnungen in die Novemberkälte treiben, nur weil sie nicht „arisch" sind – das ist nicht deutsch, das ist barbarisch! Ihre Männer und Väter erschießen, wie es in Düsseldorf und Wien und im Konzentrationslager Buchenwald mit Dutzenden untadeligen Ärzten und Kaufleuten geschah, das ist gemeine Mörderart. Viele jüdische Frauen, deren Männer und Söhne verhaftet, geschlagen und erschlagen wurden, ohne daß ihnen das Geringste vorgeworfen werden konnte, begingen Selbstmord. Tausende deutscher Frauen haben in jenen Tagen ohne Rücksicht auf ihre politische Einstellung und unabhängig davon, ob sie religiös denken oder nicht, den gequälten Unglücklichen geholfen, ihnen Obdach gewährt und den Kindern zu essen gegeben. Und für diese Tat selbstverständlicher Nächstenliebe wurden wir von den Behörden und Zeitungen der NSDAP bedroht.

Soll es denn nicht beser werden können um das Schicksal und das Glück der Frauen in unserem Lande? Der Hitler-Faschismus ist der Feind der deutschen Frauen. Gegen ihn müssen sie sich zusammenschließen. Ob Arbeiterin oder Angestellte, ob Beamtenfrau oder Händlerin. Bauersfrau oder Intellektuelle, wir alle leiden dasselbe Los. Ob wir oder unsere Männer früher zu dieser oder jener Partei gehörten, unsere Interessen sind heute alle die gleichen. Das ganze deutsche Volk muß für den Frieden, die Freiheit, für ein besseres Leben zusammenstehen. Der Faschismus vertritt nicht das deutsche Volk, er vertritt die Interessen und Ziele einer handvoll Rüstungs- und Kriegsgewinnler, der Monopole gegen die kleinen Leute und Existenzen.

Hitler will den Krieg. Das hat er in der Sportpalastrede vor der Münchener Konferenz offen erklärt. Das deutsche Volk hat in den ereignisvollen Tagen Ende Spetember klar demonstriert, daß es den Frieden will. Besonders die Frauen haben überall offen diese ihre Meinung diskutiert.

Millionen ist es klar geworden:
Hitler muß weg, das Hitlerregime muß gestürzt werden. Erst dann ist der Frieden gesichert, erst dann wird das deutsche Volk wieder Freiheit besitzen, erst dann wird ein Leben in Arbeit, in Wohlstand und in Familienglück gesichert sein.
Aber dafür muß gekämpft werden. Dieser Sieg über die nationalsozialistischen Unterdrücker und Verderber des deutschen Volkes kommt nicht von allein.
Der Weg zum Sieg ist *die Einheit*, die Einheit aller Feinde des Hitlerregimes in einer geschlossenen Front. Die deutsche Volksfront ist die Front vor allem der deutschen Frauen. Sie kämpft für den Frieden, für die Verständigung und Gleichberechtigung unter den Völkern, für ein starkes friedliebendes Deutschland in der Gemeinschaft der anderen Völker. Sie tritt für die Freiheit aller Deutschen in der demokratischen Republik ein, die anders sein wird, als es unter der Weimarer Republik war. Eine Republik, in der die Vorrechte des faschistischen Monopolkapitals gebrochen sind, in der die Freiheiten des Volkes gesichert und das Volk selbst entscheidet, eine Republik der Wahrheit und Gerechtigkeit, der Gleichberechtigung und Freiheit für die Frauen. Nur in einer solchen Republik können die Arbeiter« Bauern, Mittelständler, alle Schichten des deutschen werktätigen Volkes, für ihre Wünsche und Forderungen mit Erfolg eintreten. *Es muß eine Republik der Volksfront sein mit einer vom Volke selbst gewählten Regierung des Volkswohles und des Friedens*
Die deutschen Frauen werden ein entscheidendes Wort beim Sturze der jetzigen Nazidiktatur und beim Aufbau eines neuen freien Deutschland zu sagen haben.
Jeden Tag daran denken und jeden Tag sein Teil dazu beitragen, daß dieses Ziel bald erreicht wird:
So wird der Sieg und das Glück aller deutschen Menschen und die Wohlfahrt Deutschlands erkämpft werden.

Q 141
Hanna Goetz an Ricarda Huch
Textauszug aus: Willi Bohn, Stuttgart: Geheim! Widerstand und Verfolgung 1933–1945, Frankfurt 1978, S. 153f.

Stuttgart, den 1. August 1947

Hochverehrte Frau Dr. Huch,

haben Sie bitte Verständnis für einen Menschen, dem es hier nicht nur um Gerechtigkeit und Objektivität, sondern auch darum geht, sich von der so sehr verehrten, klaren und klugen Frau Ricarda Huch vielleicht enttäuscht zu sehen. Ich kenne ihre Stellungnahme noch nicht, und es ist sogar möglich, daß ich offene Türen einstoße. Wie gerne möchte ich das hoffen, aber es könnte auch anders sein . . .
Ich lebe in einem Kreis von Menschen – und diese haben ihrerseits wieder andere gleichgeartete Kreise um sich –, die, allein oder in der Familie oder in Gruppen schon von 1933 an gegen Hitler und das Dritte Reich gekämpft haben. Wir waren eine verschworene Gemeinschaft, aber wir waren nicht orga-

nisiert, was jedem Kenner der Situation einleuchtet. Wir waren nicht ‚innerlich dagegen' und haben äußerlich mitmachen ‚müssen', wie die meisten Nazis heute von sich behaupten. Das ist alles Lüge. Niemand hat mitmachen müssen. Das haben wir bewiesen. Wir waren fanatisch und kompromißlos. Natürlich haben wir uns nicht auf den Marktplatz gestellt und gerufen: ‚Die Nazis sind Verbrecher!' Wem hätte das genützt?
Von 1933 bis zum Ausbruch des Krieges bestand unsere Arbeit im wesentlichen darin, durch provozierte Gespräche – wo immer es möglich war – die allmählich einsetzende Verseuchung des deutschen Volkes mit den Nazi-Irrlehren aufzuhalten und ihr entgegenzuwirken, den gepeinigten jüdischen Bürgern zu helfen und – nicht zu vergessen – immer und immer wieder zu versuchen, Ausländer und das Ausland auf die Gefahren des Nationalsozialismus aufmerksam zu machen.
Nach Ausbruch des Krieges ergriffen wir jede Möglichkeit der ‚Zersetzung der Wehrmacht', wie es damals hieß, organisierten Sabotagen aller Art, druckten und verbreiteten Flugblätter antifaschistischen Inhalts, versorgten ausländische Soldaten und Fremdarbeiter mit Lebensmitteln und Radionachrichten usw. usw.
Bei allem, hochverehrte Frau Dr. Huch, gab es keinen Knall und keinen Rauch . . . Es war ‚Kleinarbeit' an einer großen Sache, die wir für so wichtig hielten und wert, das Leben täglich dafür einzusetzen. Wir waren nur ‚kleine' Leute, Arbeiter, Künstler und Wissenschaftler, ohne Organisation, ohne Beziehungen. Und wenn einer von den Unseren das Schafott besteigen mußte, so stand das nicht in der Zeitung, auch habe ich niemals gehört, daß die Behandlung vorher in den KZ's einem von ihnen den Komfort des Sonette-Schreibens erlaubt hätte . . .
Und warum, hochverehrte Frau Dr. Huch, glauben Sie, kämpften wir? Was hatten wir davon? Welchem ‚Führer' gehorchten wir? Um die letzte Frage zuerst zu beantworten: Unser eigenes Gewissen war unser Führer. Und was wir davon hatten? Auf jeden Fall keinerlei Aussicht auf irgendeinen Posten, der unseren Fähigkeiten angemessen uns am Aufbau unseres Vaterlandes teilnehmen ließ, denn wir hatten diese Beziehungen nicht und kämpften auch nicht deswegen.
Wir kämpften, weil wir an das Gute im Menschen und an den Sieg des Guten glaubten, weil wir uns für den Zeitgeist verantwortlich fühlten. Wir hatten uns das Wissen unedlere Werte bewahrt und wußten uns einig mit allen anständigen Menschen auf der ganzen Welt, Romain Rolland, Ricarda Huch, Heinrich Mann, Stefan Zweig und wie unsere großen Europäer alle heißen. Das gab uns die Kraft und den Mut, gegen einen reißenden Strom zu schwimmen.
Wir wollen heute keine Ehrenkreuze für unser Tun, keinerlei Vorteile als Dank für das uns Selbstverständliche. Was wir aber damals waren: Kämpfer des anderen, des besseren Deutschlands gegen den militaristischen und faschistischen deutschen Ungeist, das wollen wir zu Recht heute sein zur Ehre des deutschen Namens, den die Nationalsozialisten so sehr geschändet haben.
Unseren unzähligen im KZ gemordeten Kameraden sind wir Überlebende es schuldig, ihre stille, heroische Arbeit gegen das Verbrechertum (und alle Generäle, die mit Hitler gearbeitet haben, gehören dazu) so ins Licht zu rücken, daß das Ausland von einer deutschen Kollektivschuld niemals mehr reden kann, denn sie sind die Blutzeugen dagegen.

Darum hochverehrte Frau Dr. Huch, können wir heute nicht ohne Protest mitansehen, daß man als einzigen deutschen Widerstand während der Nazizeit das Attentat des 20. Juli 1944 ausgibt. Nichts und niemand wird das Tun und die Leiden der Opfer des 20. Juli zu schmälern versuchen, aber alles muß ins rechte Licht gerückt werden. Diese Männer haben versucht, nur bis 12 Uhr zu kämpfen, aber bis dahin haben sie doch gekämpft, im Gegensatz zu unseren so lautlos dahingegangenen Kameraden, die nicht erst durch die Mißerfolge eines Krieges zur Einsicht gebracht wurden, sondern ihren Kampf 1933 begannen . . .
Von der wahren Widerstandsbewegung – dem besseren Deutschland, den wirklichen Helden – spricht man heute nicht.
Ich bitte Sie, Ricarda Huch, vergessen Sie sie nicht!

gez.: Frau Hanna Goetz"

Q 142
Das Schicksal der Lina Haag
Textauszug aus: Lina Haag, Eine Handvoll Staub, Frankfurt 1980[4], S. 16f.; S. 40ff.

Vier Wochen später werde ich verhaftet.
Weil der Reichstag brennt, deshalb werde ich verhaftet. Ich weiß es nicht einmal, daß er brennt. Es ist der 28. Februar.
Diesmal sind es biedere Zentrumskriminalbeamte, die um ihre Posten bangen. Vor vier Wochen verhafteten sie noch randalierende SA-Leute, jetzt rufen sie mit erhobenem Arm „Heil Hitler!"
„Sind Sie die Frau Haag?"
Zwei Trenchcoats stehen vor der Tür, ich sehe flüchtig zwei graue Hüte. Auf dem einen steckt ein bläulich schimmerndes Federchen hinter einer sportlichen Kordel, es fällt mir auf, weil es offenbar flott und herzhaft wirken soll. Es wirkt wie Hohn. Ehe ich antworten kann, schiebt sich ein etwas altmodischer, aber sorgfältig gedoppelter und blankgeputzter Zugstiefel zwischen Tür und Schwelle. „Machen Sie keine Geschichten", sagt eine kalte, unangenehme Stimme. Jetzt erst sehe ich in die Gesichter. Sind das wirklich Gesichter? Der graumelierte, bürgerliche Schnurrbart wirkt wie aufgeklebt. Er hat, jetzt sehe ich es deutlich, einen brutalen Mund zu verdecken. Die ganze joviale Biederkeit dieser starren, gelblichen Visagen ist Maske. Dahinter steckt das wahre Gesicht, das lauernde, böse. Mich fröstelt. Was sind das für Menschen? Sie sehen wie harmlose Spießer aus und sind mitleidslose Schergen. Sie tragen sich wie achtbare Bürger und leben doch in Wirklichkeit nur vom Schmutz. Sie haben keine redliche Arbeit gelernt, sie arbeiten mit Praktiken, die gemein und niederträchtig sind. Sie sind eigentlich nichts, aber sie haben Gewalt über dich. Weil sie gewissenlos sind, deshalb sind sie über dein Gewissen gesetzt. Die eigene Gesinnungslosigkeit befähigt sie, Gesinnungen zu verfolgen und jedem Regime mit gleichbleibender Beflissenheit zu dienen, gestern der Republik, heute Hitler. Sie haben kein Herz, nur ein Amt. Sie brauchen kein Herz, nur die Not. Das Chaos. Den Hunger. Die Verzweiflung. Das Elend. Das ist ihr Feld. Für dreißig Silberlinge per Ersten eines jeden Monats hängen sie ihre Trenchcoats nach jedem Wind und verfolgen alles, was gewünscht wird, ge-

stern die Herren von heute, heute die von gestern. In jedem Falle immer uns. Das Volk.
Sie holen mich, weil der Reichstag brennt. Der Reichstag brennt, weil sie einen Anlaß brauchen, um die KPD zu zerschlagen. Ich bin bei der KPD. Deshalb holen sie mich. Ich habe keine Verbrechen begangen, aber sie führen mich ab wie eine Verbrecherin. Sie sehen, daß das Mittagessen auf dem Feuer steht, daß ich ein Kind habe, daß ich nicht einfach alles liegen und stehen lassen kann. Trotzdem hetzen sie mich. Sie geben das Kind der Nachbarin. Sie nehmen meinen Mantel vom Haken und werfen ihn mir hin. „Hopp, hopp", sagen sie. Sie haben es eilig. Sie müssen den neuen Herren beweisen, daß sie zuverlässig sind. Sie müssen die Gefängnisse füllen. Immer hopphopp. Die „unblutigste" Revolution aller Zeiten verlangt ihre Opfer. Und der Tag ist kurz.
Als wir die Treppe hinuntersteigen, höre ich überall im Haus die Türen gehen, sehr leise und vorsichtig, aber ich höre sie. Auf der Straße überläuft es mich kalt. Ich spüre die Blicke im Rücken. Aus allen Fenstern schaut man mir nach. Ich sehe es nicht, ich weiß es. Alles ist auf dem Weg, wie immer in solchen Fällen. Alles holt Milch oder kommt vom Markt. Das muß wohl so sein. Die einen bleiben gaffend stehen und kosten das aus. Die anderen schauen erschrocken weg. Für die Kinder ist es ein Fest, als der Stehkragenprolet Bihler sich mit gierigen Händen dein Motorrad holt. Er wußte, wohlverstanden, daß es dein[1] Privateigentum war. Das wußte auch die Polizei. Trotzdem ließ man es ihm, als Lohn für seine Dienste.
Ich werde in das Landesgefängnis Gotteszell eingeliefert.
Am nächsten Morgen ist Haussuchung.
Die Herren nehmen mich zur Polizei mit. Ich gebe dem schluchzenden Kätle den Zimmerschlüssel und schicke es zur Großmutter. Käme ich nicht bis Mittag, dann wäre ich zu Vati gegangen.
Auf der Polizei wirft man mir vor, illegale Funktionäre beherbergt zu haben. Ich sage, daß die Leute, die zu mir kommen, der Polizei genau bekannt seien, denn sie ständen wie ich unter Polizeiaufsicht. Da ich außerdem wisse, daß es Spitzel gäbe, daß es sogar Spitzel gäbe, die wiederum diese Spitzel zu bespitzeln hätten, sei ich begreiflicherweise besonders vorsichtig.
Schließlich läßt Herr Thumm, der verhörende Gestapobeamte, die Katze aus dem Sack. Man sucht einen illegalen Funktionär, hinter dem man seit langem her sei. Offenbar weiß man von ihm nur, daß er sehr rührig ist, denn die Angaben über ihn sind dürftig. Ich kann mit gutem Gewissen sagen, daß ich ihn nicht kenne – ich kenne ihn nicht. Wahrscheinlich vermutet man, daß er, zu häufigem Quartierwechsel gezwungen, eines Tages auch bei mir Unterschlupf suchen würde.
„Wissen Sie was", sagt Herr Thumm plötzlich, er sagt es betont leichthin, als sei es die selbstverstädlichste Sache der Welt, „wir machen ein Geschäft zusammen. Sie helfen uns, daß wir den Kerl fassen, wir lassen dafür Ihren Mann laufen." Ich bin so verblüfft über diese Unverschämtheit, daß es mir im ersten Moment die Sprache verschlägt. „Sie . . .?" frage ich entgeistert. Er hat zwar die Hände in den Hosentaschen, wohl um zu zeigen, was er ist, aber er ist ein

[1] Gemeint ist der Mann von Lina Haag, Alfred Haag.

Würstchen, das sehe ich mit einem Auge. Er fährt gekränkt auf: „Ja, ich! Oder zweifeln Sie daran? Glauben Sie vielleicht, ich könnte Ihren Mann nicht frei bekommen?“ Natürlich kann er es nicht, wenn es schon der Justizminister nicht kann. „Doch“, lüge ich, denn allmählich wird es mir klar, daß es hier um mehr geht als um ein bloßes Verhör. „Na also“, sagt Herr Thumm halbwegs beruhigt und tastet mit nervösen Fingern über die linke Brusttasche, wie um sein gekränktes Herz zu beruhigen. Dabei berührt er wie zufällig sein Parteiabzeichen auf dem Rockaufschlag, sofort strafft sich seine Gestalt und seine Miene wird bedeutend wie bei kleinen Wichtigmachern, wenn sie eine Rede halten wollen. „Ich habe Vollmachten . . .“, sagt er dunkel, „das dürfen Sie mir glauben.“ Er hat gar nichts als den Auftrag, über den Unbekannten Recherchen einzuziehen. Höchstens noch Angst, daß es ihm nicht gelingen wird. Angst und Ehrgeiz. Er will den Mann offenbar selbst zur Strecke bringen, er scheint neu zu sein, ein kleiner Anfänger, der Karriere machen will. Ein eingebildeter Streber, der seine Niedertracht für Scharfsinn hält. Der nicht nur Thumm heißt, sondern es auch ist. Deshalb habe ich seinen Namen so gut behalten.

„Wahrscheinlich wundern Sie sich“, sagt er selbstgefällig und zündet sich mit nervöser Hast eine Zigarette an, „daß ich mit offenen Karten spiele?“ Er geht mit großen Schritten auf und ab. Plötzlich fährt er herum. „Ich weiß, warum ich mit offenen Karten spiele!“ Ich weiß es auch. Weil er mich braucht. Weil er mich ködern will. Die Aussicht auf deine Freilassung ist natürlich glatter Schwindel. Sein Scharfsinn eben. Nun bleibt er vor mir stehen. „Ich kann doch nur“, sagt er, er fleht beinahe, er trieft förmlich vor Aufrichtigkeit, „ich kann doch nur mit Ihrer ehrlichen Mithilfe rechnen, wenn auch ich zu Ihnen anständig und offen bin. Oder nicht?“

„Doch“, sage ich leise und starre angestrengt in seine niederträchtige Visage. Ehrliche Mithilfe, denke ich, offen, anständig . . .?

„Na also“, sagt er und läßt sich befriedigt in den Sessel fallen, „dann sind wir ja einig.“ Es folgen noch einige Anweisungen, wie und wann ich die Polizei zu benachrichtigen und den Gesuchten gegebenenfalls in meiner Wohnung bis zum Eintreffen der Beamten festzuhalten hätte. Geheimhaltung meines Namens wird zugesichert. Dann bin ich entlassen.

„Was Ihnen blüht“, sagt Herr Thumm mit zusammengekniffenen Augen, während ich schon die Türklinke niederdrücke, „was Ihnen blüht, wenn Sie uns hereinlegen sollten, wissen Sie ja!“

Ich weiß es.Trotzdem werde ich den Unbekannten warnen und ihm weiterhelfen, wenn er zu mir kommt. Das ist selbstverständlich. Ebenso selbstverständlich wird sich Herr Thumm an mich halten, wenn ihm der Mann durch die Lappen geht. Er wird sich in jedem Fall an mich halten. Auch dann, wenn der Gesuchte überhaupt nicht auftaucht. Dann vermutlich erst recht. Denn dann ist der ehrgeizige Gestapospitzel um seine Chance geprellt. Natürlich wird er seine Wut an mir auslassen. Er kann mir ohne weiteres unterstellen, den Unbekannten gewarnt und begünstigt zu haben. Auch in diesem Fall. In jedem Fall. Nüchtern betrachtet kann ich also dieses „offene und ehrliche“, dieses verdammte Gestapospiel nur verlieren. Das ist mir jetzt klar . . .

Kätle war natürlich nicht bei der Großmutter, sondern kauert, den Zimmerschlüssel im verkrampften Händchen, vom vielen Weinen und vor Müdigkeit

eingeschlafen, vor der Wohnungstür. Der Atem geht stoßweise, das Gesichtchen zuckt, der Schrecken verfolgt es also noch im Schlaf. Ich bringe das Kind zu Bett und sitze lange da, ohne mich zu rühren, eine Gefangene meiner Ausweglosigkeit und meiner Angst. Meine Gedanken gehen im Kreis. Eigentlich ist es nur ein Gedanke, der immer wiederkehrt, in den ich mich verbohre, den ich verwerfe und doch immer wieder drehe und wende. Dieser Gedanke ist niederträchtig und gemein, so gemein wie der gemeine Handel, auf den ich in diesem Augenblick eingehen könnte, wenn ich, unerfahren in der Beurteilung der Machtverhältnisse, an Thumms anmaßende Sicherheit glauben würde und nicht wüßte, daß dieser Kerl doch nur ein kleiner Zutreiber ist. So völlig verzweifelt bin ich in diesem Augenblick.
Du wirst das bei deiner elementaren Ehrlichkeit nie begreifen. Vielleicht müßte ich es eigehender begründen, aber ich bin nicht für große Worte. Der Gedanke, mit der Gestapo das schmutzige Geschäft zu machen, den Genossen zu verraten, ist der Gedanke der einzigen Möglichkeit, uns zu retten. Dich zu retten. Ich bin deine Frau. Du bist der Vater meines Kindes. Das verstehst du doch. Ich habe die Liebe immer über die Politik oder, wenn du willst, über die Idee gesellt und doch der Idee und nicht der Liebe alles geopfert. Sogar die Liebe der Idee. Das weißt du doch. Siehst du. Und deshalb kannst du mir diesen Gedanken ruhig verzeihen. Es ist das einzige Mal, daß ich schwach werde.
Auch diese Nacht geht vorbei. Ich warte, bin auf der Hut, wage außer mit Sepp Knoedler, der mit mir die laufenden Informationsbriefe weiterleitet, mit keinem der Genossen über die Sache zu sprechen. Sepp ist zuverlässig, verschwiegen, gut informiert. Über den Gesuchten weiß er allerdings auch nichts. Mit der Zeit wird meine Überwachung lockerer, ich spüre sie kaum noch, atme auf, werde sicherer, hoffe, hoffe . . .
An einem Sonntagmorgen klopft es. Ein schmaler, blasser Mann tritt ein, schaut sich im Zimmer um, richtet Grüße aus von unserm Jugendfreund Hermann Nuding, sagt, daß dieser ihn schicke, damit die bis jetzt aufgebaute illegale Arbeit nicht wieder zurückgehe, sagt, daß man ihm vermutlich auf der Spur sei und daß er weg müsse. Er sagt das alles sehr ruhig, freundlich, mit aufmerksamen Augen.
Er ist es. Der Unbekannte ist es. Das Schicksal ist es. Nun kann ich ihm nicht mehr ausweichen, nun muß ich mich entscheiden.
Ich warne ihn. Ich erzähle ihm die ganze Geschichte von Thumm. Ich beschwöre ihn, sofort über die Grenze zu gehen. Er schüttelt indessen den Kopf, nimmt das alles nicht so tragisch, will mir zunächst einmal seine Arbeit mit allen Unterlagen über unsern Bezirk übergeben; ein vertrauenswürdiger Genosse möge die Papiere bei ihm holen, dann erst wolle er versuchen, über die Grenze zu kommen.
Ich schicke Sepp. Er kommt nicht mehr zurück.
Mußgay, der Chef der Stuttgarter Gestapo, holt mich persönlich. Ich werde im Auto nach Stuttgart gebracht.

Q 143
Willi Bohn berichtet über Liselotte Herrmann
Textauszug aus: Willi Bohn, Stuttgart: Geheim! Widerstand und Verfolgung 1933–1945, a.a.O., S. 90 ff.

In den Akten der Geheimen Staatspolizei Stuttgart ist folgende Eintragung gefunden worden:

„Geheim! Eilt sehr!
Bei Liselotte Herrmann liegen besondere Umstände, die bei der Prüfung eines Gnadenerweises in Betracht kämen, *nicht* vor. Im Verlaufe der polizeilichen Ermittlungen hat die Herrmann durch ihr Verhalten nicht gezeigt, daß sie über ihre Tat Reue empfindet, und sie hat von sich aus zur Klärung des Sachverhaltes nicht beigetragen."
Liselotte Herrmann besuchte in Berlin die Viktoria-Luise-Schule und machte hier ihr Abitur. Dabei schrieb sie eine Arbeit über den Marxismus. Sie war außerordentlich begabt und zeichnerisch sehr talentiert. Nach Waldemar Bonsels „Biene Maja" zeichnete sie ein Märchenbuch und schrieb dazu auch einen Text. Das Buch begeisterte wegen seiner Schönheit und Farbenpracht die Professoren. Kennzeichnend für ihre Gesinnung ist ein Bild, das die Tragik des Krieges darstellt. Auf einem schmalen Band ziehen sich über das Bild die Worte „Krieg dem Kriege! – Unsterbliche Opfer, ihr sanket dahin".
Im Jahre 1929 kam Liselotte Herrmann nach Stuttgart. Hier besuchte sie die Hochschule. Im Kreis junger sozialistischer Studenten diskutierten sie eifrig über die sozialistische Weltanschauung. 1932 setzte sie ihr Studium an der Universität Berlin fort. Sie fand dort eine sehr reaktionäre und vom Nazigeist beeinflußte antisemitische Einstellung vor. Unerschrocken trat sie dagegen auf und unterzeichnete 1933 einen Aufruf gegen Krieg und Faschismus. Das führte zu ihrer Entlassung von der Universität.
Nunmehr widmete sich Liselotte Herrmann ganz der Arbeit gegen das Naziregime und seine auf Krieg ausgerichtete Politik. Sie lebte unter falschem Namen und organisierte unter der Jugend den antifaschistischen Widerstand.
Am 15. Mai 1934 wurde ihr Kind Walter geboren, das sie sich so sehr gewünscht hatte. Es sollte ganz in ihrem Sinne erzogen werden. Als das illegale Leben in Berlin allzu gefährlich wurde, fuhr Liselotte Herrmann mit ihrem Kind nach Stuttgart zu ihren Eltern. Ihre ganze Freizeit gehörte dem Kampf gegen das Naziregime. Sie traf sich zu zahlreichen Besprechungen mit Arbeitern vor allem aus Betrieben, in denen Kriegsmaterial hergestellt werden sollte. Aus Hitlers Buch „Mein Kampf" wußte sie, daß nach der Machtübernahme durch die Nazis beschleunigt an der Vorbereitung eines Krieges gearbeitet würde. Einen neuen Krieg zu verhindern und die Arbeiter zum Kampf gegen die drohende Gefahr zu gewinnen, darin sah sie ihre besondere Aufgabe.
Am 10. Dezember 1935 wurde Liselotte Herrmann verhaftet, nachdem Denunzianten sie bei der Gestapo verraten hatten. In der Haft blieb Lilo, wie ihre Freunde sie nannten, nichts erspart. Alles Leid, das ein Mensch ertragen kann, mußte sie durchleben.
Gefaßt nahm sie das Todesurteil auf, das am 17. Juni 1937 über sie verhängt wurde. Sie ahnte, daß es keine Rettung für sie gab. „Es ist mir sehr schwer, zu gehen und auch von einem Kinde Abschied zu nehmen", sagte sie, „aber

noch schwerer ist es, weil ich weiß, daß unser Volk dem Krieg entgegengeht."
Nach der Verkündung des Todesurteils wurde Liselotte Herrmann von Stuttgart nach Berlin transportiert. Man sperrte sie in eine Todeszelle und versuchte noch einmal, Aussagen von ihr zu erpressen. Die Namen ihrer Mitarbeiter seien bekannt, wurde ihr vorgehalten, und es habe keinen Zweck, noch länger zu leugnen und zu schweigen. Wenn sie jetzt alles zugäbe, würde sie nicht als unverbesserlich angesehen und die Todesstrafe würde in eine Freiheitsstrafe umgewandelt. Aber Lilo Herrmann schwieg. Schließlich bereiteten die Schergen ihr die schlimmste Pein. Sie sagten, im Nebenraum warte der kleine Walter auf seine Mutter. Dann hörte man ein Kind rufen: „Mutti, warum kommst du nicht!" Als auch diese Quälerei nichts fruchtete, hielt man der zum Tode verurteilten Mutter vor, ihr Kind werde in Zwangsfürsorge gegeben und zu einem Hitlerjungen erzogen. Aber Liselotte Herrmann überstand die schwersten Prüfungen. Bis zum bitteren Ende blieb sie sich selbst und ihren Freunden treu. Am 21. Juni 1938 wurde sie hingerichtet.
Nach dem Mord an Lilo Herrmann verbreiteten Antifaschisten ein Flublatt, in dem es hieß:
„Möge dieses unschuldig geflossene Blut Mahner an alle Mütter sein, zu erkennen, wie grausam in unserer Heimat Menschenrechte, Menschenwürde und Menschenleben vernichtet werden. Und zugleich ein Rufer für die Sammlung aller deutschen Mütter und die Weckung des Widerstandes gegen solche, eines Deutschen unwürdige Grausamkeiten. Das sind wir ihnen, die für uns gestrebt, gelitten und gestorben, schuldig!

Ihr Andenken halten in Ehren
die Frauen, Mütter und Mädchen Deutschlands."

Q 144

Protest gegen das Todesurteil gegen Liselotte Herrmann
Textauszug aus: Hanna Elling, Frauen im deutschen Widerstand 1933–45, a.a.O., S. 213

„Pariser Tageszeitung" Nr. 449 vom 5. 9. 1937

Englische Frauen telegraphieren Hitler

Eine Anzahl führender englischer Frauen haben ein Telegramm an Hitler geschickt, in welchem sie Mitteilung des geheim gefällten Stuttgarter Todesurteils gegen Liselotte Herrmann verlangen.
Unter den Unterzeichnern des Telegramms sind: Lady Violet Bonham-Carter, Lady Gladstone, Lady Layton, Adelaide Livingstone, Lady Mary Murray, Gräfin von Oxford und Asquith, Miss Eleanor Rathbone. Mitglied des Parlaments, Viscountess Rhondda, die berühmte Schauspielerin Sybil Thorndike, Gräfin von Warwick und Miss Ellen Wilkinson, Mitglied des Parlaments.

Q 145

Bericht Anna Stiegler
Textauszug aus: Hanna Elling, Frauen im deutschen Widerstand 1933–45, a.a.O., S. 162f.

. . .Anfang 1905 meldete ich mich als Mitglied der SPD an . . .
Und was nach 1933 kam, das war wieder ein neuer Abschnitt in meinem Leben, der lange elf Jahre dauerte. Dieses Kapitel meines Lebens möchte ich unter die Devise geben: Prüfung und Bewährung.
Es begann damit, daß alle Partei- und Gewerkschaftsorganisationen mit allen dazugehörigen Einrichtungen von den Nazis übernommen und viele Genossen und Mitglieder des Reichsbanners verhaftet wurden, deren Familien ohne Schutz und Einkommen waren. Verschiedene Genossinnen fanden sich bereit, unter den Zurückgebliebenen zur Unterstützung dieser Familien zu sammeln und dabei auch Material, das uns illegal zuging, herumzugeben. Das ging gut bis November 1934, dann wurde eine Anzahl unserer Genossinnen verhaftet und in Untersuchungshaft genommen. Einige wurden nach ausgedehnten und häßlichen Vernehmungen wieder entlassen. Gegen eine Anzahl Genossen und fünf Genossinnen wurde Anklage wegen Vorbereitung zum Hochverrat erhoben, darunter auch mein Mann und ich. Nach genau einem Jahr begann der Prozeß unter Beteiligung einer starken Zuhörerschaft. Acht Tage stand die erste Gruppe von neun Personen, darunter fünf Genossinnen, unter dem haßvollen Kreuzfeuer des Präsidenten und Staatsanwalts.

Im KZ-Lager Ravensbrück
Resultat: acht Jahre Zuchthaus für einen Genossen, fünf Jahre für mich, vier Jahre für zwei Genossinnen) drei Jahre für eine, und eine wurde freigesprochen, zwei Jahre Gefängnis für meinen Mann.

Q 146
Alltag einer Illegalen
Textauszug aus: Informationen, hrsg. v. Studienkreis zur Erforschung und Vermittlung der Geschichte des deutschen Widerstandes 1933–1945, Heft 2/80, Frankfurt S. 6ff.

Carola Karg, geb. am 16. Juni 1910 in München, von Beruf Verkäuferin, war Mitglied des Zentralverbandes der Angestellten und des Kommunistischen Jugendverbandes. Bei der Machtübertragung an Hitler war sie 23 Jahre alt und nahm das harte Leben der Illegalen auf – zunächst als Bezirksleiterin des KJVD in Thüringen, dann in Baden-Pfalz, schließlich am Niederrhein. Am 30. Januar 1934 wurde sie in Düsseldorf verhaftet und schwer gefoltert. Der Volksgerichtshof verurteilte Carola Karg am 25. Juni 1935 zu 15 Jahren Zuchthaus. Von den zehn Jahren, die Carola Karg bis zur Befreiung 1945 eingesperrt war, mußte sie 5 ½ Jahre in Isolierhaft im berüchtigten Frauengefängnis Jauer bei Lübeck erleiden. Ihren Bericht zeichnete Gerda Zorn auf.

Ich bin damals viel herumgefahren, per Fahrrad, zu Fuß gelaufen, habe illegales Material transportiert. Über die Grenze ging ich immer als junge schwangere Frau, die Flugblätter trug ich in einer zugenähten Leibbinde am Körper.
So auch watete und schwamm ich im August 1933 über den Rhein bei Lörrach, wo ich zu einer illegalen Funktionärsschulung nach Basel fuhr. Ich hatte damals noch keine illegalen Papiere, die bekam ich erst im November in Paris, und mußte schwarz über die Grenze gehen.
Jenseits der Grenze nahm mich ein junger Schweizer Genosse in Empfang.

Er führte mich ca. 1 ½ Stunden durch den Kleinen Baseler Wald. Dreimal wurden wir kontrolliert, ich spielte mit dem Schweizer ein „Liebespaar", der Genosse hatte Papiere – ich nicht. Durch das „Poussieren" rutschte ich durch. Solche brenzligen Sachen erlebte ich öfter.

In der Schweiz waren wir eine Woche zur Schulung. Jeder ging dann mit neuen Aufgaben und gestärkt zurück an die illegale Arbeit. Ich war damals Bezirksleiterin in Baden-Pfalz von Juli bis September 1933.

Ende September mußte ich von dort weg wegen höchster Gefahr. Ich bin nach Berlin. 14 Tage blieb ich in Berlin und erhielt neue Instruktionen. Ich weiß das noch genau, weil ich dort seit langem wieder mal gut essen und in einem Bett schlafen konnte. Vorher mußte ich von einem Versteck ins andere – ich schlief im Sommer oft nur in einem Heuhaufen im Freien oder ließ mich in einer Kirche einschließen. Fast das ganze Jahr lebte ich nur von Stullen und Obst, die mir Genossen mitbrachten. Das war nicht einfach – ich habe viel gehungert und gefroren.

Im Oktober 1933 wurde ich dann vom illegalen Zentralkommitee des KJVD nach Düsseldorf geschickt, um dort den Bezirksleiter Fritz Reuter vom Bezirk Niederrhein abzulösen. Ich hatte drei Anlaufstellen mitbekommen. Als ich hinkam, waren alle drei unsicher geworden. Bei der dritten Anlaufstelle erfuhr ich, daß inzwischen eine große Verhaftungswelle stattgefunden hat. Ich las dies dann sogar in der Zeitung. Im allgemeinen wurde ja bei den Nazis weniger darüber berichtet. Ich stand nun da, hatte wenig Geld, und tat etwas, was man nach den konspirativen Regeln nicht tun sollte. Ich ging zur Hauptpost und gab je ein Telegramm an die beiden illegalen Adressen, die ich von Berlin hatte, auf. An eine telegrafierte ich „Bruder gestorben", (das hieß Jugendverband-Verhaftungen), an die andere „Eltern erkrankt" (das hieß keine Verbindung zur Partei). Die Rückantwort sollte „Hauptpostlagernd" gegeben werden. Natürlich wußte ich, daß das gefährlich war, weil wir überall mit Spitzel rechnen müßten. Ich hatte aber buchstäblich keine andere Wahl.

So wartete ich auf Antwort. Tagsüber hielt ich mich solange wie möglich in den Kaufhäusern auf. Draußen war es kalt und regnerisch, und ich hatte kein Nachtquartier. Schließlich bin ich nachts um 24 Uhr in die Parkanlage „Grafenberger Wald" gegangen. Drei Nächte brachte ich dort auf einer Bank zu. Ich weiß es noch wie heute, in der dritten Nacht spürte ich, daß mit Hans, meinem Verlobten, etwas Schreckliches passierte. In der Illegalität hatte ich sowas wie einen sechsten Sinn – ich spürte, wenn was los war, ich spürte auch, wenn einer hinter mir ging, wenn man mich beobachtete. Ich habe auf der Bank gesessen voller Angst – ich war die ganze Zeit mutterseelenallein, auch am Tag hatte ich niemanden, mit dem ich sprechen konnte. Nachts sah ich von der Bank aus nur hin und wieder einen vorüberhuschenden Lichtschein der Autos unten auf der Straße. Diese dritte Nacht war die einsamste Nacht, die ich je kannte. Später erfuhr ich, es war die Nacht, in der Hans, von der Gestapo gehetzt und verfolgt, sein junges Leben aushauchte. Ich spürte seine letzten sorgenden und starken Gedanken, die mir galten, und die ich dann später in seinem letzten Brief bestätigt erhielt. Ich fühlte: nun war ich ganz allein. Ich muß auch für Hans weiterkämpfen.

Gegen Morgen ging ich in die Stadt, reinigte meine Schuhe und Kleidung in der Kaufhaus-Toilette und mein Geld reichte gerade noch für Milch und Semmel. Mittags ging ich zur Hauptpost. Endlich war die Antwort da. Ich atmete auf – zwei neue Anlaufadressen. Ich bin zu der ersten hin und traf ein jüdisches Ehepaar. Es waren Intellektuelle, ein bürgerliches Haus. Ich sagte mein Losungswort, und sie nahmen mich herzlich auf. Ich bekam ein eigenes Zimmer, konnte baden, sie gaben mir Waschzeug und alles. Ich schlief wie eine Tote, Tag und Nacht. Dann hatte ich Hunger und bekam das erste Essen. Sie meinten es wohl besonders gut – es gab Muscheln und noch anderes. Ich aß sie mit Todesverachtung – ich kannte ja so etwas gar nicht. Durch dieses Ehepaar bekam ich dann Verbindung zur Partei, später zu Max Reimann, dem Partei-Vertreter der Jugend. Vom Jugendverband war inzwischen die ganze illegale Bezirksleitung hochgegangen, und ich bekam nun die Verbindung zur Partei, die mir in Düsseldorf ein vorübergehendes Quartier besorgte. Ich habe dann über die Partei die Verbindungen in Wupperal, Solingen, Remscheid aufgesucht, neue Unterbezirksleitungen geschaffen und ein illegales Bezirkssekretariat des KJVD aufgebaut. Durch den Jugendgenossen „Heinz" (Deckname) wurde ich darauf aufmerksam gemacht, daß in Düsseldorf ein Kaplan sei, der früher ihre Zeltlager besuchte, ein Friedensfreund war und Sympathie für die Sowjetunion zeigte. „Vielleicht nimmst Du mit dem mal Verbindung auf, vielleicht wäre es eine unverfängliche Anlaufstelle." Es war ja damals so, daß Verbindungen oft aufflogen oder abrissen, daß keine Quartiere vorhanden waren. Wir mußten ohnehin das Quartier häufig wechseln, höchstens drei Tage konnte man an einer Stelle bleiben, und das gefährdete schon die Gastgeber. 1933 war die schlimmste Zeit – bei Genossen konnte man nicht sein, sie wurden beobachtet. Soviel Sympathisierende hatte man aber auch nicht. Man konnte also oft nur im Park, in der Kirche oder mal eine Nacht bei Freunden bleiben.

Es war um den 20. Oktober 1933, mein Quartier war gerade mal wieder ausgelaufen (das heißt, ich konnte nicht länger bleiben), da ging ich zur Marienkirche. Ich umkreiste das Pfarrhaus, ging die Straße auf und ab, auch mal in die Querstraße, und wartete. Irgendwann mußte dieser junge Kaplan ja herauskommen – oder hineingehen. Ich wußte nicht, wie er aussah, ich wußte nur, daß er Kaplan sei und jung. Ich war schon über eine Stunde so unterwegs und fror entsetzlich. Es war ein scheußlicher Oktobertag. Plötzlich sehe ich einen jungen Pfarrer von der Kirche kommend auf das Pfarrhaus zugehen. Ich sprach ihn an mit der Frage, wo es hier wohl eine Möglichkeit gibt, billig zu übernachten. Er sagte, im Christlichen Hospiz, das sei nicht weit. Ich fragte, was das wohl kostet. So versuchte ich, das Gespräch in die Länge zu ziehen. Ich wollte ja wissen, ob er für den Kontakt in Frage käme. Er meinte, ich hätte wohl kein Geld, und wollte mir Geld geben. Irgendwie muß ich ihm merkwürdig vorgekommen sein. Er wußte bestimmt nicht recht, was er davon halten sollte, als ich ihn auch noch fragte, ob da keine Polizei hinkäme. Er sah mich so komisch an und fragte, warum, ob ich was zu fürchten hätte. Schließlich sagte ich, ich müsse über die Grenze gehen nach Holland. Irgendetwas muß er da kapiert haben, er war sehr teilnahmsvoll und sagte: „Kommen Sie erstmal mit rein!" Er wollte das Gespräch nun nicht mehr auf der Straße weiterführen.

Ich könnte heute noch das Pfarrhaus beschreiben, so froh war ich. Er führte mich in sein Sudierzimmer, fragte, ob ich Hunger hätte, und der Hereinkom-

menden, die offenbar seine Schwester oder Haushälterin war, sagte er, sie möchte für mich etwas zu essen bringen. Sie brachte ein warmes Essen – ich weiß es noch wie heute, wie wohl mir das tat nach den Hungertagen. Ich aß mit großem Appetit, während er mir zusah. Dann fragte er geradeheraus, woher ich komme. Ich sage, „von zu Hause", ohne zu sagen, wo dies zuhause sei. Er fragte, ob ich ausgerissen sei. Also – das ganze Gespräch war kurz und gut ein gegenseitiges Abtasten, ich antwortete zurückhaltend, ausweichend, aber so, daß er merken mußte, daß ich nicht über alles sprechen konnte. Ich erzählte, daß ich in der Gewerkschaftsjugend aktiv war, und daß ich Hitlergegner sei. Wir sprachen dann sogar über die Sowjetunion. Ich erzählte, daß ich schon einmal dort war. Das Gespräch zog sich bis ungefähr 22 Uhr hin. Er fragte dann, ob ich wirklich am nächsten Tag über die Grenze müsse. Ich sagte, eigentlich noch nicht, vielleicht später. Er bot mir an, wenn ich keine Bleibe hätte, ich könnte so acht bis 14 Tage bei ihm bleiben. Ich weiß heute nicht mehr, wie lange ich dort war. Auf keinen Fall 14 Tage, weil ich ihn nicht gefährden wollte. Er war Diözesanpräses der „Katholischen Sturmschar" vom Niederrhein. Aus der Unterhaltung mit ihm merkte ich, daß er eindeutig gegen Hitler ist. So z.B. sagte er, es wird nicht lange dauern mit „denen". Er war groß, stattlich, seine schwarzen Augen schauten so nachdenklich, wenn ich was erklärte. Ich sagte dann, daß ich aus München stamme. „Aus München? Da ist ja auch der Franz her!" „Er meinte Steber, den Reichsführer der „Katholischen Sturmscharen". – Die Katholische Sturmschar war eine Jugendorganisation für 16–30jährige. Eine sehr aktive Organisation, deren Reichsleitung in Düsseldorf saß. Ich erfuhr, daß Franz Steber sich vor 1933 bemüht hatte, die Sowjetunion kennenzulernen und dort ein Zeltlager zu veranstalten. Er war demnach fortschrittlich interessiert.
Als ich eines Nachmittags zu Kaplan Dr. Rossaint – es handelt sich um den heute als Präsident der VVN[1] bekannten Dr. Joseph Rossaint – kam, erzählte er, daß am 1. November 1933, zum Festtag Allerheiligen, ein Reichstreffen aller Diözesanleiter in Düsseldorf stattfindet. Er würde dort über die Aufgaben der „Katholischen Sturmscharen" sprechen. Das sollte in Form einer Predigt in der Marienkirche geschehen. Ich wollte gerne daran teilnehmen, aber er riet mir ab. Seine Predigten würden bereits überwacht. Ich fragte, ob es möglich sei, daß ich mit einigen Sturmscharführern zusammentreffe, man könnte doch die Verbindung zu anderen Bezirken schaffen. Er wollte Franz Steber fragen, ob der einverstanden sei. Schließlich sagte Kaplan Rossaint mir, er würde zuverlässige Leute aussuchen, die er in sein Studierzimmer einladen will nach der Predigt-Ansprache in der Kirche – und dann wollte er mich ihnen vorstellen als frühere Gewerkschaftsfunktionärin, die in der Sowjetunion war. Da das Interesse für die Sowjetunion da war, sollte ich über die religiöse Situation und die kulturelle Lage in der Sowjetunion sprechen. Für mich war das Ganze natürlich auch ein großes Risiko – aber das war ja schließlich jede illegale Arbeit.
Es kamen 12 Diözesanführer, die aus den vechiedensten Gebieten waren – aus dem Saargebiet, dem Ruhrgebiet und anderen wichtigen Diözesan-Bezirken. Bis Mittag waren sie in der Kirche und nach dem Mittagessen fand das

[1] Verein Verfolgter des Naziregimes

Treffen bei Rossaint statt. Ich erzählte ihnen davon, wie die Kirchen in der Sowjetunion besucht wären, und daß es auch Kirchen gäbe, die abgerissen würden, da handele es sich zumeist um Straßenerweiterungen. Nach etwa ¼ Stunde bin ich auf das eigentliche Thema gekommen, auf die Notwendigkeit des gemeinsamen Handelns gegen die nationalsozialistische Diktatur. Ich klärte sie über die wirkliche Situation auf, in der auch sie sich befinden, über die wahren Ziele Hitlers und die akute Kriegsgefahr. Ich sprach von der Notwendigkeit, dem Nationalsozialismus entgegenzutreten, um damit eine unheilvolle Entwicklung für das deutsche Volk abzuwenden. „Heute sind wir es, die Gewerkschaften und Arbeiterparteien, die verfolgt werden, morgen seid ihr es, die Christen und jeder, der für Humanität und Freiheit eintritt." Ich erzählte ihnen, was ich über das KZ Dachau gehört hatte. Ich sprach davon, daß alle sich zusammenschließen müssen, ganz gleich, welcher Auffassung, wenn man nur gegen dieses barbarische System ankämpfe. Sie stellten dann Fragen. Das Interesse, über die Sowjetunion mehr zu erfahren, war sehr groß. Nach dem „offiziellen" Teil tauschte ich mit den einzelnen Sturmscharführern Adressen aus. Einige waren gegangen, den anderen sagte ich, es gäbe eine illegale Jugendorganisation. Ich erzählte, wieviele schon eingekerkert seien, daß bereits Hinrichtungen stattgefunden hatten, und wer interessiert sei, könne illegales Material bekommen. Sie gaben mir Adressen, wo ein Mann von uns anlaufen konnte, um illegales antifaschistisches Material zu überbringen.

Nach diesem Treffen berichtete ich Max Reimann und der Partei in Düsseldorf. Der Bericht ging dann nach Berlin, und ich wurde nach Paris bestellt zur Berichterstattung. Dort war ein Teil des illegalen Zentralkomitees des Jugendverbandes, von der illegalen KPD traf ich mit Franz Dahlem und einem Vertreter des Westeuropäischen Büros (WEP) der Internationalen Organisation zusammen. Da ich keine illegalen Ausweispapiere besaß, mußte ich ohne Paß nach Paris fahren. Ich hätte mit eigenen Papieren ohnehin nichts anfangen können, da ich inzwischen im ganzen Reich gesucht wurde. In Erfurt hatten sie sogar einen Steckbrief mit einer Beschreibung von mir plakatiert. Ich war in ihren Augen eine ganz gefährliche Gegnerin und Revolutionärin. Wie ich trotzdem nach Paris kam? Ich mußte wieder einmal illegal über die Grenze gehen. Diesesmal bei Herzogenrath, wo mich gleich nach der Grenze holländische Genossen aus Heerlen in Empfang nahmen. Diese hatten Verbindung zu den belgischen Genossen, die wiederum zu dem Schlafwagenschaffner im Zug von Brüssel nach Paris. Unter seinem Schutz kam ich unkontrolliert in Paris an. In Paris bekam ich zum erstenmal Papiere. Einen schwedischen Paß. Ich mußte mir meine illegalen Decknamen einprägen und fuhr als Schwedin zurück nach Deutschland.

Mit Kaplan Rossaint hielt ich weiterhin die ganze Zeit die Verbindung aufrecht. Wir diskutierten viel. Das Pfarrhaus (Marienpfarrei) war die Anlaufstelle für illegales Material während meiner Düsseldorfer Tätigkeit. Ein Teil unserer illegalen Jungendzeitung „Die Junge Garde" ging an die katholische Jugend in meinem Bezirk Niederrhein, auch anderes Propagandamaterial. Schließlich vereinbarten Rossaint, Steber und ich, einen gemeinsamen Aufruf herauszugeben. Er sollte vom ZK des KJVD und von der Reichsführung der Katholischen Sturmschar unterschrieben werden. Die Genossen vom illegalen ZK in Paris

bereiteten einen Entwurf vor. Rossaint und Steber bereiteten als katolische Leitung ebenfalls einen vor. Beide Entwürfe sollten aufeinander abgestimmt werden. Dazu fand am 30. Januar 1934 um 13 Uhr ein Treffen am Kölner Dom statt. Ewald Kaiser als stellvertretender Vorsitzender des KJVD kam aus Paris mit dem Entwurf des ZK. Rossaint brachte einen anderen Entwurf mit. Wir fuhren getrennt nach Köln. Kaiser sollte immer hinter mir hergehen – er kannte ja den jungen Kaplan, den er treffen sollte, nicht. Ich sah Rossaint am Dom – wir begrüßten uns nicht. Ich sollte ihm nachgehen. Wir kamen in ein Pfarrhaus und in der Studierstube eines befreundeten Kollegen wurden wir diesem als katholische Freunde vorgestellt. Der Pfarrer sollte nicht wissen, wer wir sind, wir wollten ihn nicht belasten. Es war eine Regel der Konspiration – nicht mehr ins Vertrauen ziehen als notwendig.
Der Aufruf wurde dann eingehend diskutiert und beschlossen. Er sollte in Paris gedruckt werden und dann in Flugblattform rüberkommen, zur Verteilung. Ewald Kaiser fuhr noch in der Nacht zurück nach Paris. Ich sollte am nächsten Tag ein Treffen mit meinem Stellvertreter der Jugend-Bezirksleitung Niederrhein haben. Das sollte am Hauptbahnhof Düsseldorf zwischen 13.13 und 13.15 Uhr stattfinden. Dabei sollte ich ihm Material und letzte Anweisungen für einen illegalen Schulungskurs in Holland übergeben.
Jupp (Deckname) kam nicht. Mein Zug fuhr 13.15 Uhr nach Hagen. Ich stieg mit meinem Köfferchen, in dem das Material war, ein und sah noch einmal aus dem Fenster, ob er nicht vielleicht doch noch käme. In diesem Moment sah ich unseren I-Mann (verantwortlich für illegale Quartiere, Verbindungen). Er war unseres Wissens 14 Tage vorher verhaftet worden. Jetzt stand er auf dem Bahnsteig, und neben ihm erkannte ich einen – Gestapomann! Ich sah, wie mager, abgehärmt, entsetzt unser I-Mann aussah, und daneben sah ich die stechenden Augen des Gestapomannes. Ich wußte sofort – jetzt hat die Stunde geschlagen! Ich griff schnell nach meiner Handtasche und hatte nur den einen Gedanken, den Koffer dürfen sie nicht sehen. Da stürzte der Gestapomann schon rein – es ging alles furchtbar schnell – und sagte: „Machen Sie kein Aufsehen, es wird scharf geschossen." Ich ging mit meiner Handtasche mit, da rief eine Frau aus dem Fenster nach: „Fräulein, Sie haben Ihren Koffer vergessen!" Harmacher, der Gestapomann: „Sieh mal an, den wollen wir uns holen!"
Im Köfferchen befanden sich neben Waschutensilien illegale Flugblätter. Später erfuhr ich, daß die Gestapo mit ihren Beamten den ganzen Bahnhof besetzt hatte. Dennoch war ich bis zum Zug gekommen, da mich „Heinz" falsch beschrieben hatte: hellblond, groß. Ihn hatte man bis Mittag, wo er mir im Gestapogefängnis gegenübergestellt wurde, fürchterlich zusammengeschlagen. Ich war für sie ein Happen, es existierten schon Stöße von Akten, ich wurde überall gesucht. Sie stießen mich in eine Limousine, nahmen meinen Schal und verbanden mir damit die Augen. Ich fand mich dann in einem Keller wieder. An den Wänden sah ich Blutspritzer – ich wußte, was mir blühte. Was kam, war schlimmer. Ich war durch die illegale Arbeit schon ziemlich fertig. Jetzt folgten pausenlos Verhöre, sie folterten und schlugen mich bewußtlos – noch heute sind meine Zehen kaputt. Sie wollten mich unbedingt zum Geständnis bringen. Ich begreife noch heute nicht, wie ich das überstand.

3. Arbeiterinnen leisten Widerstand in den Betrieben (Q 147–Q 155)

Der erhöhte Bedarf an kriegswichtigem Material, der Einzug der Männer an die Front bedingen einen verschärften Arbeitseinsatz von Frauen vor allem in der Rüstungsindustrie. Dem Druck und der Überforderung versuchten sich Frauen auf verschiedene Weise und zum Teil erfolgreich entgegenzustellen (Q 147 - Q 151). Motiviert wurden sie u. a. durch Kampfschriften (Q 152) des organisierten Widerstandes, die zum großen Teil im Ausland hergestellt wurden (vgl. auch Q 139, Q 140).

So geringfügig und unmaßgeblich bestimmte Formen des Arbeitskampfes heute erscheinen mögen, so wurden sie nicht nur geahndet durch Entlassung und den Entzug der materiellen Lebensgrundlage, sondern sie stellten auch eine Bedrohung des Lebens an sich dar (Q 155).

Wie weit diese Arbeitsverweigerungen einen praktischen Einfluß auf die Systemzerstörung besaßen, läßt sich nicht ausmachen. Auf alle Fälle sind sie als eine extreme Bedrohung empfunden worden, wie aus den drakonischen Maßnahmen gegenüber Entdeckten abzulesen ist. Die Berichte des Sicherheitsdienstes liefern die zusätzliche Bestätigung dafür, daß die Stimmung und das Verhalten der arbeitenden weiblichen Bevölkerung ein ernst zu nehmender Faktor während der NS-Zeit waren (Q 153, Q 154).

Q 147

Die Frauen wehren sich

Textauszug aus: Hanna Elling, Frauen im deutschen Widerstand 1933–45, a.a.O., S. 49

1935

„Kampf gegen Fließbandhetze bei Osram, Berlin. Im Berliner Osramwerk wurde das Tempo des Fließbandes immer schneller. Bei der unter den Arbeiterinnen sich entwickelnden Diskussion wurde der Vorschlag gemacht, jedes sechste Arbeitsstück einfach auszulassen. Das wurde einheitlich durchgeführt. Bei diesem geschlossenen Widerstand mußte die Direktion das Tempo des Fließbandes herabsetzen."

Q 148
Münchner Lebensmittelarbeiterinnen
Textauszug aus: Hanna Elling, Frauen im deutschen Widerstand 1933–45, a.a.O., S. 50

1938

„Münchener Lebensmittelarbeiterinnen kämpfen für höheren Lohn. In einem Münchener Lebensmittelbetrieb mit fast 2000 Personen Belegschaft weigerten sich die Frauen, gegen viel geringeren Lohn die gleiche Arbeit wie die Männer zu leisten, und erreichten dadurch die Herabsetzung der ihnen vorgeschriebenen Stückzahl.

Q 149
Frauen kämpfen um Lohngleichheit
Textauszug aus: Der deutschen Frauen Glück und Leid, a.a.O., S. 14f.

Es wird gut sein, wenn die Arbeiterinnen bei ihren gerechten Wünschen nach besseren Löhnen an solche Geständnisse erinnern und *„gleichen Lohn bei gleicher Arbeit"* verlangen.
Gegen die ungerechte Entlohnung wehren sich die Frauen mit den verschiedensten Mitteln. Sie müssen sich bei ihrer Einstellung als erstes mit den geltenden Tarifbestimmungen bekannt machen und Vergleiche mit früher ziehen. In der Akkordberechnung sind oft Verschlechterungen eingeführt. Dabei können ihnen die alten erfahrenen Arbeiter behilflich sein, die die früheren und die neuen Verhältnisse gut kennen. Ein Vertrauensverhältnis der Arbeiterinnen zu den ehemaligen Gewerkschaftern im Betieb wird ihnen immer von Nutzen sein, denn diese können ihnen mit Rat und Tat am besten zur Seite stehen. Einige Beispiele, wie die Frauen für bessere Löhne eingetreten sind:
In Berlin bekamen die Arbeiterinnen im Metallbetrieb L . . . einen Stundenlohn von 45–46 Pfennigen. In anderen Betrieben wurde aber für dieselbe Arbeit 54–60 Pfennige bezahlt. Die Frauen verabredeten untereinander, zum Meister zu gehen, um höheren Lohn zu verlangen, wenn man nicht wolle, daß sie die Papiere nehmen. Da die Frauen gut zusammenstanden und beim Vertrauensrat nicht nachgaben, mußte ihnen ein erhöhter Satz ausgezahlt werden. Die Frauen sagten dabei, was wir mehr an Lohn bekommen, geht weniger in die Kanonen und kommt unseren Kindern zugute.

Q 150
Kampf gegen Überstunden
Textauszug aus: Der deutschen Frauen Glück und Leid, a.a.O., S. 18

Die Arbeitszeit für die Arbeiterinnen in den Rüstungsbetrieben, beträgt fast überall 10 Stunden und noch mehr. Laut den Mitteilungen in der „Sozialen Praxis" vom 15. März 1938 wurde Genehmigung zur Verlängerung von Arbeitszeit von den Nazibehörden erteilt und zwar meist bis zu 58 Stunden die Woche, besonders in der Rüstungs- und Bekleidungsindustrie. Diese Überstundenschufterei ruft bei den Frauen die größte Erbitterung hervor. Zum

großen Teil wird nicht einmal der Überstundenzuschlag bezahlt. *Die Frauen wehren sich* gegen diese Zustände, oft unter folgender Begründung: „Mit der Betriebsarbeit ist unser Arbeitstag noch nicht beendet, denn zu Hause wartet noch viel Arbeit auf uns. Wir haben infolge unserer schwächeren Körperkonstitution ein viel größeres Ruhebedürfnis als die Männer. Wir wollen ja auch etwas von unserer Familie haben, wenn wir nach Hause kommen. Wir wollen auch die Zeit haben, mal ein gutes Buch zu lesen und hin und wieder mal ins Kino und ins Theater zu gehen." Jetzt kündigt Ley bereits an, daß der Zehnstunden-Tag zum normalen Arbeitstag erklärt werden soll.
Die Arbeiterinnen eines Berliner Metallbetriebes haben es sehr richtig gemacht. Sie verabredeten sich, einfach zum normalen Arbeitsschluß wegzugehen und jede sollte einen Grund dafür bei der Hand haben. Die eine sollte es mit Kopfschmerzen begründen, bei einer anderen Kollegin ist der Mann krank usw. So gingen alle pünktlich nach Hause. Als der Meister mit Entlassung drohte, blieben zwei Kolleginnen am anderen Tage wieder länger bei der Arbeit. Aber die übergroße Mehrzahl ließ sich nicht beirren. Jeden Abend wurde den beiden Zurückbleibenden die Hand geschüttelt mit Bemerkungen wie: „Du siehst aber schlecht aus", „Hast Du zu Hause Ärger gehabt, weil Du immer so spät nach Hause kommst?" Nach einigen Tagen gingen alle pünktlich nach Hause. Der Meister hütete sich, die Frauen zu entlassen, da sie eingearbeitete Kräfte waren.

Q 151

Aktion schlesischer Textilarbeiterinnen

Textauszug aus: Hanna Elling, Frauen im deutschen Widerstand 1933–45, a.a.O., S. 50

1939

Aktion schlesischer Textilarbeiterinnen. In einer niederschlesischen Textilfabrik verlangten die Arbeiterinnen bei einer Lohnherabsetzung geschlossen ihre Papiere. Es gelang ihnen mit dieser Drohung, Akkordsäze zu erhalten.

Q 152

Arbeitskolleginnen!

Textauszug aus: Hanna Elling, Frauen im deutschen Widerstand 1933–45, a.a.O., S. 50

„. . .Arbeitskolleginnen! Wenn wir unsere Gesundheit nicht zu erhalten versuchen und uns gegen Hetztempo, Überarbeit und schlechte Ernährung nicht zur Wehr setzen, dann geraten wir und unsere Familie in noch größere Gefahr, morgen die gräßlichen Schrecken eines Krieges auf uns nehmen zu müssen. Denn warum zwingt man uns, Männerarbeit zu machen? Weil Hitler immer mehr Maschinengewehre, Kanonen, Tanks, Flugzeuge, Unterseeboote und Panzerkreuzer fordert. Weil die Herren Borsig, Siemens, Krupp und Thyssen durch immer gesteigerte Aufrüstung und durch den Krieg ihre Profite erhöhen und ihre Herrschaft ausbreiten wollen . . ."

Q 153

Unentschuldigtes Fehlen

Textauszug aus: den Sozialberichten der Reichstreuhänder der Arbeit aus dem Jahre 1939, zit. in: Tim Mason, Arbeiterklasse und Volksgemeinschaft, Opladen 1975, S. 864

Die Klagen über eine Lockerung der Arbeitsdisziplin wollen nicht verstummen. Oft kommt es vor, daß Gefolgschaftsmitglieder unentschuldigt der Arbeit fernbleiben. Wie der Reichstreuhänder Nordmark berichtet, fehlten in einem Betrieb der Metallindustrie an einem Sonnabend so viele Frauen, daß der Betrieb sich entschließen mußte, die Arbeit am Sonnabend ganz ausfallen zu lassen und die Stunden auf die folgende Woche zu verteilen. Überhaupt wächst die Neigung der verheirateten Arbeiterinnen, deren Männer gut verdienen, nur sehr unregelmäßig zur Arbeit zu kommen. Auch in der chemischen Industrie sind Bummelschichten in steigendem Maße festzustellen. Die deswegen verhängten Gefängnisstrafen haben jedoch zu einer wesentlichen Verbesserung der Arbeitsmoral in diesem Gewerbezweig beigetragen. Nach dem Bericht des Reichstreuhänders Thüringen sind im Braunkohlen- und Kalibergbau am 27. 12. 1938 bis zu 30% der Gefolgschaft unentschuldigt nicht zur Arbeit gekommen.

Q 154

Aus dem Monatsbericht des Regierungspräsidenten von Oberbayern, 10. 11. 1941

Textauszug aus: Bayern in der NS-Zeit, Bd. 1, hrsg. v. Martin Broszat u.a., München 1977, S. 303

Die seit Monaten durchgeführte Auskämmung der Gewerbebetriebe zum Zwecke der Umsetzung von Arbeitskräften in die Rüstungsindustrie ging auch im abgelaufenen Monat weiter. Dabei wurde der strengste Maßstab angelegt. Die betroffenen Gewerbezweige wurden an den Rand der Existenzmöglichkeit gebracht, zumal gleichzeitig mit der Auskämmungsaktion noch in ganz erheblichem Umfange Arbeitskräfte durch Einberufungen zum Wehrmachtsdienst abgezogen wurden. Besonders schwer sind die Auswirkungen dieser Maßnahmen auf dem Gebiete des Fraueneinsatzes . . . Das Leistungsvermögen der Frauen wird schon auf eine harte Probe gestellt; die verlangten Wochenstunden können auf die Dauer kaum durchgehalten werden. Bei den Arbeitsämtern laufen daher Kündigungsanträge in steigender Zahl ein, so daß noch eine weitere Verknappung der Arbeitskräfte die Folge sein muß. Bei der ganzen Frage ist, wie bereits früher hervorgehoben wurde, von besonderer Bedeutung, daß die gesetzlichen Möglichkeiten zum Einsatz der Frau in den Arbeitsprozeß sich in der Hauptsache auf jene Arbeitskräfte beschränken, die vor dem Krieg gearbeitet und während des Krieges ihre Beschäftigung aufgegeben haben. Auf alle übrigen Frauen kann ein Zwang zur Aufnahme von Kriegsarbeit nicht ausgeübt werden. In den wenigsten Fällen erklären sich diese Frauen zum Arbeitseinsatz bereit. Die Stimmung der arbeitenden Frauen wird durch diese ungleiche Behandlung außerordentlich beeindruckt. Sie empfinden alle und bringen dies auch bei jeder Gelegenheit zum Ausdruck, daß nur die dem Arbeiterstand angehörigen Frauen die Last der Kriegsarbeit zu tragen haben. Gesetzliche Maßnahmen werden sich hier auf die Dauer nicht umgehen lassen . . .

Q 155

Erika L., ich gebe zu Protokoll

Textauszug aus: Gerda Zorn, Gertrud Meyer, Frauen gegen Hitler, Berichte aus dem Widerstand 1933–1945, Frankfurt 1974, S. 129f.

Ich wurde am 2. September 1943 wegen Arbeitsverweigerung in Bielefeld von der Gestapo verhaftet.
Nach acht Monaten kam ich nach Ravensbrück mit ca. 100 Frauen und Männern. Im Lager Ravensbrück lagen wir drei Tage auf der Lagerstraße. Am ersten Tag bekamen wir gar nichts zu essen, am zweiten und dritten Tag ein Stück Brot mit etwas Kaffee.
Von dort kam ich mit 250 deutschen Frauen am 2. August 1944 nach Beendorf bei Magdeburg, ein (stillgelegtes) Salzbergwerk. Dort befand sich ein Rüstungsbetrieb 600 Meter unter Tage, wo mehrere Wiener und Berliner Firmen, u. a. Siemens, mit ca. 10 000 Mann Belegschaft in der Rüstungsindustrie beschäftigt waren, darunter zeitweise 4000 weibliche und 1000 männliche Häftlinge. Hier wurden Einzelteile für Flugzeuge hergestellt. Folgende Einzelheiten habe ich dort erlebt:
Es wurde in zwei Schichten gearbeitet. Um 4 Uhr morgens wurde aus dem Lager ausgerückt, und abends um 8 Uhr waren wir im allgemeinen wieder im Lager. Beim Einrücken mußten wir durch eine kleine, schmale Eisentür. Der Toni Brunken (SS-Unterscharführer und Blockführer) stand mit einem eineinhalb Meter langen Knüppel beim Tor und schlug dann wahllos beim Empfang, besonders bei Voralarm und Alarm, auf die Gefangenen ein . . .
Im Schacht selbst wurden die Häftlinge im allgemeinen nicht geschlagen, da zuviel Zivilarbeiter dabei waren. Bestraft wurden wir dann im Lager selbst für alle Vergehen, und zwar immer mit furchtbaren Prügeln. Eine der gefürchtetsten SS-Frauen, Christel Krieher, nahm die Häftlinge aber auch im Werk in der Toilette vor und mißhandelte sie dort. So im November 1944 die Gefangene Rosel Jamareck (eine Tschechin), nachdem sie diese bereits auf dem Arbeitsplatz mit einem Knüppel geschlagen hatte. In der Toilette spritzte die Krieher die Gefangene dreiviertel Stunde mit kalten Wasser ab. Zwischendurch schlug sie mit einem Schlauch auf sie ein. Die Gefangene mußte sich vorher nackt ausziehen . . . Ich war als Kolonnenführerin bei diesem ganzen Vorgang zugegen und kann diese Dinge eidesstattlich erklären.
Am 11. April 1945 mußten wir Beendorf verlassen, da die Amerikaner näherrückten. 4000 Frauen und 1000 Männer wurden in offene Waggons verladen, zu je 130 in einem Waggon. 14 Tage waren wir unterwegs, davon die letzten vier Tage ohne jegliches Essen. Ein Unterscharführer aus Porta (Hammerwerke) war der Transportführer. Bei dem Transport waren 500 jüdische Häftlinge, die bereits zum Skelett abgemagert waren. Jeden Tag starben ca. 80 von ihnen an Hungertyphus.
Einmal beim Appell in unserem Wagen hatten wir wiederum vier Tote. Der Unterscharführer aus Porta erklärte, sie wären nicht tot und stach sie mit einem

spitzen Gegenstand in den Hals. Dann stellte er die Toten aufrecht zwischen uns. Der Raum war so eng, daß die Toten natürlich aufrecht stehen blieben, solange der Appell dauerte ... Bei Sterbenden, die zum Appell antreten sollten und nicht mehr stehen konnten, nahm dieser Unterscharführer eine Schere und stach sie in den Hals und stellte sie dann zwischen uns als Lebende, indem er sie an den Haaren hochriß. Diese Einzelheiten habe ich in dem Waggon selbst erlebt ...
Am 15. April 1945 wurden vier jüdische Frauen wahnsinnig. Sie kamen in die letzten Waggons, wo die Kranken lagen. Einer war voll Halbtoter und Idioten. Der Zustand in diesen Waggons läßt sich mit Worten kaum beschreiben. Hier lagen auch drei Frauen, die vor und während der Fahrt entbunden hatten. Die Kinder gingen natürlich während dieser Fahrt zugrunde. Schätzungsweise sind auf diesen Transport 1500 Häftlinge gestorben.
Die einzelnen Wagen wurden dann am Ende der Fahrt abgehängt und die Häftlinge auf einzelne Lager verteilt, nach Langenhorn bei Hamburg, nach Hamburg-Wandsbek, Eidelstedt und Bahrenfeld bei Hamburg. Am 2. Mai kamen die ersten Engländer nach Hamburg-Eidelstedt. Wir waren 350 Häftlinge, die dort befreit wurden. Die SS-Bewachung war ausgerückt bis auf drei SS-Frauen, die später festgenommen wurden.
Diese Angaben beruhen auf Wahrheit und erkläre ich an Eidesstatt.

Hamburg, den 13. November 1945.

Unterschrift
Erika L.
Vollständiger Name und Unterschrift sind den Herausgeberinnen bekannt.

---

4. Widerstandstätigkeit im Frauenalltag (Q 156–Q 159)

In der folgenden Gruppe von Dokumenten spiegeln sich Formen von Widerstand, die dem Alltag der weiblichen Bevölkerung erwachsen sind. Daher zeugen sie zunächst von Spontaneität, Zufälligkeit und Vereinzelung, sie konnten aber auch, je nach dem Grad der persönlichen Empörung, der Betroffenheit und des politischen Bewußtseins, in organisierten Widerstand einmünden. Die Anlässe zu dieser Art von Widerstand waren verschieden, berühren aber immer den unmittelbaren Lebens- und Existenzkern von Frauen: Einmal geht es um die Empörung über die Verweigerung von Lebensmittelkarten für Frauen und Kinder (Q 157), ein anderes Mal um die Forderung nach Rückkehr der Männer und Söhne von der

Front (Q 158), in einem weiteren Fall äußern sich Frauen sehr unwillig über das Auseinanderreißen von Familien, weil der Vater zum Bau von Grenzbefestigungen verschickt wird (Q 156). In Stuttgart äußert sich eine Schankwirtin, „wie ihr der Schnabel gewachsen" war. *Sofie Haller* wurde verhaftet.
Es erscheint wichtig und wesentlich, den Formen von Widerstand besondere Beachtung zu schenken, die Ausdruck persönlich erlittenen und erfahrenen Unrechts sind. Wäre es einer anderen Zeit gelungen, mehr Menschen zu sensibilisieren gegen Anzeichen von Übergriffen seitens eines Unrecht-Staates, auf Störfaktoren im Alltag schärfer zu achten, wäre das Widerstandspotential im dritten Reich bedeutend und erfolgreich gewesen.

Q 156
Familienväter zum Befestigungsbau
Textauszug aus: Der deutsche Frauen Glück und Leid, a.a.O., S. 29

Hunderttausende Familienväter werden rücksichtslos in die Grenzgebiete geschickt und müssen Frau und Kinder zurücklassen. Viele Ehetragödien sind die Folge. Die Frauen wollten ihre Männer nicht fortlassen und brachten bei jeder sich bietenden Gelegenheit, ob bei der Abfahrt auf den Bahnhöfen oder bei den Behörden, ihren Unwillen gegen diese brutalen Zwangsmaßnahmen zum Ausdruck. Die Frauen sagen: „So sieht das vom Faschismus gepredigte Familienglück aus! Immer und immer wieder sind die Arbeiter die Dummen, die Reichen und die Bonzen werden von dieser Verschickung nicht betroffen, sondern leben ungestört im Ueberfluß."

Q 157
Evakuierungsmaßnahmen und ihre Auswirkungen
Textauszug aus: Meldungen aus dem Reich. Auswahl aus den geheimen Lageberichten des Sicherheitsdienstes der SS 1939–1944, Hrsg. v. H. Boberach, München 1968, S. 363ff.

Ein großer Teil der evakuierten Frauen und Kinder hat in den Aufnahmegebieten eine zufriedenstellende Unterkunft gefunden. Diese Frauen haben sich mit ihrem Los abgefunden und verhalten sich im allgemeinen ruhig. Ein anderer Teil der Frauen – zahlenmäßig vielleicht geringer als die erste Gruppe – ist mit der Art der Unterbringung und den ganzen neuen Lebensbedingungen – mit oder ohne Recht – unzufrieden . . .
Alle diese Gründe zusammengenommen seien die Veranlassung dafür, daß die Umquartierten in stärkerer Zahl wieder zurückkehrten und sich mit den bisher dort Verbliebenen weigern würden, sich erneut verschicken zu lassen. Daraufhin sei ihnen z. B. im Gau Westfalen-Süd die Ausgabe der Lebensmittelkarten gesperrt worden, wohl um auf diese Weise die zurückgekehrten Frauen zu zwingen, wieder in die Aufnahmegaue zurückzukehren. Die betref-

fenden Frauen hätten jedoch versucht, die Aushändigung der Lebensmittelkarten zu erzwingen. So heißt es z. B. in einem Bericht aus Dortmund, daß am 11. 10. 1943 etwa 300 Frauen in Witten demonstriert hätten, um gegen die Maßnahme, die zur Ablehnung der Aushändigung der Lebensmittelkarten führte, öffentlich Stellung zu nehmen. Es sei zu beschämenden Auftritten gekommen, so daß sich die Stadtverwaltung Witten gezwungen sah, die Schutzpolizei zur Wiederherstellung der Ordnung anzurufen. Diese habe sich aber geweigert einzuschreiten, da die Forderung der Frauen zu Recht bestünde und eine Nichtaushändigung der Lebensmittelkarten an zurückgekehrte Volksgenossen keineswegs auf gesetzlicher Grundlage beruhe. Auch in Hamm, Lünen und Bochum sollen sich vor den Ernährungsämtern der Stadtverwaltung scharfe Auftritte abgespielt haben. Erregte Menschenmengen hätten auf die Abfertigung gewartet. Da die Frauen z. T. die Kleinkinder und Säuglinge mitbrachten und die Bergleute teilweise an Stelle ihrer Frauen erschienen, seien nun während der Stunden des Wartens von den Wartenden gegenseitig ihre Erfahrungen in den Aufnahmegauen ausgetauscht und dabei die tollsten Behauptungen aufgestellt worden. Bergleute erklärten, nicht früher wieder einzufahren, bis sie für ihre Familien die notwendigen Lebensmittelkarten beschafft hätten. Frauen hätten erklärt, lieber hier Bombenangriffe zu erdulden, als noch einmal wieder in das zugewiesene Quartier zurückzufahren. Die Bekanntgabe in der Zeitung als auch in der Ausgabestelle am 12. 10. 1943, wonach nicht nur keine Lebensmittelkarten an die Rückkehrer ausgegeben würden, sondern auch die Lebensmittelkarten für sämtliche schulpflichtige Kinder, selbst wenn sie bisher noch nicht evakuiert waren, gesperrt seien, habe zu einer direkten Auflehnung bei den Frauen geführt, die zu allem fähig gewesen seien, ohne die geringste Zurückhaltung oder Vorsicht bezüglich der Folgen walten zu lassen. Gütliches Zureden habe das Gegenteil bewirkt. Die Beschimpfungen amtlicher und führender Personen seien an der Tagesordnung gewesen, Äußerungen, wie:

Die sollen mir nur kommen. Meine Kinder kommen nicht weg, und wenn ich nichts zu essen habe, kann ich mit ihnen zusammen verrecken.

Das wollen wir doch mal sehen, ob ich für die Kinder nichts zu essen bekomme. Ich kann doch meine Kinder noch lassen, wo ich will. Es sind doch noch meine Kinder.

Die vom Ernährungsamt sollen mir erst einmal das Gesetz zeigen, daß die Kinder weg müssen. Wenn es darüber kein Gesetz gibt, und es gibt das nicht, kann man mir niemals die Lebensmittelkarten wegnehmen.

Von oben her kommt das nicht, da ist bloß hier der Bürgermeister und das Ernährungsamt bzw. der Gauleiter dran schuld. Die wollen es wieder wissen, aber denen wollen wir es zeigen.

Sollen uns doch gleich lieber nach Rußland schicken, Maschinengewehre auf uns halten, und fertig.

Wenn ich weg bin, soll auch mein Kind weg sein und nicht allein in der Welt sich quälen. Wir bleiben zusammen, das wäre ja noch schöner, können doch nicht mit uns machen, gerade wie sie wollen, es ist doch immer noch freiwillig.

Man sprach auch davon, daß in anderen Gauen, die noch stärker durch Feindflieger heimgesucht seien, wie z. B. die Städte Essen und Köln, eine zwangsweise Evakuierung nicht durchgeführt worden sei und daß die Kinder dort

wieder alle zur Schule gehen. Ferner sei betont worden, daß von der Evakuierung doch wieder nur die arbeitende Bevölkerung betroffen wurde, da die Frauen und Kinder der finanziell Bessergestellten in Bädern und Kurhäusern auf eigene Rechnung Unterkunft gefunden hätten.
Da die Behörden entsprechend den ihnen erteilten Anweisungen gegenüber allen Angriffen unerbittlich blieben, sei zu einer List gegriffen worden, indem die Frauen bei den Arbeitsämtern um Vermittlung einer Arbeit nachsuchten. Der geforderte Nachweis, daß sich die Kinder während der Arbeitszeit der Mutter in anderweitiger Obhut befinden, sei von ihnen erbracht worden, wobei unüberprüft bleiben mußte, ob dieses nun wirklich der Fall war oder nicht. Daraufhin sei die Vermittlung einer Arbeitsstelle und die Aushändigung der Lebensmittelkarten erfolgt. Auf diese Weise sei von den Frauen ihre Einreihung in die Versorgungsberechtigten jedenfalls erreicht worden.

Q 158

Gebt uns unsere Männer wieder

Textauszug aus: Masken des Krieges, hrsg. v. Hans Frevert und Marie-Luise Christadler, Baden-Baden 1979, S. 84f.

Am 12. 4. 1943 gegen 12.20 Uhr hielt ein Hauptmann der Wehrmacht einen Flaksoldaten in Dortmund-Hörde wegen schlechten Grüßens an. Die resistente Haltung des Soldaten veranlaßte den Hauptmann, die Personalien des Angehaltenen festzustellen. Es stellte sich heraus, daß der Soldat desertiert war. Der Hauptmann veranlaßte das Nötige, wobei er sich nach einwandfreien Feststellungen völlig korrekt verhielt. Umstehende Volksgenossen wurden aber des Vorfalls gewahr. Es sammelte sich eine 300- bis 400köpfige Menschenmenge, die hauptsächlich aus Frauen bestand. Im Handumdrehen bildeten sich unglaubliche Gerüchte, die sämtlich gegen den Offizier gerichtet waren. Die Erregung der Menge wuchs ungeheuer schnell, und sie nahm eine so drohende Haltung an, daß der Offizier regelrecht in eine Straßenbahn flüchten mußte. Aus der Menge kamen erregte Rufe wie: „Pfui, es gibt Revolution! Gebt uns unsere Jungen, gebt uns unsere Männer wieder!"

Q 159

Anklage gegen Sofie Haller

Textauszug aus: Willi Bohn, Stuttgart: Geheim!, a.a.O., S. 166f.

„Anklageschrift

Gegen die am 11. November 1883 geborene Sofie Haller geb. Haag beantrage ich Anordnung der Hauptverhandlung und der Fortdauer der Untersuchungshaft unter entsprechender Ergänzung des Haftbefehls.
Die Beschuldigte hat in ihrer Gastwirtschaft in Stuttgart im Frühjahr 1944 öfters Gästen gegenüber leitende Persönlichkeiten des Staates und der Bewegung beschimpft und ihrer Hoffnung auf den Zusammenbruch des nationalsozialistischen Staates Ausdruck gegeben. Durch diese politisch verhetzenden und die Wehrkraft zersetzenden Äußerungen hat sie es unternommen, dem Kriegsfeinde Vorschub zu leisten." –
. . .

„Mit ihren in der Öffentlichkeit gebrauchten Äußerungen beabsichtigte die ablehnend eingestellte Beschuldigte Hetze gegen leitende Persönlichkeiten, insbesondere gegen die Person des Führers. Sie war sich darüber im klaren, daß sie damit das Vertrauen zur Führung erschütterte, die Siegeszuversicht untergrub und den Willen zum Durchhalten lähmte. Sie erkannte auch, daß sie durch ihr Verhalten die sich in gleicher Richtung bewegende Lügenpropaganda des Kriegsfeindes unterstütze"

5. Frauenwiderstand in Konzentrationslagern (Q 160–Q 169)

Die Konzentrationslager waren der „stärkste Ausdruck" (KOGON, 55) des Terrorsystems und dienten der Ausschaltung jeglichen wirklichen oder vermeintlichen Gegners. Um diesen Zweck zu erreichen, wurde in den ersten Jahren versucht, Häftlinge durch Folter, Hunger, Isolierung und Arbeit psychisch und physisch zu vernichten. Diese Peinigungen vermöchten vielfach nicht, den Widerstand, die Auflehnung, die gegenseitige Hilfe und Beistandsleistung und die moralische Kraft zu vernichten und zu zerbrechen.
Nach dem Einsetzen des Krieges trat zu dieser intendierten Funktion der KZs eine weitere: Häftlinge und Kriegsgefangene wurden ausgebeutet, indem sie zu schwerster Sklavenarbeit in Wirtschaftbetrieben abkommandiert wurden, die sich entweder in der Nähe von Konzentrationslagern befanden oder eigens für die Arbeit von Inhaftierten eingerichtet wurden.
Von 1942 an waren die Häftlinge völlig der Willkür der SS preisgegeben, die nach eigenem Ermessen Saboteure bei Arbeitsverweigerung erschlagen konnte (Q 160, 161). Trotzdem kam es zu Auflehnung, sei es, daß weibliche Häftlinge dabei ihrer religiösen Überzeugung oder ihrer moralischen Kraft folgten (Q 164, 166) und sich nicht zu bestimmten Tätigkeiten zwingen ließen oder aber selbst aktiv Widerstand leisteten, indem sie z.B. Pulver schmuggelten (Q 165), Häftlingsnummern herausoperierten (Q 167) oder Widerstandslieder sangen (Q 169).
So mutig dieser Widerstand in der Gefangenschaft auch war, seine Bedeutung lag weniger in der Schädigung und Zerstörung des Regimes als in der Vergewisserung der eigenen menschlich-moralischen

Kompetenz und Freiheit, die es in isolierten oder solidarischen Aktionen zu erproben und zu üben galt. Der „moralische Widerstand gegen den verbrecherischen Zwang", der sich z. B. in Sabotageakten (Q 162) ausdrückte, besaß für die polnischen Arbeiterinnen den Wert von „Wein" (LANGBEIN, 321).

Einen ungeheuren Wert besaßen Handlungen, durch die die Rettung von Menschen bewirkt werden konnte, indem Namen Lebender mit Toten vertauscht wurden (ELLING, 40), um die Lebenden zu retten oder Häftlingsnummern herausoperiert wurden (Q 178).

Q 160

Betrifft: Sabotage von Häftlingen

Textauszug aus: Hanna Elling, Frauen im deutschen Widerstand 1933–45, a.a.O., S. 40f.

„Betrifft: Sabotage von Häftlingen in R-Betrieben. Es häufen sich die Fälle, daß die Lagerkommandanten bei Sabotage, die von Häftlingen in R-Betrieben verübt wird, Antrag auf Todesstrafe stellen. In Zukunft bitte ich, in Fällen nachgewiesener Sabotage (dazu muß ein Bericht der Betriebsführung vorliegen), hier Antrag auf Exekution durch den Strang zu stellen. Vollzug soll dann vor allen angetretenen Häftlingen des betreffenden Arbeitskommandos durchgeführt werden. Dabei ist der Grund der Exekution als Abschreckungsmittel bekanntzugeben.

gez. I. V. Maurer, SS-Obersturmbannführer."

Q 161

Tötung ohne richterliches Urteil

Textauszug aus: Gerda Zorn, Gertrud Meyer, Frauen gegen Hitler, a.a.O., S. 128

„. . . (für) pflichtwidrige Arbeitsverweigerung und lässiges Arbeiten . . . (ist) in besonderen schweren Fällen Sonderbehandlung (Töten ohne richterliches Urteil) zu beantragen. Die Sonderbehandlung erfolgt durch den Strang."

Q 162

Weibliche russische Kriegsgefangene weigern sich

Textauszug aus: Hermann Langbein, . . .nicht wie Schafe zur Schlachtbank; Widerstand in den nationalsozialistischen Konzentrationslagern, Frankfurt 1980, S. 172

Russen haben sich auch geweigert, für die deutsche Rüstung zu arbeiten. So lehnten in Ravensbrück 54 weibliche russische Kriegsgefangene die Arbeit in einem Rüstungsbetrieb ab und blieben trotz harter Strafen dadei. Erst als die SS einige von ihnen herausgriff und mit deren Erschießung drohte, mußten sie nachgeben. Sie beschlossen dann planmäßige Sabotage.

Q 163

Kampf gegen Demoralisation

Textauszug aus: Hermann Langbein, . . .nicht wie die Schafe zur Schlachtbank, a.a.O., S. 341

Ursula Wińska kann von einer systematisch gelenkten Aktivität der Polinnen in Ravensbrück berichten, die ebenfalls internationale Kontakte verbessern und Demoralisation bekämpfen sollte. Sie schreibt: „Im Außenkommando Neubrandenburg, das unmittelbar mit einer Flugzeugteile-Fabrik verbunden war, wurde die Angst vor der Bombardierung und Niedergeschlagenheit wegen der Arbeit in einem Rüstungsbetrieb mit Sabotageakten und Diskussion in internationalen Gruppen über . . .politische Fragen bekämpft."

Q 164

Mala Zimetbaum, ein Mensch in Auschwitz

Textauszug aus: Hermann Langbein, . . .nicht wie die Schafe zur Schlachtbank, a.a.O., S. 202

So ist *Mala Zimetbaum* im Frauenlager Birkenau allgemein bekannt geworden und zwar nicht erst durch ihre aufsehenerregende Flucht mit einem Polen und ihren Tod, als sie – ergriffen und ins Lager zurückgebracht – sich unter dem Galgen mit einer Rasierklinge, die sie sich hatte beschaffen können, die Pulsadern aufschnitt und mit blutender Hand vor allen angetretenen Mithäftlingen einen SS-Mann ins Gesicht schlug. Bekannt und hochgeschätzt war sie schon früher: Aus Antwerpen – wohin ihre Familie aus Polen ausgewandert war, im September 1942 im Alter von 24 Jahren nach Auschwitz deportiert, wurde sie wegen ihrer Sprachkenntnisse, ihres sicheren Auftretens und ihrer Intelligenz Lagerläuferin und Dolmetscherin. Ihr gelang es, sowohl das Vertrauen der gefürchteten Oberaufseherin *Margot Drechsler* als auch die Zuneigung ihrer Kameradinnen zu erringen, denen sie – oft nicht leicht sichtbar – half. Da sie der Versuchung widerstehen konnte, ihre Sonderstellung für sich persönlich zu nützen, gelang es ihr, „viel Gutes für diejenigen zu tun, denen sie helfen konnte. Sie hatte besondere Zuneigung zu den Belgierinnen und Französinnen." Sie versuchte auch, auf Capos Einfluß auszuüben, indem sie sie daran erinnerte, daß ihnen allen das gleiche Schicksal drohe. „Sie hatte unendliche Geduld. Immer bat sie irgend jemand, ihr zu helfen. Sie war ein Mensch in der wahrsten Bedeutung des Wortes; und ein Mensch in Auschwitz zu bleiben war keine leichte Sache", schreibt ihre Verwandte, *Giza Weisblum.* Die Erziehung in einer zionistischen Jugendorganisation in Antwerpen – der Mala angehört hat – trug anscheinend Früchte.

Q 165

Pulverschmuggel

Textauszug aus: Hermann Langbein, . . . nicht wie die Schafe zur Schlachtbank, a.a.O., S. 202f.

Noch jünger als *Zimetbaum* war *Róza Robota*, die ebenfalls in einer zionistischen Jugendorganisation erzogen worden war. Sie ist aus dem nahen Ober-

schlesien nach Auschwitz verschleppt worden. Bei der Suche der Widerstandsbewegung nach einer Möglichkeit, Pulver aus einer Munitionsfabrik zu schmuggeln, half *Róza*. Sie gewann junge Jüdinnen, die in der Fabrik arbeiteten, für diesen Schmuggel und organisierte ihn. Nachdem das Sonderkommando mit diesem Pulver ein Krematorium gesprengt hatte . . .
konnte die SS mit Hilfe eines Spitzels den Weg aufdecken, auf dem der Sprengstoff dorthin gelangt war. *Róza* wurde mit drei Mädchen aus dem in der Pulverfabrik arbeitenden Kommando – zwei aus Polen, eine aus Belgien deportiert – verhaftet und gefoltert. Eines Nachts konnte ein Freund aus der Jugendorganisation *Robota* heimlich im Bunker besuchen. Als er ihre Zelle betrat, erkannte er sie anfangs nicht, so war sie von der Politischen Abteilung zugerichtet worden. *Róza* versicherte ihm, daß die anderen am Pulverschmuggel Beteiligten nichts zu fürchten hätten. Bei den Verhören hat sie alles auf einen geschoben, vom dem sie wußte, daß er bereits tot war. Auf einen Zettel schrieb sie Abschiedsworte an ihre Genossen mit dem Gruß ihrer Organisation: „Seid tapfer und stark." Am 6. Januar 1945 wurden die vier Mädchen im Frauenlager gehenkt – die letzte Hinrichtung vor der Evakuierung von Auschwitz.

Q 166

Widerstand von Bibelforscherinnen

Textauszug aus: Hermann Langbein, . . .nicht wie die Schafe zur Schlachtbank, a.a.O., S. 189f.

Margarete Buber-Neumann lernte Bibelforscherinnen wohl am genauesten kennen, denn sie war in Ravensbrück nahezu zwei Jahre lang deren Blockälteste. Sie berichtet von rund 600 Bibelforscherinnen, „bis auf einige Holländerinnen alle Deutsche". Sie bildeten die einzige „geschlossene Überzeugungsgemeinschaft", die *Buber-Neumann* in Ravensbrück kennengelernt hat. „In ihrer Pflichttreue, Arbeitsamkeit absoluten Ehrlichkeit und in der strengsten Befolgung aller SS-Befehle konnte sich die Lagerobrigkeit keine idealeren Sklaven denken", meint sie. Aber ihr Überzeugung verbot ihnen, Arbeiten zu verrichten, die dem Krieg dienten. Wie weit dieses Gebot zu interpretieren sei, stand nicht von vornherein fest. Nach einer heftigen Diskussion zwischen Fanatischen und Gemäßigten weigerten sich ungefähr 90 Bibelforscherinnen, in den Kommandos Angorazucht und Gärtnerei weiterzuarbeiten, da die Wolle für Heereszwecke verwandt und das Gemüse an ein SS-Lazaret geschickt wurde. Obwohl sie wegen dieser bis dahin in einem KZ nicht vorstellbaren Ablehnung ohne Jacken und Decken in einen kahlen Raum gesperrt wurden, Prügel erhielten und außer Brot nur alle vier Tage Essen bekamen, beharrten sie auf ihrer Weigerung. „Sie waren wandelnde Skelette und mit Striemen bedeckt. Alle hatten Hungerruhr und machten den Eindruck von Geisteskranken", schreibt *Buber-Neumann*. Schließlich wurden sie nach Auschwitz überstellt – ihr Schicksal dort ist leicht zu erraten.

Q 167

Lebensrettung in Auschwitz

Textauszug aus: Hermann Langbein, ...nicht wie die Schafe zur Schlachtbank, a.a.O., S. 178

Man könnte die Aufzählung von Ärzten, die vielen in bester Erinnerung geblieben sind, noch lange fortsetzen; und selbstverständlich auch durch Namen von Angehörigen anderer Nationalitäten ergänzen: Polnische Ärzte in Auschwitz, wie vor allem der letzte Lagerälteste im HKB, *Whadyslaw Fejkiel*, wie in Ravensbrück die jugoslawische Ärztin *Najda Persic*, die Kranke durch Ausstellen falscher Diagnosen vor Selektionen rettete, wie die polnische Ärztin *Maria Grabska*, die gemeinsam mit *Persic* für den Tod bestimmte Österreicherinnen deren in Auschwitz eintätowierte Häftlingsnummer herausoperierte, so daß sie nicht von der Lagerleitung gefunden werden konnten, wie ihre russische Kollegin *Ljuba Semiowna Konnikova*, die sich weigerte, in einem Rüstungsbetrieb zu arbeiten und allen Repressalien und Folterungen trotzte.

Q 168

Verweigerung von medizinischen Versuchen

Textauszug aus: Hermann Langbein, ...nicht wie die Schafe zur Schlachtbank, a.a.O., S. 178

Wenn die Liste derjenigen Ärzte auch noch so unvollständig bleiben muß, die sich Anordnungen der SS widersetzt hatten, um ihrer beschworenen Pflicht selbst in nationalsozialistischen Konzentrationslager nachzukommen, so kann sie nicht abgeschlossen werden, ohne die französische Ärztin *Adelaide Hautval* zu erwähnen, die sich in Auschwitz offen geweigert hat, an pseudomedizinischen Versuchen der SS mitzuwirken.

Q 169

Ensemble der Hölle – das Mädchenorchester in Auschwitz – ein Gespräch mit der Sängerin Fania Fénelon

Textauszug aus: Die Zeit, Nr. 41, 3. Oktober 1980, S. 64

Frau Fénelon, wie kam es dazu, daß Sie Widerstandskämpferin wurden? Wollen Sie etwas sagen über Ihre Jugend, Ihre Eltern?

Fania Fénelon: Mein Vater war Ingenieur, es interessierte ihn, was auf der Welt passierte. Mutter war eine sehr gute Sängerin. Es war immer lustig bei uns zu Haus – wir haben immer Musik gemacht, bis mir mein Vater eines Tages sagte, daß etwas passiert sei. Er erzählte mir, was in Deutschland passierte, über Hitler, und was er mit den Juden machte. Mein Vater war Jude. Ich habe angefangen zu denken und zu verstehen. Ich kannte einen deutschen jüdischen Professor, er sollte aus Deutschnd raus, weil er Jude war. Ich fragte meinen Vater, wie kann ich dagegen kämpfen?

Wie konnten Sie kämpfen?

Als de Gaulle am 18. Juni 1940 gesprochen hatte, habe ich mir gedacht, wir müssen was machen, alle jungen Franzosen, die geblieben sind, gegen Nazismus. Ich habe niemals gesagt gegen die Deutschen, ich habe immer gesagt, gegen Nazismus und Faschismus. Ich meinde damit, die ersten, die im KZ gewesen sind, waren deutsche Widerstandskämpfer. Als die Nazis Frankreich okkupierten, habe ich versucht, Freunde zu finden und den Widerstandskampf zu beginnen. Ich fand Freunde. Ich bekam den Auftrag, als Sängerin Informationen weiterzugeben. Für mich als Chansonsängerin war es leicht, in Cabarets mit deutschen Offizieren Kontakt zu kriegen, ich photographierte Dokumente, wenn ein Nazi-Offizier mit einem Mädchen beschäftigt war oder wenn er betrunken war. Manchmal waren sehr wichtige Dokumente dabei.

Diese Arbeit machte ich dreieinhalb Jahre. Ich wurde dreimal verhaftet, zweimal ließ man mich laufen. In unserer Widerstandsgruppe arbeitete eine Russin. Sie war eine Spionin und verriet die ganze Gruppe an die Gestapo. Die Frauen wurden erschossen und ich zur Gestapo gebracht.

Am 20. Januar 1944 kam ich in einen Waggon mit 120 Menschen. Es war keine Luft da. Wir sind mitternachts am 22. Januar irgendwo angekommen. Man sagte uns, lassen Sie alles, was Sie haben, hier. In der Nähe der Waggons waren Autos mit einem roten Kreuz. Zu meiner Bekannten, die bei mir war, sagte ich: Wir haben Glück, das ist das Rote Kreuz. Die Leute sind in die Autos gestiegen. Wir selbst mußten dreieinhalb Kilometer zu Fuß laufen. Es war Nacht und schrecklich kalt. Wir kamen an einem Lager an. Über dem Eingang stand geschrieben: „Arbeit macht frei!“ Man brachte uns in eine Baracke, von der es hieß, daß es eine Quarantänebaracke sei. Ich habe gefragt, warum ist hier so viel Rauch draußen? Und man hat gesagt: „Na ja, das sind die Leute, die vergast sind.“ Ich fragte, was meinen Sie, vergast? Was ist das? Na ja, das sind die Leute, die erst mit dem Wagen „Rotes Kreuz“ gefahren sind, dann vergast wurden und dann ins Krematorium kamen.

Was war mit dem „Musikblock“?

Nach 48 Stunden Aufenthalt in dem Quarantäneblock ist eine Frau gekommen, sehr gut angezogen. Ich konnte sie nicht verstehen, weil sie polnisch sprach. Ich habe nur die Worte „Madame Butterfly“ verstanden. Ich hab' mir gedacht, ich bin schon tot, es kann nicht sein, daß man spricht über „Madame Butterfly“ in dieser Hölle. Ein Mädchen übersetzte mir, die suchen jemand, die Klavier spielen und „Madame Butterfly“ singen kann. Meine Bekannte, die Französin Claire, sprach mich an und sagte: „Du kannst doch spielen!“ Ich sagte: „Ich kann spielen.“ Ich kam ins Lager II, eine Holzbaracke. Da waren viele Mädchen, gut angezogen, mit Instrumenten in der Hand, einer Geige, im Raum stand ein Flügel. Auf dem Podium stand eine Frau und hat dirigiert. Ich habe noch einmal gedacht, ich bin tot. Das kann nicht sein. Die Frau hat auf mich geguckt und gesagt: Geh mal zum Flügel und sing „Madame Butterfly“.

Was war das für eine Frau?

Sie war Dirigentin. Das habe ich aber erst später erfahren. Ich habe gesungen und gespielt, „Madame Butterfly“ und später „Wenn es Frühling wird“ von Peter Kreuder. Alle Mädchen waren neben mir.

Wieviel Mädchen waren das?

46, zehn Nationalitäten. Auch das erfuhr ich erst später. Später kam eine Französin, sie war Widerstandskämpferin, sie hat mich in Paris in einem Cabaret gehört. Als ich in den Quarantäneblock kam, hat sie mich gesehen und Alma Rosé, einer Nichte des Komponisten Gustav Mahler, die in dem Lager die Dirigentin war, einen Wink gegeben und ihr gesagt, daß eine gute Musikerin angekommen ist.

Wie kam Alma Rosé ins Konzentrationslager?

Sie wurde verhaftet in Holland, ein paar Stunden vor ihrem Abflug nach England. Sie war Jüdin. Sie war für den Experimentierblock bestimmt, man sollte an ihr medizinische Experimente machen. Ein SS-Mann hat sie erkannt, als Geigerin, sie war eine berühmte Geigerin, und hat sie in den Musikblock gebracht. Von dem Tag an haben die Mädchen begonnen, wirklich zu musizieren. Vorher haben sie nur Märsche gespielt, keine richtige Musik. Die haben angefangen, wirklich zu musizieren, Grieg, Schubert, Mendelssohn, Beethoven, Chopin. Aber es war niemand da, der orchestrieren und Noten schreiben konnte. Die Mädchen waren meist nicht Musikerinnen. Das war Zufall, wenn sie im Musikblock waren. So war bei mir ein Mädchen im Block, die gefragt wurde, ob sie Geige spielen könne. Sie sagte ja, sie hat gespielt, und man merkte, daß sie nie Geige gespielt hatte. Das war ein sehr komisches Orchester, man hat klassische Musik gespielt mit Mandolinen und einem Jazz-Schlagzeug. Ich habe gesagt, ich kann orchestrieren.

Wissen Sie, warum dieses Orchester im Lager zusammengestellt worden war?

Die Lagerführerin Maria Mandel und der Lagerkommandant von Birkenau, Josef Kramer, waren beide verliebt in Musik. Diese beiden wollten ein eigenes Orchester haben. Wir sollten für sie musizieren, für die SS, für alle, also auch für die Häftlinge. Wir hatten 17 Stunden am Tag Probe. Einmal kam mitternachts eine Läuferin zu den Mädchen und sagte ihnen: Schnell aufstehen, die Mandel kommt, sie will „Madame Butterfly" hören.

Aus welchen Ländern kamen die Sängerinnen?

Eine Sängerin war Deutsche, Lotte Lebeda. Sie war verheiratet mit einem Tschechen, sie war in Prag an der Oper. Dann war da Claire, die Sopran sang, und ich. Nachher kam noch eine Ungarin, die war auch Sängerin. Manchmal hat auch ein Mädchen von der Kapelle gesungen, wenn wir zu mehreren singen sollten. Wir haben manchmal Konzerte im Block gemacht für drei und vier SS-Leute.

Manchmal machten wir Musik in dem Block, wo Frauen inhaftiert waren. Es war grausam. Morgens spielten wir im Block, wir wußten, daß die Frauen nachmittags vergast wurden. Die Frauen haben das alles gewußt. Wenn sie sahen, daß das Orchester in ihren Block kam, wußten sie, daß sie nachmittags vergast wurden.

Wie haben die Inhaftierten es aufgenommen, daß die Frauen des Orchesters dort Musik machten?

Manche waren sehr einverstanden, sie haben mit uns gesungen, oder sie lächelten, ein anderer Teil war nicht interessiert, wir existierten nicht für sie. Andere Frauen waren sehr böse, denn wir waren priviligiert – nicht wegen des Essens, aber wir hatten eine Baracke, einen Ofen, es war nicht kalt, wir waren gut angezogen, die übrigen Frauen liefen barfuß im Winter. Wir konnten uns jeden Tag duschen. Für mich war es das Größte, daß ich mich jeden Tag waschen konnte – die übrigen Frauen konnten sich manchmal drei Wochen

nicht waschen. Wir hatten im Block eine Toilette. In den übrigen Blöcken war es verboten, zur Toilette zu gehen – nur einmal am Tag durften die übrigen Frauen zur Toilette gehen.
Könnten Sie etwas über die Dirigentin Alma Rosé erzählen?
Sie war eine richtige Musikerin, sie war eine wunderbare Geigerin. Sie wollte mit uns ein richtiges Orchester aufbauen. Das war sehr schwer – die Frauen waren keine professionellen Musikerinnen. Alma wollte nicht nur gute Musik machen – sie wollte auch unser Leben retten. Sie hat uns gesagt, wenn wir schlechte Musik machen, werden wir alle im Gas enden. Sie sagte uns, eines Tages wird der Krieg zu Ende sein, und ihr werdet leben. Sie war sehr, sehr stolz, wenn wir gut gespielt haben. Stolz, wenn sie von der SS ein Kompliment bekam, stolz auch, weil sie wieder unser Leben gerettet hatte.
Sie war eine sehr autoritäre Frau. Manchmal ging sie zu einem Mädchen und sagte, „du hast schlecht gespielt", und schlug ihr mit dem Taktstock ins Gesicht.
Leider ist Alma nicht am Leben geblieben. Sie wurde vergiftet. Eine Deutsche war eifersüchtig, weil Alma aus dem Lager kommen sollte. Es war die Chefin vom Bekleidungsblock. Sie lud Alma zum Essen ein – als sie abends wieder zurückkam, hatte sie schreckliche Schmerzen. Alma kam ins Krankenrevier – nach drei Tagen war sie tot. Sogar die SS hat geweint, als Alma tot war. Im KZ waren keine Blumen, aber sie haben weiße Lilien an den Sarg von Alma gelegt.
Aber das war sehr leicht, wenn die SS weinte. Zum Beispiel hat der Lagerkommandant Kramer geweint, wenn wir „Träumerei" von Schumann spielten. Kramer hat 24000 Menschen vergast. Wenn er von seiner Arbeit müde war, kam er zu uns und hörte sich Musik an. Das ist das Unverständliche bei den Nazis gewesen, die konnten erschießen, morden und vergasen und nachher so sensibel sein. Wir waren keine Menschen für sie, wir waren Läuse. Wir waren eine Rasse, die man vernichten wollte.
Viele Kameraden konnten nicht verstehen, wie wir in solcher Atmosphäre Musik machen konnten. Natürlich ist das schwer zu verstehen. Aber was sollten wir machen? Ich habe mit manchen diskutiert. Sollten wir sagen, „nein, wir werden nicht musizieren, besser wir gehen ins Gas"?
Frau Fénelon, Sie haben im Lager auch Liederabende gegeben, wie war das möglich? Sie haben doch auch Widerstandslieder gesungen?
Na ja, wenn wir Schluß hatten mit unserer Übung, nach 17 Stunden, dann waren wir müde, aber gleich ins Bett gehen, das war nicht möglich. Wir wollten was für uns machen, wir wollten uns Kraft geben. Und was war besser? Besser war zu singen. Nicht Lieder von Peter Kreuder oder Musik von Suppé. Wir wollten für unsere Hoffnung singen. Da haben wir Widerstandslieder gesungen, für uns selbst. Wir haben zum Beispiel gesungen: „Schwestern im Hoffen/ Furchtlose Frauen/Gegen den Tod haltet ihr den Pakt/Kämpft mit der Kraft der Liebe."
Ein wunderbares Beispiel: Am 2. September ist mein Geburtstag. Ich war schwer krank. Man hatte mich nicht zum Revier geschickt. Alma hatte Angst, daß ich vergast werden könnte. In der Nacht dachte ich mir, niemand denkt an mich auf der ganzen Welt. Ich bin so krank und so allein, und niemand weiß, daß ich überhaupt existiere. Und plötzlich sind die Mädchen in Nachthemden zu

meinem Bett gekommen, die hatten Geschenke, die haben mir Brot gegeben, Brot war so wichtig für mich. Die Mädchen haben ganz leise angefangen zu singen, meine Widerstandslieder. So ein Erlebnis ist einmalig. Ich fühl' mich heute noch so komisch, wenn ich an diese wunderbare Solidarität denke.

Was geschah, als Alma Rosé tot war?

Wir waren sehr ängstlich, wir wußten nicht, was mit uns passieren würde. Eine Russin, eine Pianistin, sollte die Nachfolgerin vom Alma werden. Aber es war kein Flügel mehr da. Die Blockleiterin hatte bestimmt, daß Sonja Dirigentin werden sollte. Sie war furchtbar, sie konnte überhaupt nicht dirigieren. Ich war immer hinter ihrem Rücken und habe dirigiert. Die Mädchen haben alle auf mich geguckt. Sie machte immer etwas mit den Händen, wußte aber nicht, was sie tun sollte. Wir hatten immer Angst, daß etwas passieren könnte, denn die Musik war nicht mehr gut.

Als wir am 1. November 1944 zur Dusche gingen, sagte man uns, ihr kommt nicht mehr in den Block. Wir hatten schon gehört, daß die Russen nicht mehr weit sind. Das Lager wurde evakuiert. Wir fuhren mit dem Zug – wir wußten nicht wohin. Drei Tage blieben wir ohne Essen. Wir kamen irgendwo an und mußten neun Stunden im Regen warten. Warten auf was? Wir erfuhren von anderen, daß es das Lager Bergen-Belsen war. Das Lager war noch nicht fertig, es war keine SS da, sondern nur Armee. Die wußten nicht, was sie mit uns tun sollten.

Eines Tages, ich war todkrank, es war Typhus, hörte ich Stimmen: „Fania, die Engländer sind da, die Engländer sind da!“ Ich habe meine Augen aufgemacht, und ich habe ein wunderbares Gesicht gesehen. In dem Gesicht waren viele Tränen. Und er hat mit mir englisch gesprochen. Alle Mädchen haben gesagt, sie muß singen! Fania sing, Fania komm raus. Du bist nicht mehr krank. Dann hat der englische Soldat mich in seine Arme genommen und mich in eine Baracke getragen. Da war ein Mikrophon, und er hat gesagt: „Hier ist BBC, singen, singen!“ Ich habe angefangen zu schreien, wie verrückt „God save the King!“, die Marseillaise und die Internationale. Die haben von irgendwo ein Klavier gebracht. Es war total falsch gestimmt. Das Klavier existiert noch bei der BBC. Ich habe eine halbe Stunde „God save the King“ gespielt. So war die Befreiung. Es war der 15. April 1945. Wir sollten erschossen werden um drei Uhr nachmittags. Um zehn Uhr morgens stürmten die Engländer das Lager. Wir waren befreit.

Literaturhinweise

Margarete Buber-Neumann: Als Gefangene bei Stalin und Hitler – eine Welt im Dunkel, Stuttgart 1958
Dies.: Die erloschene Flamme – Schicksale meiner Zeit, Frankfurt 1978
Die Frauen von Ravensbrück, Berlin 1961
Fania Fénelon: Das Mädchenorchester in Auschwitz, Frankfurt 1980
Harald Focke/Uwe Rainer: Alltag der Entrechteten – Wie die Nazis mit ihren Gegnern umgingen, Reinbek bei Hamburg 1980
Frauen-KZ Ravensbrück, Berlin 1973
Annedore Leber: Das Gewissen steht auf. 64 Lebensbilder aus dem deutschen Widerstand 1933–1945, Berlin, Frankfurt 1956
Dies.: Das Gewissen entscheidet. Berichte des deutschen Widerstandes von 1933–1945 in Lebensbildern, Berlin, Frankfurt 1959
Hanna Lévy-Hass: Tagebuch aus der KZ Bergen-Belsen 1944–1945, Berlin 1979
Irmgard von der Lühe: Eine Frau im Widerstand, Elisabeth von Thadden und das Dritte Reich, Freiburg 1980
Gertrud Meyer: Nacht über Hamburg – Berichte und Dokumente 1933–1945, Frankfurt 1971
Dies.: Die Frau mit den grünen Haaren, Erinnerungen von und an G. Meyer, hrsg. v. Mathijs C. Wiessing, Hamburg 1978
Gerhard Nitzsche: DieSaefkow-Jakob-Bästlein-Gruppe Dokumente und Materialien des illegalen antifaschistischen Kampfes (1942–1945), Berlin 1957
*Max Oppenheimer:*Das kämpferische Leben der Johanna Kirchner, Frankfurt 1974
Lucie Suhling: Der unbekannte Widerstand – Erinnerungen, Frankfurt 1980
Terror und Hoffnung in Deutschland 1933–1945 – Leben im Faschismus, hrsg. v. J. Beck u. a., Reinbeck bei Hamburg 1980
Hermann Vinke: Das kurze Leben der Sophie Scholl, Ravensburg 1980
Günther Weisenborn: Der lautlose Aufstand. Bericht über die Widerstandsbewegung des deutschen Volkes 1933–1945, Frankfurt 1974[4]
Widerstand 1933–1945, Sozialdemokraten und Gewerkschaftler gegen Hitler, Ausstellungskatalog, hrsg. v. Archiv der sozialen Demokratie der Friedrich Ebert-Stiftung, Bonn 1980
Gerda Zorn: Widerstand in Hannover – gegen Reaktion und Faschismus 1920–1946, Frankfurt 1977
Dies.: Frauen im Widerstand gegen Faschismus und Krieg, in: Brot und Rosen, hrsg. v. Florence Hervé, Frankfurt 1979

Quellen, Materialien zur Frauengeschichte

Annette Kuhn (Hrsg.)
Frauen in der deutschen Nachkriegszeit

Band 1: Frauenarbeit 1945–1949
Von Doris Schubert

352 Seiten, Broschur, DM 36,–
ISBN 3-590-18028-5

Annette Kuhn (Hrsg.)
Band 2: Frauenpolitik 1945–1949

232 Seiten, Broschur, DM 34,–
ISBN 3-590-18029-3

Annette Kuhn (Hrsg.)/
Jochen-Christoph Kaiser
Frauen in der Kirche

Evangelische Frauenverbände im Spannungsfeld von Kirche und Gesellschaft 1890–1945
272 Seiten, Broschur, DM 32,–
ISBN 3-590-18038-2

Doris Fürstenberg (Hrsg.)
Jeden Moment war dieser Tod...
Interviews mit jüdischen Frauen, die Auschwitz überlebten
Eine Dokumentation
180 Seiten, Broschur, DM 24,–
ISBN 3-590-18049-8

Bereits in der 3. Auflage:

Annette Kuhn/
Valentine Rothe (Hrsg.)
Frauen im Deutschen Faschismus

Band 1:
Frauenpolitik im NS-Staat

144 Seiten, Broschur, DM 20,–
ISBN 3-590-18013-7

Band 2:
Frauenarbeit und Frauenwiderstand im NS-Staat

208 Seiten, Broschur, DM 26,–
ISBN 3-590-18014-5

Annette Kuhn (Hrsg.)/
Peter Ketsch
Frauen im Mittelalter
Quellen und Materialien

Band 1:
Frauenarbeit im Mittelalter

368 Seiten, Broschur, DM 32,–
ISBN 3-590-18015-3

Band 2:
Frauenbild und Frauenrechte in Kirche und Gesellschaft

436 Seiten, Broschur, DM 34,–
ISBN 3-590-18025-0

Pädagogischer Verlag Schwann-Bagel GmbH